高职高专新商科系列教材

客户关系管理

王永钊 郭静 主编
程扬 孙伟 潘其旺 副主编

清华大学出版社
北京

内 容 简 介

本书注重职业院校学生的知识结构特点与认知规律，充分考虑学生学习的实际需要，做到理论简约，条理清晰，通俗易懂。全书内容共分为八个项目，包括客户关系管理认知、客户关系管理战略规划、寻找潜在客户、客户信息管理、客户体验与沟通、客户服务、客户让渡价值管理、客户关系管理系统。每个项目都安排了实训内容，引导读者将理论应用于实际案例中，实现理论知识场景应用。

本书可以作为高职高专院校市场营销类、电子商务类、经济贸易类、工商管理类、物流类等专业的教材，也可以作为各类与客户关系管理有关的短期培训班的培训教材，还可以作为从事营销管理工作或有志于利用电子商务进行创业的读者的自学参考书。

本书封面贴有清华大学出版社防伪标签，无标签者不得销售。
版权所有，侵权必究。举报：010-62782989，beiqinquan@tup.tsinghua.edu.cn。

图书在版编目（CIP）数据

客户关系管理/王永钊，郭静主编. —北京：清华大学出版社，2023.3
高职高专新商科系列教材
ISBN 978-7-302-63025-8

Ⅰ. ①客… Ⅱ. ①王… ②郭… Ⅲ. ①企业管理－供销管理－高等职业教育－教材 Ⅳ. ①F274

中国国家版本馆 CIP 数据核字(2023)第 043793 号

责任编辑：刘士平
封面设计：傅瑞学
责任校对：刘　静
责任印制：曹婉颖

出版发行：清华大学出版社
　　　　网　　址：http://www.tup.com.cn，http://www.wqbook.com
　　　　地　　址：北京清华大学学研大厦 A 座　　邮　　编：100084
　　　　社 总 机：010-83470000　　邮　　购：010-62786544
　　　　投稿与读者服务：010-62776969，c-service@tup.tsinghua.edu.cn
　　　　质量反馈：010-62772015，zhiliang@tup.tsinghua.edu.cn
　　　　课件下载：http://www.tup.com.cn，010-83470410
印 装 者：三河市天利华印刷装订有限公司
经　　销：全国新华书店
开　　本：185mm×260mm　　印　张：13.5　　字　数：323 千字
版　　次：2023 年 5 月第 1 版　　印　次：2023 年 5 月第 1 次印刷
定　　价：39.00 元

产品编号：088218-01

前言

FOREWORD

党的二十报告中大强调:"统筹职业教育、高等教育、继续教育协同创新,推进职普融通、产教融合、科教融汇,优化职业教育类型定位。"在新征程上,我们必须统筹职业教育改革创新,处理好职业教育内部各要素、职业教育与普通教育等方面的辩证关系,进一步优化职业教育层次结构,整体性推进职业教育高质量发展。为推动大学生成长成才成功擘画了美好蓝图、注入了强大动力。

在今天风云变幻的商场上,将客户关系管理做到极致,是企业可持续发展的密码。企业为了在同行业竞争中胜出,对潜在客户百般呵护,力求将客户满意度不断提高,使客户满意转化成客户忠诚。因此,哪个企业挖掘到大量的潜在客户,哪个企业就会发现"金矿";哪个企业拥有了更多的满意客户,哪个企业就会在竞争中胜出;哪个企业拥有了稳固的忠诚客户,哪个企业就会基业长青。

本书关注高职高专学生的知识结构特点与认知规律,充分考虑商科专业学生学习的实际需要,重视相关知识与真实案例匹配,对前沿知识进行简要说明和拓展性知识导读,理论简约,条理清晰,通俗易懂;同时,注重理论与实践的结合,每个项目都安排了实训,引导读者将理论应用于案例的研究与分析,满足了应用型案例教学的需要。

本书在结构上力求创新,自始至终贯彻"项目导向、任务驱动、教学做一体"模式。全书包括:项目一,客户关系管理认知;项目二,客户关系管理战略规划;项目三,寻找潜在客户;项目四,客户信息管理;项目五,客户体验与沟通;项目六,客户服务;项目七,客户让渡价值管理;项目八,客户关系管理系统。全书体系完整,资料丰富,较好地涵盖了客户关系管理的各个方面。

本书可以作为高职高专院校市场营销类、电子商务类、经济贸易类、工商管理类、物流类等专业的教材,也可以作为各类与客户关系管理有关的短期培训班的培训教材;还可作为从事营销管理工作或有志于利用电子商务进行创业的读者的自学参考书。

本书由河北政法职业学院王永钊、河北外国语学院郭静担任主编,为本书设计了整体的框架结构,负责各章节的设计,并对全书进行了最后的统稿、修改和定稿;河北政法职业学院程扬、山东经贸职业学院孙伟、河北服务贸易和服务外包协会潘其旺担任副主编,北京永辉超市有限公司王成钢、河北叁陆伍网络科技集团贾军波参加编写。

本书的出版得益于清华大学出版社编辑的辛勤工作,同时感谢中国国际贸易促进委员会商业行业委员会的悉心指导。编者在编写本书的过程中参考了大量的文献及网上资料,在此向相关作者表示诚挚的谢意。另外,本书在出版过程中得到了电子商务、呼叫中心企业的指导,在此也表示感谢。

由于营销科学知识更新速度较快,限于编者的水平,本书难免有疏漏和不妥之处,敬请广大读者批评、指正。

编 者

2023年4月

目录
CONTENTS

项目一　客户关系管理认知 ……………………………………………………… 1

　　任务一　客户关系管理基础认知 …………………………………………… 3
　　任务二　客户关系管理岗位认知 …………………………………………… 12
　　实训一　职业规划设计 ……………………………………………………… 19
　　实训二　客户至上的设计模式 ……………………………………………… 20

项目二　客户关系管理战略规划 ……………………………………………… 22

　　任务一　企业战略规划 ……………………………………………………… 23
　　任务二　客户关系营销方案设计 …………………………………………… 32
　　实训一　ShopKo 折扣连锁店：如何给客户带来便利体验 ……………… 42
　　实训二　客户关系营销体验从比萨开始 …………………………………… 42

项目三　寻找潜在客户 ………………………………………………………… 44

　　任务一　识别你的潜在客户 ………………………………………………… 45
　　任务二　寻找潜在客户的方法 ……………………………………………… 52
　　任务三　潜在客户开发 ……………………………………………………… 57
　　实训一　做一份客户识别实操报告 ………………………………………… 68
　　实训二　做一次电话情景模拟拜访 ………………………………………… 69

项目四　客户信息管理 ………………………………………………………… 72

　　任务一　建立客户档案 ……………………………………………………… 73
　　任务二　客户分析 …………………………………………………………… 80
　　任务三　客户细分 …………………………………………………………… 88
　　实训一　竞争对手的资料分析 ……………………………………………… 97
　　实训二　客户信息采集角色扮演 …………………………………………… 98

项目五　客户体验与沟通 ……………………………………………………… 99

　　任务一　客户体验 …………………………………………………………… 101
　　任务二　客户互动及记录 …………………………………………………… 113
　　任务三　客户沟通及记录 …………………………………………………… 123
　　实训一　根据市场调研提出某一产品的体验设计方案 …………………… 130

　　实训二　将体验营销进行到底 ·· 131

项目六　客户服务

　　任务一　客户服务体系 ··· 134
　　任务二　客户流失及其管理 ··· 140
　　任务三　客户保持 ··· 148
　　实训一　设计一份客户满意度调查问卷 ··································· 155
　　实训二　双赢的客户服务游戏 ··· 155

项目七　客户让渡价值管理

　　任务一　客户让渡价值认知 ··· 158
　　任务二　客户关系测评 ··· 164
　　实训一　优质客户服务和劣质客户服务经历列举工作表 ····················· 180
　　实训二　服务质量满意度调查表 ··· 180

项目八　客户关系管理系统

　　任务一　CRM 系统的功能介绍 ··· 183
　　任务二　CRM 项目总结 ··· 191
　　实训　客户眼中的企业 CRM 项目管理 ····································· 205

参考文献 ··· 207

客户关系管理认知

项目概要

本项目从"海底捞"客户关系管理案例讲起,介绍了客户关系管理产生的背景、原因、优势;阐述了客户的分类,包括客户追求价值的层次、客户关系建立的时间顺序、客户的购买动机等分类方法;进一步明确了客户关系管理系统和原则;详细介绍了客户关系管理岗位和职责,明确了能做什么,应该做什么,全方位认识客户关系管理岗位职责。

学习目标

- 了解客户关系管理背景、原因、优势;
- 理解客户的定义和分类;
- 掌握客户关系管理岗位和职责。

重点与难点

重点:客户的分类。
难点:客户关系管理职业定位和岗位职责。

关键术语

客户　客户关系管理　职业定位　岗位职责

案例导入

"海底捞"客户关系管理

海底捞(全称四川海底捞餐饮股份有限公司,以下简称海底捞)成立于1994年,是一家以经营川味火锅为主、融汇各地火锅特色的大型跨省直营火锅餐饮企业,经过20多年的发展,现在已经有300多家门店,并于2018年9月26日在中国香港证券交易所上市。公司始终秉承"服务至上、顾客至上"的理念,以创新为核心,改变传统标准化、单一化的服务,提倡个性化的特色服务,致力于为顾客提供愉悦的用餐体验。在管理上,倡导"双手改变命运"的价值观,致力于为员工创建公平公正的工作环境,实施人性化和亲情化的管理模式,提升员工价值。

客户识别有两方面的含义,一是限定了客户范围,二是明确了客户的类别和属性。而客户的开发是指企业吸引潜在客户转变为实际购买者这一过程所运用的策略和方法,比如市场营销策略。客户开发的前提是确定目标市场,研究目标顾客,也就是客户识别层面的工作。

没有金刚钻,不揽瓷器活。来看看海底捞有什么。火锅味道创新方面,它注重新口味的开发,为消费者带来更多选择;食品原料选择方面,采用统一配送的方式,确保高效运转;服务质量方面,提供细致服务,让顾客体验到热情的服务。全面的服务营销理念,使海底捞吸引到中高端的消费群体。再看数据,海底捞上市招股说明书上提到:①品牌忠诚度高。根据招股说明书,68.3%曾在海底捞就餐过的被调查者表示至少每月光顾一次海底捞,98.2%曾在海底捞就餐过的被调查者表示愿意再次光顾。②品牌美誉度高。根据招股说明书,99.3%曾在海底捞就餐过的被调查者对海底捞的就餐体验感到满意,其中超过50%的被调查者感到非常满意。此外,在一些主要中式餐饮品牌中,海底捞被认为服务态度最好。那么,什么样的群体青睐海底捞这一套呢?

根据自身的体验和资料的总结,我认为,海底捞的目标顾客为具有以下特点的人群,主要有四个维度。

(1) 年龄:20~50岁,海底捞面向大众客户,这些客户中很大一部分又通过家庭和朋友关联在一起,向外辐射。

(2) 收入中等:海底捞人均消费约为70~80元,这在同类型火锅店中处于中高水平,但在整个餐饮业行业中,只能算是中等水平。

(3) 地域:目前,海底捞在北京、上海、西安、郑州、简阳等城市开有连锁门店,排除其"发源地"简阳以外,均为一、二线城市。

(4) 心理、性格:海底捞热情的服务、较好的环境吸引的都是那些关注服务、关注品质、追求新鲜感和独特体验的群体。

综上所述,海底捞一直以来将市场定位于中高端客户群体,当然中端的居多。但在消费升级时代,消费者注重商品与服务的同时,更在乎体验的愉悦性。给消费者好的体验,留下一个好印象,情感消费,就在于此。海底捞一直在这个方向上努力,为消费者提供更具个性化的、高质量的消费体验。

最后看看海底捞是如何努力、如何营销的。我们知道,营销组合包含五个要素的理论,即产品、服务、价格、渠道和推广信息(简称4P+1S)。海底捞营销组合模式是"1+1+3"的模式,即一个要素出色(主要定位点),一个要素优秀(次要定位点),其他三个要素达到行业平均或者是顾客可以接受的水平即可,海底捞出色的要素(定位点)体现在服务方面,优秀的要素体现在产品(服务)方面,价格、渠道和信息也都达到了行业平均水平或者是顾客可以接受的水平。既然说海底捞服务好,具体怎么个好法?下面就用几个具体的例子来结束对它的"吹捧"。

(1) 注重全程服务。在服务营销过程中,一定要注重全程服务,它不仅仅是指顾客就餐的时候,而是指从顾客进门之前到顾客离店之后。用餐前——让等待充满欢乐:海底捞店里的等候区可以看到大屏幕上最新的座位信息,排号的顾客坐在那儿悠闲地吃着免费水果、喝着饮料,享受店内提供的免费上网、擦皮鞋和美甲服务,于是,本来无聊的排队等位却成了一种享受。就餐时——贴心的细节服务:女服务员会为长发的女士扎起头发,或提供小发夹夹住前面的刘海,防止头发垂到食物里;戴眼镜的朋友可以得到擦镜布;放在桌上的手机会被小塑料袋装起以防油污;每隔15分钟,就会有服务员主动更换你面前的热毛巾等。就餐后——细致周到的餐后服务:餐后,服务员会马上送上口香糖,离开时一路遇到的服务员都会向你微笑道别。要做到全程服务,企业的每个部门、每个岗位、每位员工都要做好相应的工作。服务不仅仅是指服务人员的工作,而是包含采购、仓储、厨师烹饪、传菜员上菜、服务人员点菜等流程,这里的每个内容都环环相扣,对整体的服务水平产生影响,每一处细节也都影响着消费者对服务的感知。

(2)细致入微的服务。就算你不是来吃饭的,只是想享受一下,也可以得到物超所值的免费贵宾服务。海底捞的服务理念总结概括为热情、高效、细致、贴心。比如,前面提到在海底捞排队等候时,可以享受海底捞独有的增值服务,对于那些竞争对手也能提供的服务,海底捞会做得更加细致。又如,小肥羊、东来顺在顾客就餐时都会帮顾客把外套罩好;但是在海底捞,他们不仅会给客人提供围裙、套袖,还会提供眼镜布、发绳等方便顾客就餐。

尽管海底捞的竞争对手也会提供一些海底捞所不具备的特色服务,但是整体而言,海底捞的服务内容更全面、更细致。而往往就是这些细节上的差异,让顾客获得了超出预期的服务体验。顾客感受到由此带来的独特价值,愿意溢价购买,业界也创造出"变态服务"这样专属于海底捞的名词。口碑就是这样积累起来的。

资料来源:马克."海底捞"客户关系管理[EB/OL].(2020-03-04)[2020-05-04].https://zhuanlan.zhihu.com/p/95860997.

思考:

海底捞客户关系管理的魅力何在?

任务一 客户关系管理基础认知

一、客户关系管理的背景、原因、优势

(一)客户关系管理的背景

客户是企业最重要的资源。客户关系管理的理论基础来源于西方的市场营销理论,最早在美国产生并得以迅速发展。这一理论和方法极大地推动了西方国家工商业的发展,深刻地影响着企业的经营观念以及人们的生活方式。客户关系管理利用现代技术手段,使客户、竞争、品牌等要素协调并实现整体优化的自动化管理系统,其目标定位在提升企业的市场竞争能力、建立长期优质的客户关系、不断挖掘新的销售机会、帮助企业规避经营风险、获得稳定利润,因此成为一种新的企业管理理念和方法。

课程导学

(二)客户关系管理产生的原因

客户关系管理的产生,是应市场需求和管理理念更新的需要,它是企业管理模式更新、企业核心竞争力提升、电子化浪潮和信息技术的支持四方面因素所推动与促成的。

1. 从管理科学的角度来考察

客户关系管理源于市场营销理论,是将市场营销的科学管理理念通过信息技术的手段集成在软件上,然后普及和应用。

2. 从市场的变化来考察

企业目前的制度体系和业务流程出现了种种难以解决的问题,而客户关系管理被企业重视的另一个重要因素是近年来资本市场的发展。

3. 从技术推动的角度来考察

随着信息技术的发展,企业核心竞争力对于企业信息化程度和管理水平的依赖性越来越高,需要企业主动开展组织架构、工作流程的重组,同时有必要对客户相关的各项信息和活动进行集成,组建以客户为中心的企业,实现对客户活动的全面管理。通过互联网,企业可开展营销活动,向顾客销售产品,提供售后服务,收集客户信息。更重要的是,这一切的成本将越来越低。

(三)客户关系管理带给企业的主要优势

1. 降低成本,增加收入

在降低成本方面,客户关系管理使销售和营销过程自动化,大大降低了销售费用和营销费用。客户关系管理使企业与客户产生高频互动,可帮助企业实现更准确的客户定位,使企业留住老客户、获得新客户的成本大幅下降。在增加收入方面,由于在客户关系管理过程中掌握了大量的客户信息,企业可以通过数据挖掘技术,发现客户的潜在需求,实现交叉销售,由此带来额外的新收入来源。同时,企业由于采用了客户关系管理,可以使企业与客户的关系更加密切,增加订单的数量和交易频率,减少客户的流失。

2. 提高业务运作效率

由于信息技术的广泛应用,企业实现了内部的信息共享,使业务流程处理的自动化效率大大提高,从而使业务处理的时间大大缩短,员工的工作也得到简化;使企业内外的各项业务有效运转,保证客户消耗最少的时间、最大程度上得到满意的服务。所以,实施客户关系管理可以节省企业产品生产、销售的周期,降低原材料,减少产品的库存,对提升企业的经济效益大有帮助。

3. 保留客户,提高客户忠诚度

客户可以通过多种形式与企业进行交流和业务往来,企业的客户数据库可以记录并分析客户的个性化需求,向每一位客户提供"一对一"的产品和服务,而且企业可以根据客户的不同交易记录提供不同层次的优惠方案,鼓励客户长期与企业开展业务。

4. 有助于拓展市场

客户关系管理系统具有对市场活动、销售活动的预测、分析能力,能够从不同角度提供有关产品和服务成本、利润数据的信息,并对客户分布、市场需求趋势的变化作出科学的预测,以便企业更好地把握市场机会。

5. 挖掘客户的潜在价值

每一个企业都有一定数量的客户群,如果能对客户的深层次需求进行研究,便可带来更多的商业机会。客户关系管理过程中产生了大量有价值的客户数据,只要加以利用即可发现客户的很多潜在需求。

案例链接 1-1　海尔集团扎根客户关系管理

海尔集团副总裁周云杰每天上班的第一件事是登录海尔的 CRM(customer relationship management,客户关系管理)网站,按地域和产品查看销售信息。作为海尔集团商流本部的负责人,他会敏锐地发现任何异常的情况。事实上,此类信息在 14 年前也有,那时周云杰刚刚被分配到海尔一年。"那时是铁制的档案盒,里头有海尔的销售员手写的每家商场的销售档案。"

如今,海尔的客户档案盒已经被 CRM 信息系统取代,但是周云杰强调,CRM 不仅仅是一种技术手段,而是企业对待客户的态度。即使没有这些软件系统,海尔仍然会非常重视与客户的关系。

就像客户关系管理的硬件系统在升级换代一样,海尔在客户关系管理的理念上也在不断创新。如今,海尔对销售员的考核不再以销售量为依据,而是以"让客户赚钱"为核心思想,确定了四个指标:客户库存的周转天数、客户利润率、客户问题的解决程度和海尔产品在客户销售额中的份额。也就是说,考核的指标不是你有没有帮助海尔赚钱,而是你有没有帮助客户赚钱。

目前,海尔通过 CRM 技术实现了与客户的"零距离接触"。海尔产品在各个销售点的每日销售情况在系统中会很快被查询出来。具体说来,客户可以通过海尔的 CRM 网络获得三种服务:网上财务对账、费用查询等在线账务服务;管理咨询、客户投诉服务;以及企业文化、产品推介、促销活动等网上信息服务。对海尔内部的员工来说,他们作为内部客户可以享受到库存查询、日期查询、客户进销存查询、商业智能分析等在线系统服务。

就客户关系管理而言,肩负海尔营销重任的周云杰概括说:"客户关系是树根,信息技术是树干,销售结果是树叶。"

资料来源:http://www.3y.uu456.com.(有删改)

二、客户

(一)客户的定义

任何企业都有输入和输出两个端口(见图 1-1)。对于这两个端口,企业扮演的角色和所处的地位是不相同的。对输入端口来说,企业扮演的是产品和服务的接受方,处于客户的角色地位;而对输出端口来说,企业又充当产品和服务的供应方,处于供应商的角色地位。

根据现代企业所处的地位和角色分析,现代客户管理的主体应是"作为供应方的企业",也就是图 1-1 中输出端的企业,如果从供应链的角度表述就是"上游企业"。现代客户管理的客体就是客户,或者可表述为"作为接受方的企业"。

图 1-1　企业输入和输出端口

综上所述,可以这样来定义客户:客户就是企业产品或服务的有偿接受者。对企业而言,客户是对本企业产品和服务有特定需求的群体,他们是企业生产经营活动得以维持的根本保证。

（二）客户的分类

对各种客户进行合理分类后，企业可以针对不同的客户实行个性化的管理方式，这样不仅能够提高客户管理的效率，还能够提高客户对企业的忠诚度。依据不同的划分标准，对企业的客户可以做如下分类。

1. 根据客户所追求价值的层次划分

根据客户所追求价值的层次，客户可以分为一般客户、潜力客户和关键客户，如图1-2所示。

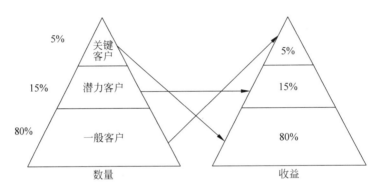

图1-2　客户追求价值的层次

（1）一般客户。一般客户又称C类客户。这类客户的数量一般占企业客户总数的80%左右，而为企业创造的业绩（销售额、利润额）则占企业总收益的5%左右。企业主要通过让渡财务利益给客户，从而提高客户的满意度；而客户也主要希望从企业那里获得直接好处，获取其满意的客户价值。他们的消费具有随机性，讲究实惠。注重价格优惠是这类客户的主要特征，这类客户的购买行为可以直接决定企业的短期现实收益。

（2）潜力客户。潜力客户又称B类客户或合适客户。这类客户的数量一般仅占企业客户总数的15%左右，为企业创造的业绩（销售额、利润额）同样占企业总收益的15%左右。他们希望在与企业建立的合作关系中提高价值，获得附加的财务利益和社会利益。这类客户通常会与企业建立一种伙伴关系或者战略联盟关系，是物流活动中企业与客户关系的核心。

（3）关键客户。关键客户又称A类客户或重点客户。这类客户的数量一般仅占企业客户总数的5%左右，但为企业创造的业绩（销售额、利润额）占到企业总收益的80%左右。他们除了希望从企业那里获得直接的客户价值外，还希望从企业那里得到社会利益，如成为客户俱乐部的成员等，从而实现一定的精神满足。

2. 根据客户关系建立的时间顺序划分

根据客户关系建立的时间顺序，客户可以分为过去型客户、现在型客户和未来型客户。

（1）过去型客户。过去型客户是指过去曾购买过本企业产品或服务的个人或组织。他们有可能与本企业有过一次或多次业务往来，但只要从前有过交易记录，即使以后不再上门，仍是企业的客户。

(2)现在型客户。现在型客户是指目前正在与本企业交易的个人或组织。即使是第一次,只要正在交易,无论是否成交,均是企业的客户。

(3)未来型客户。未来型客户又称潜在客户,是指将来有可能购买本企业产品或服务的个人或组织。有些人现在没有成为本企业的客户,但不表示他永远如此,可能有一天条件成熟而成为本企业的客户。

3.根据客户购买动机划分

根据客户的购买动机,客户可以分为生产型客户、中间客户和最终客户。

(1)生产型客户。生产型客户是指为企业提供生产或加工产品所需生产资料的客户。在与这类客户联系的过程中需要注重质量、价格以及交货时间等要素。

(2)中间客户。中间客户是指产品从生产商手中到最终客户手中的中间环节,起到承上启下作用的客户。他们具有双重身份,既是上游供方的客户,又是下游客户的供方,如图1-3所示。

图1-3 中间客户示意图

(3)最终客户。最终客户也称用户或消费型客户,是产品和服务的最终接受者。他们对产品和服务的判定、取舍和选择最具有权威性,取得他们的满意是客户管理的核心。因为在一般情况下,所谓的客户满意,本质上就是指最终客户的满意。

三、客户关系管理的概念、目标及内容

(一)客户关系管理的概念

客户关系管理就是对客户关系进行管理的一种思想和技术。换句话说,客户关系管理是一种以客户为中心的经营理念,它借助于信息技术在企业的市场、销售、技术支持、客户关系管理等各个环节的应用,以改善和增进企业与客户的关系,实现更优质、更快捷、更富个性化的服务和吸引更多客户为目标,并通过全面优化面向客户的业务流程使保留老客户和获取新客户的成本达到最低,最终使企业的市场适应能力和竞争实力获得质的提高。

微课:客户关系管理

可从以下几个方面理解客户关系管理的内涵。

(1)一种经营理念:客户为核心,为客户创造价值。

(2)3个方面:销售、市场营销和客户服务。

(3)方式和内容:对信息、资源、流程、渠道、管理、技术等进行整合利用。

(4)目的:利用与顾客的良好关系为企业创造价值。

(5)技术:包括数据挖掘、数据仓库、商业智能、呼叫中心、电子商务、基于浏览器的个性化服务系统等。

(二)客户关系管理的基本目标

客户关系管理的基本目标有3个:一是研究用户,确定市场;二是解决如何提供优质服

务并吸引和开发客户的问题;三是通过客户研究确定企业的管理机制和管理内容。客户关系管理不仅是一个企业经营概念,同样也是管理技术。

(三)客户关系管理的基本内容

(1)以客户为中心的企业管理技术。即以客户为企业行为指南的管理技术。在这种管理技术中,企业管理以客户需求为基础,而不是以企业自身的某些需要为基础。这是一种把企业与客户一体化付诸实施的管理技术。

(2)智能化的客户数据库。要实行客户为中心的企业管理技术,必须有现代化的技术,原因就是现代企业所处的是信息时代,智能化的数据库是所有其他技术的基础。从某种意义上说,智能化的数据库是企业发展的基本能源。

(3)信息和知识的分析技术。客户为中心的管理理念的实现,是建立在现代信息技术之上的,没有现代信息技术,就无法实现客户为中心的管理技术。为了实现这种管理理念,企业必须对智能化的客户数据库进行有效的开发和利用,这种开发的基础核心技术就是信息和知识的分析处理技术。只有经过分析和处理的信息,才是企业想要的信息。

四、客户关系管理系统

(一)销售管理系统

销售管理系统给销售人员提供了功能强大的支持工具和多种形式的信息,从而使销售人员可以对客户、业务等进行有效的管理。对于企业来说,销售管理系统将扩大客户范围、提高工作效率、降低销售成本,为企业的利润增长提供支持。

(二)营销管理系统

营销管理系统使营销人员能高效、全面地分析客户及市场信息,为其量身定做合适的市场活动计划。该系统可以对销售、服务等进行指标化的分析,帮助营销人员根据实际情况制订、实施和调整营销战略计划,并把计划发送给销售人员及合作伙伴,从而实现对产品、服务、物流等环节进行管理调控的目标。

(三)客户服务系统

客户服务系统可以帮助企业以更快的速度和更高的效率满足客户的独特需求;可以向服务人员提供完备的工具和信息,同时支持多种交流方式;帮助客户服务人员更有效率、更快捷、更准确地解决用户的服务咨询,同时能根据用户的背景资料和可能的需求向用户提供合理的产品和建议。

(四)电话中心

电话中心将销售与客户服务系统整合成为一个系统,使得服务人员可以根据客户提出的需求提供售后服务支持,也可以提供销售服务,大大方便了客户与企业的交流,使顾客增加了对企业服务的依赖度。

案例链接 1-2　海底捞的"变态"服务

很多人去海底捞首先是冲着它的服务去的,其次才是火锅味道。在互联网上用"海底捞的服务"关键词来搜索,可以看到网友经历过的各种个性化服务项目:去海底捞不仅可以做美甲、擦鞋,还可以让服务员帮忙照顾孩子;如果吃完饭后快赶不上飞机了,店长会开着自己的车免费送客户去机场;赶上下雨天,服务员会举着户外遮阳伞送客人去坐车等。

"微笑服务"是每个服务类企业都必需的。在海底捞员工手册的任何一页,你都找不到微笑应该露 6 颗牙齿还是 8 颗牙齿的标准,但在任何一家海底捞的门店,客户都无法忽略每个员工脸上"发自内心的微笑"。尤其是服务员在为客户擦拭油滴、下菜、捞菜、递发圈、续饮料时,恰到好处的一举一动让人为之赞叹。大众点评网的网友"颁奖词"是这样写的:以"服务态度好"著称的火锅店,门口有人专门引客;等位的时候还提供免费茶水、美甲服务、擦鞋服务;落座后送上绑头用的皮筋、套袖、围裙、手机套、热毛巾……让人充分体会到"上帝"的感觉。海底捞的外卖服务也方便到客户认为"打个电话"就行,海底捞连碗筷、锅和炉子都会送到,等客户吃完后还会在约定时间上门回收。

对于许多创新之举,如附送发圈、眼镜布和免费电话亭,海底捞董事长张勇可能已记不起当初的"创始者"。但张勇认为:服务无大小,细节往往最能打动人。创新也无须绞尽脑汁,但要善于发现。张勇说:"所谓特色就是你比别人多做了一点点,而正是这'一点点'为海底捞赢来了口碑。"在大众点评网的"服务最佳"榜单上,海底捞从未跌出前两位。

资料来源:https://baijiahao.baidu.com/s?id=1568384491635151。(有删改)

五、客户关系管理的原则

(一)"客户是企业战略资源"的原则

在传统的管理理念及现行的财务制度中,只有厂房、设备、现金、股票、债券等是企业的资产。随着科技的发展,人们开始把技术、人才也视为企业的资产。然而,这种划分资产的理念是闭环式的而不是开放式的,无论是传统的"固定资产和流动资产"论,还是新出现的"人才和技术资产"论,都是企业能够实现价值的条件。最重要的部分其实是产品实现价值的最后阶段,而这个阶段的主导者就是客户。

树立并提倡"客户是企业战略资源"的理念,在当今"以产品为中心"的商业模式向以"客户为中心"的商业模式的转化过程中是尤为重要的。美国著名的研究机构 Hurwitz Group 在一份白皮书中指出:CRM 比 ERP(enterprise resource planning,企业资源计划)更进了几步,它可以帮助企业最大限度地利用其"以客户为中心"的资源(包括人员和资产),并将这些资源集中应用于客户和潜在客户身上。客户关系管理通过缩短销售周期和降低销售成本,以及寻求扩展业务所需的新市场和新渠道,同时提升客户价值、满意度、盈利能力并不断地扩展新客户来改善企业的经营和管理能力。

"以产品为中心"的商业模式向"以客户为中心"的商业模式的转变,使越来越多的企业开始将客户视为企业的战略资源。"想客户所想""客户就是上帝""客户的利益至高无上"等一些新型的管理理念和管理思想开始确立。ISO 9000 更将这种现代管理理念提升到战略

高度来认识,提出了"从满足客户需求出发到让顾客满意"的核心理念,并将此作为管理的出发点和落脚点。

(二) 客户资源的扩展原则

商务活动中的客户资源多是偶发的、单一的,但是这种偶发的客户资源往往具有一种行业的连续性和扩展性。互联网的广泛使用,不仅激发了这种扩展性,而且使人们能够把握、控制、增强这种扩展性,从而为商务活动开辟、扩大市场提供机遇和可能。特别是电子商务的市场,它的市场更大、机会更多,充足的潜在客户资源就为扩展客户资源奠定了非常好的基础。许多客户关系管理软件正是利用了这种扩展性,试图寻找一种规律性的机遇来构建和扩大企业的稳定客户资源。

(三) 建立稳定客户资源的原则

建立稳定的客户资源是客户关系管理中又一重要原则。商业交往中的商机是客户带来的,因此,稳定的、长期的客户将是企业稳定而长期的销售渠道和利润基础。建立稳定客户资源:首先,要寻找并发现稳定的客户,特别是要发现那些潜在、未来的销售对象;其次,服务好现有的客户,并通过为这些客户提供优质服务进行客户资源扩展;最后,对全部客户资源进行智能化管理,在管理的过程中,实现客户价值的增长。只有逐步建立起稳定、不断发展、不断扩大的客户群,才能使企业切切实实提高产品和市场占有率,建立起稳定的销售渠道。这在传统营销中是很难做到的,而网络恰恰具有这种优势。利用这种优势,建立起稳定的销售渠道,对企业的稳定生产将具有重要的作用。

(四) 客户关系中的整合共赢原则

整合是时代发展的一种趋势。在电子商务构建和发展客户关系的过程中,必然会涉及双方或多方的利益问题,网站建设的专业化和网民要求的个性化使任何一个网站都不可能满足网民全方位、多层次、个性化的要求,资源空缺与内容贫乏势必使他们感受得到整合的重要性。因为,只有整合才能实现优势互补、资源共享,才能把分散优势变成综合优势。

对整合的普遍要求首先反映在信息的资源互补上。因为网民对资源及时更新的要求会和各网站捕捉信息、采集信息、更新信息之间形成巨大的断层,不克服这个信息的断层,一周之内信息无更新,网民就会有一种腻烦感,访问量就会锐减。维持信息日复一日的更新比构建网站要难得多,这会使许多网站的整合发生新的变化。商业网站扩充期兼并式的整合观跃升为互补式的整合观,双方或多方要发现所长,发展所长,稳定所长,互补所短,互通有无地整合在一起,才能求得共同发展。正是基于这种认识,看到了整合后的共赢前景,网站之间的整合纷纷加快了步伐。"新浪"与"3721"共推强力搜索引擎,与"启迪网"共推网上招生,与"中国频道"共推企业上网都是一种整合和互补。

这种整合还体现在工作上。以服务顾客为原则,以共同利益为纽带,以多方协同完成商务运作为目的的、双赢的新原则得以确立并迅猛发展。整合的深度发展,必然是双方或多方市场的进一步扩展和网站服务领域的进一步延伸。在客户关系管理中坚持整合共赢的原则,必须从电子商务的整体战略出发,进行通盘考虑。特别是在资源整合的过程中,应注意资源的开放性和有限度的保密性,绝不能一讲整合就把商业秘密全盘托出,以致把自己的战略意图完全曝光,这是非常危险的。

双赢原则已经成为现代商战中处理相互关系的一个新原则。正是基于这种双赢原则的坚守,许多供应商和销售商都较好地解决了问题,许多商务网站资源不足的问题也都得到了解决,大量具有分散优势的企业获得了综合优势。

字节跳动公司的营销环境

2019年1月17日,字节跳动公司召开会议,指出越来越多的跨国企业将首席营销官(CMO)的职位改为首席增长官(CGO),说明营销的作用日益体现为增长。可眼下,营销环境的巨大变化让增长变得更难,因此营销需要适应环境变化不断创新。

有鉴于此,会议提出了"激发(trigger)—行动(action)—共鸣(sympathizing)"的TAS营销新模型。

(1)激发。通过数据激发和创意激发,形成营销的最短路径。数据激发主要基于用户的兴趣特征、内容需求、场景需求等的数据,提供高精度、高时效、高融合的洞察与发现。

(2)行动。基于内容消费场景和主动探索场景,促成用户的高效行动,并借助企业蓝V等平台与工具实现更有效的粉丝管理。

(3)共鸣。通过创作联盟、平台自制及合作生态等模式,实现UGC内容、PGC内容以及OGC内容,深度沟通品牌与用户,构建移动营销的全生态闭环。

UGC(user-generated content),用户生产内容,也称UCC(user-created content),指通过筛选,从用户那里得到优质的内容,例如新浪博客的草根名博、新浪微博以各类社区论坛等。随着移动互联网的发展,网上内容的创作又被细分出PGC(professionally-generated content)专业生产内容(也称PPC,professionally-producedcontent)和OGC(ocupationlly-generated content,职业生产内容)。UGC和PGC的区别在于有无专业的学识、资质,在所共享内容的领域是否具有一定的知识背景和工作经历。PGC和OGC区别在于是否领取相应报酬,PGC往往是出于"爱好",创作者无偿地贡献自己的知识,形成内容;而OGC是以职业为前提,其创作内容属于职务行为。

字节跳动公司有今日头条、抖音短视频、火山小视频、西瓜视频、穿山甲等多个产品线。基于营销环境的发展变化,各产品线负责人展示了各自的2019年营销计划。重点内容如下。

(1)今日头条将从内容生产到内容分发,全面释放营销新势能。今日头条将通过社会化生产,无缝连接品牌与创作者;以自制内容打造平台级内容生态;携手顶级内容平台,共建生态合作。今日头条将贴合内容消费场景,通过图文内容、短视频、话题、搜索、小程序等多个流量入口,实现用户的规模化覆盖,构建营销闭环。

(2)抖音将在内容生态建设上投入更多精力,实现明星达人共建、原创音乐扶持、娱乐IP打造及内容深耕。在产品创新上不断衍进,"抖音榜单"如抖音热搜、明星爱DOU榜、DOU听音乐榜助力热门内容持续发酵。在内容生态建设上,抖音将推出更多充满年轻、流行、美好、正能量等元素的IP和计划,打造优质文化内容的发源地。2019年抖音实现营销原点三重助力:感染助力的TV计划、口碑助力的Link计划、承载助力的超级品牌计划,实现抖音营销体系全能布局,营销场景全面贯通。

(3)火山小视频将聚焦城镇休闲、中坚力量、职业技能三大人群圈层,力求实现规模增长(expanse)、娱乐为先(entertainment)、乐于互动(engagement)、圈层影响(elevation)和消费力强(expense)五大目标,为撬动新线市场价值提供全新思路。

资料来源:2019引擎大会:探寻移动营销的增长之道.中国日报网,2019-01-21.

思考:
(1)字节跳动公司面临的营销环境有哪些市场机会和威胁?
(2)适应营销环境的发展变化,字节跳动公司可以制订哪些客户计划?

任务二 客户关系管理岗位认知

一、认识客户关系管理岗位

(一)了解目前客户关系管理岗位的市场需求

职业心态

当前的市场环境瞬息万变,企业之间的竞争日趋白热化。在企业间诸多竞争中,有关客户的竞争直接关系着企业的命运,只有充分认识到客户的重要性,良好地发展并保持与客户之间的关系,才能把握住市场的脉搏,使企业处于竞争的优势地位。

客户关系到底有多重要?客户关系的保持到底能够创造多少价值?恐怕许多企业对此只有一些模糊的概念。一方面,维持一个老客户的费用远远低于争取一个新顾客的费用。据统计,争取一个新客户要比维持一个老客户多花费1~6倍的费用。一项调查表明:一个满意的客户会引发8笔潜在的生意,其中至少有1笔成交;而一个不满意的客户会影响25个人的购买意见;争取一个新客户的成本是维持一个老客户的5倍。企业吸引新客户需要大量的费用,如各种广告投入、促销费用以及了解客户的时间成本等,但维持与现有客户长期关系的成本却逐年递减。如果客户对企业的产品或服务越来越熟悉,同时企业也十分清楚客户的特殊需求,所需的关系维护费用就会随之减少。另一方面,企业与客户的关系越持久,这种关系对企业来说就越有利可图,这样企业就能够成功地达到让回头客不断重复购买的目的。随着销售量的增加,企业运营成本就会下降,企业的利润也会越来越高。

在买方市场处于主导地位的今天,企业之间的竞争日益激烈,潜在市场开发的难度也越来越大,而多数已开发的市场已经处于饱和状态。因此,争夺现有的客户资源成为企业竞争的一个关键。目前,国内从事客户关系管理工作的人员估计超过100万人,其中不包括间接提供客户服务与管理的人员,涉及的行业包括制造业、金融业、咨询业、零售业、餐饮业、娱乐休闲业、医疗业等几乎所有的行业。在市场允许的环境下,客户关系管理职业与企业共同生存、共同发展,随着市场化程度的提高,其在企业中占有了越来越重要的地位,从业人数的比重也将越来越大。

目前,国内客户关系管理人员对应的岗位包括客户执行、客户主任、高级客户主任、客户主管、客户经理、高级客户经理、大客户经理、项目经理、客户专员等。这些岗位有的侧重于市场策划、销售、项目管理等部门管理工作;有的侧重于市场部、销售部、客户部的客户服务工作;以及还有市场总监、营销总监等领导岗位。在第三产业企业,其对应的岗位更广,包括市场策划、销售、前台服务、呼叫中心、客户服务中心等部门管理,以及客服总监、副总经理等领导岗位。

(二)了解企业客户关系管理相关岗位

大型企业和中小型企业客户服务与管理部门的组织结构如图1-4和图1-5所示。

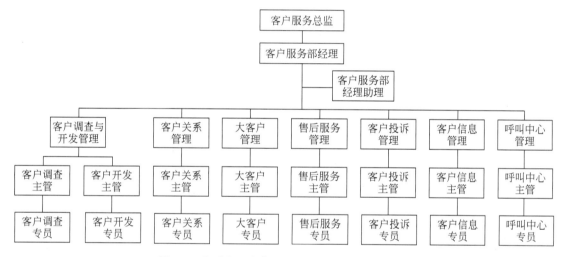

图1-4 大型企业客户服务与管理部门的组织结构

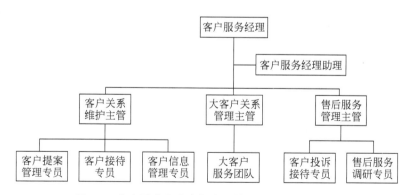

图1-5 中小型企业客户服务与管理部门的组织结构

(三)了解如何进行职业生涯规划

下面将通过客户经理的职业生涯规划来简要说明如何进行职业生涯规划。

客户经理职业生涯规划是指通过客户经理的工作及职业发展的设计,协调客户经理个人需求和企业组织需求,实现个人和企业的共同成长及发展的规划。客户关系经理职业生涯规划主要包含两个方面的含义:一方面是客户经理个人对自己的职业生涯进行思考和规划,以理清个人发展的方向和轨迹;另一方面是企业作为组织,对客户经理这一岗位进行分析、规划,从而找到一条符合公司战略发展的途径。

下面重点介绍关于职业生涯规划的六大步骤。

第一步,确定志向。客户经理只是社会中的普通公民,也只是企业的普通员工,但这并不意味可以因为普通而失去志向。于公,客户经理应该树立"维护国家利益、维护消费者利益"的行业共同价值观;于私,客户经理也应该为自己设立一个伟大而又现实的人生志向,成为有追求、有理想、有价值的企业公民。

第二步,自我评估。首先是自我评估的内容,包括自己的兴趣、特长、性格、学识、技能、智商、情商、思维方式、思维方法、道德水准及社会中的自我等;其次是自我评估的方法,主要包括职业性倾向测试、智力测试、能力测试及面试法等。

第三步,职业生涯机会的评估。在制定个人的职业生涯规划时,要分析环境条件的特点、环境的发展变化情况、自己与环境的关系、自己在环境中的地位、环境对自己提出的要求以及环境对自己有利条件与不利条件等。

第四步,职业生涯的路线选择。在职业确定后,向哪一条路线发展,此时要做出选择,发展路线不同,对职业发展的要求也不相同。在职业生涯规划中,须尽早作出选择,以便使自己的学习、工作以及各种行动措施沿着职业生涯路线或预定的方向前进。

第五步,设定职业生涯目标。职业生涯目标的设定是职业生涯规划的核心。目标的设定是在继职业选择、职业生涯路线选择后对人生目标做出的抉择,该选择是以自己的最佳才能、最优性格、最大兴趣、最有利的环境等信息为依据。职业生涯目标通常分为短期目标、中期目标、长期目标和人生目标。

第六步,制订行动计划和措施。在确定了职业生涯目标后,行动便成了关键。这里的行动是指落实目标的具体措施,主要包括工作、训练、教育、轮岗等方面。例如,为达成目标,在工作方面,你计划采取什么措施去提高你的工作效率;在业务素质方面,你计划学习哪些知识、掌握哪些技能,以便提高你的业务能力;在潜能开发方面,你计划采取什么措施开发你的潜能等。要有具体的计划与明确的措施,同时这些计划与措施要特别具体,以便于定时检查。

(四)客户经理的基本素质

1. 品德素质

(1)具备良好的职业道德和敬业精神,爱行、爱岗、能吃苦,有责任心、事业心、进取心和纪律性。

(2)能把强烈的社会责任感和使命感融入为客户的竭诚服务中;能尽最大可能向客户宣传企业文化。

(3)诚实守信,全心全意为客户服务,不做误导性或不诚实的产品介绍。不可不负责任地随意承诺,更不能超越权限行事。

(4) 有团队精神。与其他员工相互配合,搞好上下协调、内外沟通工作。

(5) 个性开朗、坚毅,不轻言气馁。

(6) 努力主动工作,少些抱怨。

(7) 遵纪守法,知法、懂法,自觉约束自己的行为,不做违法违规业务。

(8) 自我约束能力强。

2．业务素质

(1) 愿意面对和接受挑战,求知欲强,善于学习新知识,具有较宽的知识面。

(2) 对市场、客户、新技术、新产品等方面的变化具有敏锐的洞察力。

(3) 具有创新思想,乐于并善于创新。

(4) 工作效率高,具有稳健作风。

(5) 处事果断,善于变通。

(6) 具备综合分析能力、直觉判断能力和获取信息的能力。

(7) 尊重上级,服从安排,对上级的决策有意见时能勇敢地提出来。

3．人际沟通素质

(1) 有较高的文化艺术修养,知识面广,具有较为丰富的生活经历。

(2) 有良好的形象与气质,衣着整洁,举止稳重大方。

(3) 人际交往能力强,具有良好的协调和沟通能力,性格外向。

(4) 灵活的语言艺术。善用诙谐、幽默的语言调节与客户会谈时遇到的尴尬气氛;善用委婉的语言来拒绝客户。

(5) 善于借用外部资源。

(6) 团结同事,善于合作。

4．心理素质

(1) 具有外向、开放、包容的性格。

(2) 对失败和挫折有较强的心理承受能力。

(3) 不服输、吃苦耐劳、不断进取。

(4) 头脑冷静,不感情用事,善于变通。

(五) 客户经理的能力要求

1．沟通能力

沟通是客户经理的一个重要能力。和客户进行有效的沟通,是客户经理日常市场拜访中的一项重要工作。客户经理要想做好客户工作,就必须提高沟通能力,学会怎样去聆听、如何去说服等,继而创造一种使双方能够接受并达到最大满意程度的沟通方式。

2．协调能力

客户经理是企业、客户和广大消费者三者之间的"润滑剂",必须有强大的协调能力。面对不同类型的客户,客户经理要在既定服务规范的基础上组织其他成员形成团队,在各个环

节提升服务水准,尽量把工作中的矛盾化解于萌芽状态,从而创造和谐的工作氛围。

3. 承受能力

客户经理要具备一定的心理承受能力。在日常的拜访工作中,面对形形色色的客户,遇事要头脑冷静,三思而后行,不感情用事、不武断行事。要能吃苦、不服输,面对失败和挫折不气馁、面对困难不推诿,不能因一点小事而大发脾气,更不能和客户争论不休。

4. 表达能力

作为一名经常与客户打交道的客户经理应具备一定的表达能力。语言表达要生动、完整并有较强的说服力。要善于运用诙谐、幽默的语句来调节与客户谈话时遇到的尴尬气氛;用婉转的语言来纠正客户错误的观点。在每一次表达过程中,客户经理必须清晰表达要点,努力提高语言表达的精确度。

5. 分析能力

市场经济瞬息万变,客户经理必须细心观察、认真调研、科学统计,具备一定的分析能力。只有不断加强学习,提高对市场的分析能力,才能在千头万绪中找出关键,摸出规律,准确地抓住问题的要领,积极稳妥地解决问题。

6. 创新能力

客户经理要具有创新的思维、开拓创新的精神。现代社会经济飞速发展,作为一名优秀的客户经理要想立于不败之地,那就必须具有创新的思维。通过创新来更好地体现自我、展示自我,同时也能更好地把握市场、运筹市场。

7. 理解能力

客户经理必须要有较强的理解能力。要全面学习国家的相关政策法规,按照政策要求具体操作实践、贯彻执行。这就要求客户经理必须有较高的理解能力,既不能照搬照抄,又要使政策法规在执行过程中不走样。对于政策要求,要做到充分理解、严格落实,执行过程要追求效率、一丝不苟。

8. 学习能力

一个合格的客户经理应具备良好的学习能力。在经济全球化的今天,客户经理的知识必须多元化,要掌握丰富的综合知识,必须不断提高学习能力,才能以知识创造价值。唯有不断提高学习能力,才能更好地胜任本职工作。

二、岗位职责——你应该做什么

1. 客户经理的岗位职责(见表1-1)

表1-1　客户经理的岗位职责

职　责	岗位职责内容
职责1	制定客户服务部各项制度,规范客户服务部的各项工作
职责2	制定客户服务标准及各项工作规范,并对实施人员进行指导、培训

续表

职　　责	岗位职责内容
职责 3	管理、安排本部门的各服务项目的运作,如售后服务和维修管理等
职责 4	对客户服务人员进行培训、激励、评价和考核
职责 5	对企业的客户资源进行统计分析,做好客户档案资料管理工作
职责 6	按照分级管理规定,定期对所服务的客户进行不同形式的询问、拜访
职责 7	按客户服务部的相关要求对所服务的客户进行客户关系维护
职责 8	负责对客户有关产品或服务质量的投诉及意见处理结果的反馈工作
职责 9	负责大客户的接待管理工作,维持与大客户的长期沟通和合作关系
职责 10	努力提高上门服务的工作质量,加强对客户代表的职业道德及形象教育
职责 11	负责客户提案制度的建立与组织实施工作
职责 12	建立并管理呼叫中心,全面了解客户意见、需求,为客户提供即时服务
职责 13	负责创造企业间高层领导交流的机会
职责 14	完成总经理临时交办的其他工作

2. 客户主管的岗位职责(见表 1-2)

表 1-2　客户主管的岗位职责

职　　责	岗位职责内容
职责 1	根据企业发展目标制订客户开发计划、建立客户开发管理制度并组织实施
职责 2	根据企业业务特点确定新客户开发范围,制定客户开发措施
职责 3	根据实际业务要求,配合客户调查主管做好客户调查工作
职责 4	制定客户开发工作流程及操作规划,指导、培训客户开发专员的工作
职责 5	监督、考核客户开发专员的工作,及时发现问题并及时解决
职责 6	建立大客户开发管理制度,提高企业客户的稳定性
职责 7	积极拓展客户开发渠道,研究客户开发策略并组织实施
职责 8	建立合理的客户开发奖励机制,调动客户开发专员的工作积极性
职责 9	对客户状况、合作意愿进行预测,适时提出解决方案
职责 10	对客户开发专员与客户签订的合同进行审核、审批
职责 11	协助完成其他部门需要合作的工作
职责 12	完成上级交办的其他项目

3. 客户专员的岗位职责(见表 1-3)

表 1-3　客户专员的岗位职责

职　　责	岗位职责内容
职责 1	协助客户开发主管制订客户开发计划,并提出合理建议
职责 2	根据企业的客户范围定位,积极寻找潜在客户
职责 3	潜在客户资料的收集、整理
职责 4	制定针对每一位客户的开发策略并有效实施
职责 5	对潜在客户定期拜访、进行关系维护,以便增进相互之间的了解
职责 6	与客户进行合作谈判,确定合作的各项条款,直到签订合作合同并实施管理
职责 7	认真履行合同条款,落实承诺,加深合作
职责 8	积极开发新客户,拓展客户开发渠道
职责 9	不断总结工作经验,提出合理化建议
职责 10	完成上级交办的其他工作

4. 大客户主管的岗位职责（见表1-4）

表1-4 大客户主管的岗位职责

职　责	岗位职责内容
职责1	拟订公司对外客户拓展计划
职责2	负责公司大客户市场开发
职责3	落实合作项目，签订合作协议
职责4	大客户关系维护
职责5	处理与大客户的意见分歧，提高大客户满意度
职责6	对大客户进行统计分析
职责7	管理大客户开发团队，提高大客户开发效率
职责8	协调与市场部、营销部等各部门之间的关系
职责9	对大客户市场业绩进行考核
职责10	完成其他随时交办的事项

5. 售后服务专员的岗位职责（见表1-5）

表1-5 售后服务专员的岗位职责

职　责	岗位职责内容
职责1	接听售后服务中心热线电话并记录相关信息
职责2	客户抱怨、投诉、纠纷的受理与记录
职责3	客户意见的收集与反馈
职责4	整理并分析产品售后服务过程中反馈得到的数据和信息，转送相关部门
职责5	客户资料的日常维护与管理
职责6	售后服务文件的整理、存档

6. 呼叫中心专员的岗位职责（见表1-6）

表1-6 呼叫中心专员的岗位职责

职　责	岗位职责内容
职责1	执行呼入、呼出业务的处理工作
职责2	负责客户热线咨询、信息查询及疑难问题的解答工作
职责3	上班后立即登录服务系统，来电铃响三声内必须应答
职责4	接听客户电话时必须使用文明用语，服务要热情周到、认真负责
职责5	协助客户进行信息登记
职责6	接到疑难电话或投诉，需详细记录来电时间、内容及客户联系方式，明确答复时间
职责7	疑难问题转交直接上级处理
职责8	按时参加工作例会，分享工作经验和知识，并向上级汇报工作中的问题
职责9	负责计算机、办公设备和办公席位的清洁工作
职责10	对部门提出有价值的建议或意见
职责11	参加部门安排的各项培训和考核，加强专业知识及技巧的掌握
职责12	执行呼出电话行销业务，完成销售任务
职责13	提供给客户快速、准确且专业的查询及服务
职责14	适当处理客户投诉并适时汇报给主管

续表

职责	岗位职责内容
职责15	详细记录销售过程,以利于主管分析绩效并提供协助或训练任务
职责16	对工作过程中接触的企业商业机密及客户数据进行严格保密
职责17	充分利用企业资源,避免浪费,为企业带来更多效益
职责18	服从直接上级领导的工作安排和管理

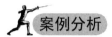
案例分析

拜访的"信心"是成功的关键

小王曾经是一家广告公司的职员。他刚到公司当广告业务员时,对自己很有信心。因此他向经理提出不要薪水,只按广告费抽取佣金的请求。经理答应了他的请求。他列出一份名单,准备拜访一些很特别的客户,这些客户都是以前没有洽谈成功的。公司里的业务员都认为那些客户是不可能与他们合作的。在去拜访这些客户前,小王把自己关在屋子里,站在镜子前,把名单上客户的名字念了10遍,然后对自己说:"在本月之前,你们将向我购买广告版面。"然后他怀着坚定的信心去拜访客户。第一天,他和20个"不可能的"客户中的3个谈成了交易;在第一个星期的另外几天,他又成交了两笔交易;到第一个月的月底,20个客户中只有一个还没买他的广告版面。

在第二个月里,小王没有去拜访新客户。每天早晨,那位拒绝买他广告版面的客户的商店一开门,他就进去请这个客户做广告。而每天早晨,这个客户都回答说:"不!"每一次,当这个客户说"不"时,小王都假装没听到,然后继续前去拜访。对小王已经连着说了30天"不"的客户说:"你已经浪费了一个月来请求我买你的广告版面,我现在想知道的是,你为何要坚持这样做?"小王说:"我并没有浪费时间,我等于在上学,而您就是我的老师,我一直在训练自己坚韧不拔的精神。"那位客户点点头,接着小王的话说:"我也要向你承认,我也等于在上学,而你就是我的老师。你已经教会了我坚持到底这一课,对我来说,这比金钱更有价值,为了向你表示我的感激,我要买你的一个广告版面,当作我付给你的学费。"

资料来源:杨洪涛,等.市场营销[M].北京:机械工业出版社,2019:333.

思考:

(1)你认为小王在第一个月的表现如何做到的?说明理由。

(2)小王在第一个月的表现,还有什么地方需要改进吗?

(3)你认为小王谈成最后一个客户,需要最关键的技能是什么?

(4)如果任命小王担任客户经理,接下来小王应该做什么?

实训一 职业规划设计

在职业规划过程中,最重要的就是找对职业方向。那么怎样找到自己的职业方向呢?在了解自己的优劣势的基础上,选择值得切入的行业(领域),确定自己的职业目标,不断复

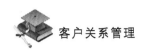

盘和成长,并在掌握客户关系管理相关岗位工作内容的基础上,根据专业知识进行相应的职业规划。

实训二 客户至上的设计模式

客户至上的设计模式可归纳为迎合需求和创造需求两种,具体通过下面两个例子进行阐述和说明。

1. 谷歌公司——迎合需求

谷歌公司的数学产品设计方法是研究客户行为,从点商做起,逐步完善产品。

谷歌公司的管理部门每次改版网站首页或者升级产品时都会安排严格的用户测试。谷歌公司网站上写道:我们对谷歌公司的每一样内容部会进行测试,相比直觉和猜测,企业更加注重实际数据信息。谷歌公司比大多数公司(或者说其他所有公司)都更加重视寻求确凿的资料来证明新的功能是否有助于改进用户体验。许多产品都被送往谷歌公司实验室进行测试,以期尽早获得客户反馈,尽快调整设计任务。对亿万用户进行大量产品测试极具价值。谷歌公司的用户测试为谷歌公司带来了极大的利益,有了它,管理者可及时对设计方案做出取舍。"我们有信心,而且也有数据可以证明,我们采纳的方案的确可以改进用户的使用体验。"

这样做是为了尽可能地完善产品。谷歌公司的创始人拉里·佩奇说:"最完美的搜索引擎应该能够正确理解用户目的,切实满足用户所需。"不过,要做到如此,需要时时对产品进行点滴修改。大量用户几乎察觉不到谷歌公司的微小改动。比如某天,谷歌公司某项搜索结果不再仅仅显示网页内容,而是增添了相关视频内容;又或者某一天,谷歌公司神奇的搜索算法系统为某类问题提供的搜索结果比以前稍好了一点儿。这些变化如此微小,用户通常难以察觉。就这样,谷歌公司一点一滴地改进自己,永不停歇。

谷歌公司的这种用户测试和解析模式对网站的发展起到了极大的促进作用。对自己设计的许多东西进行测试,从而选出并放大最佳选项,有了这一模式,无须寻找设计高手,只需做大量的测试和分析就能找到优化用户体验的方法。但是,这种策略也是有瑕疵的,那就是网站的架构无法得到跳跃式的变动。

2. 苹果公司——创造需求

"数字技术应用领军团"中的苹果公司可谓轰动了整个世界。苹果公司发展的动力源主要是灵感创意而非数据分析。众所周知,史蒂夫·乔布斯是个完美主义者,他的设计团队具有卓越的才华和能力。因此,人们相信苹果公司公司创意无限,无所不能。乔布斯说:"我们的任务就是打造完美的用户体验,如果做不到这点就只能怪自己。"虽然苹果公司并没有完全抛开用户测试这一环节,但是所有重大创意的提出和实现所依靠的都是核心团队的本能和直觉。他们有想法,有眼光。一旦创意开花结果,不仅会影响数百万用户的日常。如果说谷歌公司的解析设计方式能够达到"局部高点",那么苹果公司的灵感设计方式则能等上"全球顶峰"。前者只允许在现有的设计框架内进行小修小补,让产品的易用性和效益慢慢达到峰顶,即"局部高点"。然而,小修小补永远也无法到达"全球顶峰"。

不过,苹果公司采取的策略存在巨大的风险。只要赢了一次,用户的期待就会直线飙升。要想获得成功,就必须拥有超凡卓越的人才(如此才俊实难获得)。由于这种策略强调的是给世界带来爆炸性的变化,而不是对产品进行循序渐进的改进,由此可见,随着时间的推移,相比其优雅、简洁且极富创意的设计初衷,苹果公司产品会变得越来越复杂、越来越笨重。把伟大的灵感同点滴的改进相结合,恐怕才是最受称道的模式。

讨论:

(1)你更青睐哪种客户关系模式?

(2)对于产品要不断实现更高的客户满意度,你有什么好的建议?

客户关系管理战略规划

📝 项目概要

本项目从企业存在的理由说起,明确了企业的使命和目标、企业使命的要素及陈述;阐述了企业战略,具体介绍了明茨伯格的"5P战略"以及企业战略的结构层次,进一步强化了战略管理的重要性;探讨了客户关系营销方案设计,详细地介绍了关系营销产生的背景、关系营销中的关系、特征,明确了关系对传统营销的影响,客户关系营销方案的设计策略。

🚩 学习目标

- 了解企业存在的理由;
- 理解企业的使命、要素、陈述和目标;
- 掌握客户关系营销方案设计思路。

重点与难点

重点:企业战略的结构层次。
难点:客户关系营销方案的策略。

✉ 关键术语

战略规划　5P战略　职能战略　关系营销

📋 案例导入

"流行美"的战略营销之道

广州流行美时尚商业股份有限公司是国内发饰品、化妆品等女性时尚用品著名品牌,已获得广州市著名商标。广州"流行美"连锁机构是一家集设计、生产、销售精美独特的发饰品、化妆品、丝巾、首饰等女性时尚用品于一体的规模产业机构。公司创建于1998年5月23日,现拥有专卖店2400家,专卖店遍及全国30个省(自治区、直辖市)的330个城市,公司已在全国设立五大销售中心(广州、苏州、武汉、成都、北京),事业发展迅猛,是中国发饰零售行业的"领头羊"。1998年5月23日,世界上第一间免费教顾客打扮自己并为顾客免费设计发型、盘发、化妆的发型体验屋在广东佛山百花广场开业。由此,打造美丽女性的事业诞生。

1. "流行美"的体验宣言

"流行美"创建者赖建雄先生说:"把产品先搁在一边,加紧研究消费者的需求与欲望,不要再卖你所能制造的产品,要卖消费者想购买的产品。"提高顾客满意度成为营销的目标和执行指标,追求卓越的公司必须从顾客的需求出发,这就是"流行美"营销观念的精髓。

2. 个性化的需求要求产品和服务不断更新

传统的、仅仅用来夹住头发的工具型发夹,对追求美丽和个性的女性来说并不具备很大的吸引力,所以必须有更多种类、更高品质的发夹出现,而且卖家必须教会顾客如何使用发夹。为了把发夹简洁、方便、美观等优势体现出来,商家创建了"流行美""购买发饰,免费获发型设计"的体验营销模式。这个概念后来成了"流行美"赖以发展的"顾客购买产品,免费设计发型;一次消费,长期免费"的服务理念。只要顾客一次性购买200元以上的产品或累计购买500元以上的产品,就可获得贵宾卡,同时长期享受免费发型设计的服务。服务人员既可以用专业的眼光提供适合顾客的发型样式,也可以满足不同顾客对不同发型的需求。

个性化的需求要求产品和服务不断更新,"流行美"因此成立了产品开发部,把消费群体主要定位在中高档顾客。"流行美"过去的产品主要是以一些珠子、水钻为主,而今"流行美"改进了传统的制作工艺,在材料、造型等方面都有创新。比如材料上增加了天然的宝石、玉石等;造型也种类繁多:有发针、插梳、孔雀豆夹、孔雀香蕉夹、笔形发夹、鲨鱼嘴、仙鹤嘴等。此外还推出了各式各样、绚丽多彩的布类产品,主要有花、发束、发带和丝巾等。发夹等饰品要配合发型使用才能体现出自己的优势。比如编辫子自古有之,是最普遍的整发方式之一,一般的女顾客都会用"三股来回绕"的技巧打理头发,"流行美"却发挥了更多的想象:将三股编扩增到四股编、五股编甚至多股编,增添了许多细腻的设计,使女性充分体验到发型设计和发饰使用的乐趣。

3. 多方面发展体验

在做发夹的基础上,"流行美"推出了丝巾及其花样打法、丝巾与胸针的巧妙搭配等,并逐步开放免费化妆服务,以保持服务的常变常新和同顾客的双赢。赖建雄先生说道:"顾客因为使用了我们的产品、享受了我们设计发型的服务而变得更美丽、更自信。当她满意地走出店门的时候,我知道又有一个顾客开始帮我们经营了。当'流行美'式的发型在人海中闪现的时候,你能告诉我'流行美'未来的价值有多大吗?"

资料来源:首席产品官赵阳,揭秘流行美转型成功之道[EB/OL]. (2019-08-15)[2020-05-11]. http://www.chinabeauty.cn/news/15344.html. (有删改)

思考:

"流行美"发饰连锁店在推行自己的产品与服务的过程中,综合运用了哪些体验营销策略?谈谈你的看法。

任务一 企业战略规划

公司战略是根据企业存在的理由而定义的。战略仅仅是实现企业目标的手段。如果企业目标不明确,就不可能提出相应的公司战略。企业存在的理由不仅仅是为了简单实现"利润最大化",还与相关人员的动机以及企业与社会、社区之间的关系有关。在开始战略规划之前,企业应该清楚地了解其在社会经济中的作用、业务范围以及被社会给予的价值和期望。

一、企业存在的理由

组织存在的理由有两大类：营利和非营利。以营利为目的成立的组织，其首要目的是为所有者带来经济价值。例如，满足客户需求、建立市场份额、降低成本等。营利性组织承担社会责任是次要目的，承担社会责任是为了保障组织经济目标的实现。非营利组织成立的首要目的不是营利，而是提高社会福利、促进政治和社会变革。

对于企业来说，由于高额利润往往伴随着高额损失的可能性，因此，企业经营如果以"利润最大化"为目标，就忽视了投资者所能承担的风险和他们所投入的资本。所有者将其财富投入公司，因此放弃了其可能带来的其他收益和增值财富的计划。此外，利润最大化目标没有界定计算利润的时间段。因此，营利组织应追求股东价值最大化而不只是利润最大化。对股东财富的计量可以是一定期间内每股价值的增加值、预计自由现金流的现值（贴现率是调整适当风险以后的资本成本）经济利润。经济利润，是指特定年份的实际利润超过补偿股东投入资本所需的最低回报的部分。

明确企业存在的目的对于战略管理规划至关重要。企业目标由高层领导和管理人员制定，制定时他们首先需要回答一些基本问题，例如他们的企业定位什么、业务范围是什么，并由此决定未来发展方向。企业使命应当关注到客户的基本需求以及如何满足这些需求，而不是描述企业目前所提供的产品和服务。因为环境变化和创新可能会使这些产品及服务变得多余，而企业要满足的客户需求将会长期存在，并且需要通过其他形式加以满足。

 案例链接 2-1　科大讯飞 RAIBOO，人工智能开启创新营销布局

科大讯飞智能服务机器人（RAIBOO）作为线下连接用户的新互动式媒介平台，将线下数据和线上数据融合，给营销领域带来营销主动化、目标精准化、品牌人格化及效果可量化四大突破。科大讯飞智能服务机器人通过人脸识别、语音语义、肢体动作、触屏互动、券码打印、视频影音等多重功能，能够实现商家与消费者的实时互动并进行品牌传播。

智能服务机器人无须经过专业培训，业务知识储备充足，比纯人力商超服务质量更高，效果更好。依托科大讯飞独有的 AIUI 语音技术优势，智能服务机器人拥有远场降噪、方言识别、自动纠错等功能，更有丰富的资源库可提供音乐、导航、闲聊等 100 多个深度定制的通用场景，支持自定义功能，多重保障消费者的互动体验，准确获取用户的核心诉求。基于科大讯飞领先的人工智能技术，以线下机器人互动及数据采集能力做出为用户连接的入口，整合科大讯飞大数据能力，实现全场景营销。在具体的执行中，可以分为以下 4 个步骤。

（1）消费者进店后，智能服务机器人主动迎宾，吸引消费者注意力并引导对话互动，同时进行 Wi-Fi 信号扫描，并对消费者 ID 进行跟踪与分析。

（2）当消费者开始与机器人进行互动时，机器人会利用科大讯飞独有的 AIUI 语音技术和丰富的资源库主动与消费者展开多轮对话，精准识别并理解消费者的方言，即使人多嘈杂也能有效获取声音信息，还能通过引导消费者进行触屏操作，让消费者主动了解品牌和最新活动。与此同时，机器人会提取消费者在对话中的有效信息，准确获取消费者的核心诉求。

（3）在特别定制的问卷调查环节，问卷根据人流量自动下发，通过机器人的引导，用户在不知不觉中完成问卷调查并获得特定奖励。

（4）在机器人与消费者的交互过程中，机器人会根据消费者的交互信息及购买意向产生会员注册页面并引导消费者提交手机号码完成会员注册，注册完成后通过券码打印功能，给消费者提供促销活动的优惠券，刺激消费者完成购买。同时，通过机器人交互注册的会员信息将为线上渠道导流并完善企业客户关系管理（customer relationship management，CRM）建设。

资料来源：http://www.sohu.com/a/191822051_648778.

二、确定企业的使命和目标

战略规划的第一步是确定公司使命并将其在公司使命陈述中加以明确。企业使命是企业在社会经济的整体发展方向中所担当的角色和责任，也是企业的根本任务或其存在的理由。一般来说，绝大多数企业的使命是经过高度概括的、抽象的，企业使命不是对企业经营活动具体结果的表述，而是企业开展活动的方向、原则和哲学。企业使命是对企业"存在理由"的宣言，它要回答"我们的企业为什么要存在"的问题。其中高层管理人员负责明确企业使命。

以下是国外某大型汽车公司的企业使命、目标和战略的示例。

（一）企业使命

在市场经济国家制造并销售最安全、最环保、最节能的小汽车和卡车。

（二）企业目标

（1）到 2018 年，国内小汽车和卡车的市场占有率增加 8%。
（2）到 2019 年，单位成本下降 3%。
（3）到 2020 年年底，公司在世界汽车市场的占有率居第一位。
（4）到 2021 年，在海外建成 15 个生产基地，实现 2/3 外销的目标。

（三）企业战略

（1）通过将所有资源集中于小汽车和卡车制造行业来获得发展。主要集中发展低油耗的车型，以达到政府的油耗标准，并向竞争者发起挑战。
（2）采用世界一流的汽车技术，包括配有机器人的现代化整车生产流水线，新一代线控驱动系统等，以科技创新推动品质卓越的新产品不断进入市场。
（3）实行垂直集约化经营，使生产设备现代化，以减少原材料消耗、降低生产成本，快速提升企业核心竞争能力。
（4）与外国汽车厂商建立合资企业在发展中国家制造并销售汽车。

（四）执行计划/预算

1. 执行计划

（1）在国内增加一个制造并销售新型低成本、高质量汽车的新部门。
（2）增聘技术开发人员 200 名。

(3) 参与每年两次的世界汽车展销会并赞助世界一级方程式赛事以增加品牌知名度。

(4) 为降低制造成本,到 2011 年要在各个部门的生产操作岗位安装机器人。

(5) 与外国汽车厂商谈判,建立合资企业,在世界市场上制造并销售这种汽车。

2. 预算

对每一个计划方案进行成本效益分析,并制订预算方案:

(1) 为建立汽车生产部门编制预算方案,通过银行贷款为其筹集资金。

(2) 为增聘技术开发人员 200 名编制预算。

(3) 为参与每年两次的世界汽车展销会及赞助世界一级方程式赛事编制预算。

(4) 为安装机器人编制预算。

(5) 为建立合资企业的谈判筹集资金编制预算。

三、企业使命的要素

企业使命至少应具备以下要素。

(1) 反映企业定位,包括盈利方式、企业的社会责任以及市场定位的企业价值。

(2) 有导向作用。明确的企业使命能够指明企业未来的发展方向,能为有效分配和使用企业资源提供一个基本的行为框架,避免向某些严重偏离企业发展方向的领域进行投资,做到方向明确,力量集中。

(3) 说明业务范围,即生产什么产品、在哪个领域经营。

(4) 有利于界定自身的企业形象,加深客户对企业的认知。

(5) 企业使命取决于影响战略决策的利益相关者的相对能力。

四、企业使命陈述

企业使命陈述是一个正式的书面文件,是对企业使命的明确陈述。使命陈述是企业内部沟通企业价值观、定位和经营目标的有效方式,用于协调利益相关者的行为,是支持企业的战略和宗旨。

使命陈述的作用包括 3 个方面:提供企业监控的基础,如企业的生存目的、竞争地位和独特的能力以及企业经营方式;向利益相关者传递企业的经营哲学及理念,树立企业形象;反映企业的核心价值观。

五、确定战略目标

企业在实现使命过程中所追求的结果,构成了企业的战略目标,是对企业使命的具体化。战略目标反映了企业在一定时期内经营活动的方向和所要达到的水平,如业绩水平、发展速度等。与企业使命不同的是,战略目标要有具体的数量和时间界限,一般为 3~5 年或更长。战略目标是企业制定战略的基本依据和出发点,是战略实施的指导方针和战略控制的评价标准。

六、企业战略

（一）战略的定义

"战略"一词具有悠久的历史，它来源于希腊的军事用语，是指战争全局的筹划和指导原则。后用于其他领域，泛指重大的、全局性或决定全局的谋划。

战略在近代的企业管理领域中仍能体现其最初的含义。在商业背景下，战略是激发企业潜力、实现企业目标、应对日益复杂和不断变化的外部环境的核心概念。企业管理者要对企业的经营业绩负责，同时，他们还需要向企业所有者及其他相关利益者提供财务报告。在此背景下，战略提供了一套合理又科学的方法，用于分析和管理企业与其所处环境之间的关系。

关于战略的定义，最具有代表性的是美国管理学大师亨利·明茨伯格（Henry Mintzberg）提出的"5P战略"。

（二）明茨伯格的"5P战略"

20世纪80年代，明茨伯格以其独特的认识，归纳总结了"战略"的五个定义：计划（plan）、计谋（ploy）、模式（patten）、定位（position）和观念（perspective）。

1. 战略是一种计划

大多数人认为战略是一种计划。它意味着用精心谋划的行动或一套准则来处理某种情况。战略的这个定义具有两个特点：战略是在企业经营活动之前制定的，战略先于行动；战略是有意识地、有目的地开发和制订的计划。在企业的管理领域中，战略计划与其他计划不同，它是关于企业长远发展方向和范围的计划，适用时限长，通常在一年以上。战略确定了企业的发展方向（例如，巩固目前的地位、开发新产品、拓展新市场或者实施多元化经营等）和范围（例如，行业、产品或地域等）。战略涉及企业的全局，是一种统一的、综合的、一体化的计划，其目的是实现企业的基本目标。例如，政府已经提出将在某市的经济崛起地区兴建房屋的前提下，一家超市购买了该地区附近的一块土地用于开发新店，这将为其带来商机。此战略是一种计划。

2. 战略是一种计谋

战略也是一种计谋，是一种要在竞争中赢得对手，或令竞争对手处于不利地位并受到威胁的智谋。这种计谋是有意图的。例如，当企业知道竞争对手正在制订一项计划来提高市场份额时，企业就应准备增加投资去研发更新、更尖端的产品，从而增加自身的竞争力。可见，战略是一种计谋，能对竞争对手构成威胁。又如，房地产开发商A要通过媒体发表一份报告，报告上称政府已经授予其土地使用权，允许在开发商B将建造的房屋前面建造高层公寓，因此开发商A所建造的公寓将带有全海景景观，而这也是其公寓的一大卖点。这种战略的目的就是要打乱开发商B的未来开发计划，是一种计谋。

3. 战略是一种模式

有学者认为，将战略定义为计划是不充分的。我们还需要一个定义，它应包括由计划引

起的行为。所以战略是一种模式,是一系列行动的模式或行为模式,或者是与企业的行为相一致的模式。"一系列行动"是指企业为实现基本目的而进行的竞争、资源分配、优势建立等决策与执行活动,它是独立于计划的。计划是有意图的战略,而模式则是已经实现的战略。从这个角度来看,战略可以分为经过深思熟虑的战略和应急战略。在经过深思熟虑的战略中,先前的意图得以实现;在应急战略中,模式的发展与意图无关。例如,某公司自成立以来的经营方都是进行集团化经营,通过购买成熟的企业并将他们转手出售来获利。此战略是一种模式。

4. 战略是一种定位

将战略作为一种定位,涉及企业如何适应所处环境的问题。定位包括相对于其他企业的市场定位,如生产或销售什么类型的产品或服务给特定的部门,以什么样的方式满足客户和市场的需求,如何分配内部资源以保持企业的竞争优势。战略的定位观认为,一个事物是否属于战略,取决于它所处的时间节点,在细节可以决定成败的时候,细节就成为战略问题。战略是确定自己在市场中的位置,并据此正确配置资源,从而形成可持续的竞争优势。因此,战略是协调企业内部资源与外部环境的力量。例如,达意公司绕过传统的零售渠道,采用电子商贸的方式来进行销售,成为中国第一家网上购物商城。此战略是一种定位。

5. 战略是一种观念

从这个角度来看,战略不仅仅包含既定的定位,还包括感知世界的一种根深蒂固的认识。这个角度指出了战略观念通过个人的期望和行为形成共享,变成企业共同的期望和行为。这是一种集体主义的概念——个体通过相同的思考方式或行动团结起来。例如,一个以魔法世界为主题的乐园公司坚信:魔法世界对孩子们的安全无害,因此可以令父母相信其出售的产品也对孩子们的健康无害,从而购买其产品。此战略是一种观念。

上述五种定义反映了人们从不同的角度对战略特征的解释和认识,它们的重要程度并没有差异。了解这些不同的定义,有助于对战略的全面理解。

(三) 企业战略的结构层次

战略决策不仅仅是企业领导者的任务,不同区域、不同职能和较低级别的管理人员都应该参与到战略的制定过程中来。企业战略可以划分为三个层次:①公司战略;②业务单位战略;③职能战略。

公司战略覆盖企业整体;业务单位战略是为公司每个业务部门制定的战略;职能战略则是针对企业内部的每项职能制定的战略,职能战略必须符合企业整体战略。

1. 公司战略

公司战略处于最广泛的层面,又称企业整体战略,一般由公司最高管理层制定。公司战略是针对企业整体,用于明确企业目标以及实现目标的计划和行动。公司战略规定了企业使命和目标、企业宗旨以及发展计划、整体的产品或市场决策。例如,是否需要开发新产品、扩张生产线、进入新市场、实施兼并收购,或如何获取足够的资金以最低的成本来满足业务需要。它还包含其他重大决策,例如,设计组织结构、搭建信息技术基础设施、促进业务发展、处理与外部利益相关者（例如，股东、政府和其他监管机构）之间的关系。

公司战略由企业最高管理层制定。高层管理人员包括首席执行官、董事会成员、公司总经理、其他高级管理人员和相关的专业人员。公司董事会是公司战略的设计者，承担公司战略的终极责任。

2. 业务单位战略

业务单位战略关注的是在特定市场、行业或产品中的竞争力。在大型和分散化经营的企业中，所属业务部门数量庞大，首席执行官很难控制所有部门。因此，企业通常会设立战略业务单位，赋予战略业务部门在公司总体战略的指导下作出相应战略决策的权力，包括对特定产品、市场、客户或地理区域作出战略决策。

战略业务单位是公司整体中的一个业务单位因其服务于特定的外部市场而与其他业务单位相区别。这是因为战略业务单位的管理层会根据外部市场的状况对产品和市场进行战略规划。例如，一家食品公司划分为生鲜食品部和熟食部，每个业务单位面向不同的市场，这就要求不同的战略单位拥有不同的市场战略。战略业务单位是实行自我计划和管理的单位，可以拥有自身具体的经营战略。

战略业务单位的优势是能够在各种类似业务中找到适合自己的战略，使其更加现实、易于实现。如果企业只是经营某一特定产品，在某一特定市场中开展业务，面对特定客户，在特定区域内经营，那么该公司战略和业务单位战略就属于同一层面，没有必要对其加以区别。

在公司的组织层面上，高级管理人员制定公司战略，以平衡公司的业务组合。公司战略涵盖了公司的整体范围，注重在每个战略业务单位中创造竞争优势。制定一个具有可持续竞争优势的业务单位战略，需要明确在什么市场能够取得竞争优势，什么产品或服务能够区别于竞争对手以及竞争对手可能采取的行动。竞争战略是在战略业务单位这个层次制定的，包括如何实现竞争优势，以便最大限度地提高企业盈利能力、扩大市场份额，如何确定相关产品的范围、价格、促销手段和市场营销渠道等。业务单位领导负责制定本业务单位的经营战略，支持公司战略的实现。

3. 职能战略

职能战略在更细节的层面上运行，它侧重于提升企业内部特定职能部门的运营效率。例如，研究与开发、生产、采购、人力资源管理、财务、市场营销及销售等。各部门领导必须制定目标和规划，协调各自的职能战略，以使这些战略能够协同起来，实现公司和业务单位的战略目标。

职能战略在促进公司战略成功方面具有关键作用。这种作用表现在：一方面职能管理要开发或者调整企业的资源和能力，以适应新的公司战略和业务单位战略，这是战略成功的基础；另一方面，各项职能要在其各自的领域中开发独特的资源或核心能力，为企业制定战略提供条件。由于该部门可能只关注自己的目标和行为，因此可能会导致各部门之间产生利益冲突，从而降低公司业绩。例如，市场部门偏好于产品创新和差异化，并以此来细分市场，而生产和运营部门则更希望产品生产线能够长期稳定运行。公司战略的作用是确保各部门或职能之间协调运转、减少冲突，为公司战略做出最大贡献。

七、战略管理概述

（一）战略管理的含义

"战略管理"一词最早是由伊戈尔·安索夫在 1972 年提出的。它是一种崭新的管理理念和管理模式。这种管理模式针对企业如何应付环境的恶化和局势的动荡,如何应对竞争,以及如何满足利益相关者的需求等问题做出回应。与运营管理相比,战略管理具有如下主要特点。

(1) 战略管理是关于企业整体的管理。战略管理涉及企业的全局,管理者需要跨越职能领域相关问题,因为仅有某一方面的知识和能力是不够的,需要有关它们之间相互关系以及如何共同发挥作用的知识。战略管理者需要与不同利益团体、不同工作职责的人进行协调,设法达成共识。而运营管理主要是职能性管理,仅凭某一领域的专长就可以发现并解决问题。

(2) 战略管理需要管理并改变企业与外部的关系。战略管理强调与外部的竞争与合作,以及满足利益相关者的期望。企业的外部关系不同于内部关系,它们不在企业的控制范围之内,而且获取有关信息比企业内部更困难。运营管理则主要是管理企业内部的关系,相对比较单纯。

(3) 战略管理具有很大的不确定性和模糊性。战略管理强调适应环境、向长远发展和资源整合,影响因素复杂、多变,难以预见和量化,管理者决策时,不可能做到完全有把握。而日常管理主要是处理比较确定的常规事务,相对来说容易预见和量化。

(4) 战略管理涉及企业的变革。战略管理不是维持现有局面,而是不断改变现存状态,以适应不断变化的环境。战略管理可以说是对变革的管理。由于企业资源和文化具有连贯性,因此改革经常难以进行。而运营管理主要是在现有状态下把事情做好,并不是改变现有状态。

战略管理的上述特点,决定了战略管理的复杂性,对于经营多种产品、地域分布广泛的企业更是如此。

（二）战略管理的流程

1. 战略分析

战略分析是整个战略管理流程的起点,对于企业制定何种战略至关重要。战略分析涉及对外部环境、影响企业现在和将来状况的因素(如经济和政治发展等)以及市场竞争的深度分析。除了外部影响因素以外,还要进行内部资源分析,目的是利用企业内部的技能和资源(包括人力资源、厂房、财务资源以及利益相关者的预期等)来满足利益相关者的期望。最后一个要素是战略使命及目标与战略方向的匹配。这个分析过程被称为"战略定位"。

某些战略学家认为,确定战略使命和目标的重要性大于对环境和资源的分析。这些战略学家指出,企业首先需要确定自己的目标,然后才是分析如何能够完成目标。但是,本书所采纳的观点是,必须要在分析环境和竞争资源的背景下制定目标。例如,汽车制造商在确定目标之前,需要考虑市场的需求以及包括企业技术能力在内的资源问题,才能制定出一个具体且合乎现实的目标。战略分析需要考虑许多方面的问题,需要进行外部因素分析和内部因素分析。外部环境的分析着眼于企业所处的宏观环境、行业环境和经营环境,例如政治、经济、社会以及技术因素等。在制定战略的过程中,认识什么是企业要在行业中取得成功的关键因素,以及外部环境变化给企业带来了哪些机会和挑战是一个非常重要的环节。相比而言,对内部环境的分析则集中在资源企业能力和市场竞争能力方面。SWOT 分析是很多企业都熟悉的分析工具,它总结了企业的战略形势并反映了战略必须使内部能力与外部状况相适应这一原则,即包括优势、劣势、机会与威胁四个方面的分析。

2. 战略制定

在战略制定过程中会有多个选择,需要进行挑选。战略要获得成功,应该建立在企业的独特技能以及与供应商、客户及分销商之间已经形成或可能形成的特殊关系之上。对于很多企业来说,这意味着形成了相对于竞争对手的竞争优势,而且这些优势是可以持续的,或者说是某种产品—市场战略,例如市场渗透、新产品的开发以及多元化经营等。完成广泛的环境分析之后,管理层需要更加注重对企业所处环境的评估,发现存在的机会和威胁。潜在的机会包括进入新市场、扩张产品线来满足(或创造)新的客户需求、在新产品中转移技术和知识产权、创新以及稳固竞争地位等。潜在的威胁包括新竞争者的进入、客户需求下降、经济萧条以及不利的法律环境等。战略设计需要捕捉已发现的机会,防范可能的威胁。战略制定的另外一个方面是能形成相对于竞争对手的竞争优势,利用自己的强项,克服或最小化自己的弱项。强项包括使企业具有竞争优势的技能、专业技术和资源,弱项是指使企业处于不利地位的某个条件或领域。

在公司和业务单位层面上存在着各种不同的战略。

(1) 公司(总体)战略选择

公司层面的战略选择包括成长型战略、稳定型战略和收缩型战略。成长型战略是以扩张经营范围或规模为导向的战略,包括一体化战略、多元化战略和密集型成长战略;稳定型战略是以巩固经营范围或规模为导向的战略,包括暂停战略、无变战略和维持利润战略;收缩型战略是以缩小经营范围或规模为导向的战略,包括扭转战略、剥离战略和清算战略。

(2) 业务单位战略选择

业务单位层面的竞争战略包括成本领先战略、产品差异化战略和集中化战略三个基本类型。在上述战略中进行选择的标准包括:该战略是否适合企业环境;是否符合利益相关者的预期;从企业的资源和能力来看是否实际可行。

3. 战略实施

战略实施是指如何确保将战略转化为实践,其主要内容是组织调整、调动资源和管理变革。

(1) 组织调整

企业组织应适应战略的要求,包括组织结构、业务流程、权责关系,以及它们之间的相互关系都应适应公司战略的要求。战略的变化要求企业组织进行相应调整,以创建支持企业成功运营的组织结构。这项工作的困难之处在于要改变业已习惯的工作方式,并使不同文化背景的人之间建立起良好的工作关系。

(2) 调动资源

调动资源是指调动企业不同领域的资源来适应新战略,包括人力、财务、技术和信息资源,促进企业总体战略和业务单位战略的成功。

（3）管理变革

企业调整战略时,需要改变企业日常惯例、转变文化特征、克服政治阻力。为此企业需要:①诊断变革环境,包括确定战略变革的性质(渐进或突变)、变革的范围(转型或调整)、变革需要的时间、变革程度的大小、员工对变革的思想准备程度、资源满足程度、企业文化与战略是否冲突、变革的推动力量和阻碍力量等;②根据变革环境的分析,确定变革管理的风格,包括教导、合作、干预、指令等备选类别;③根据变革环境的分析,确定变革的职责,包括战略领导和中层管理人员应当发挥的作用。战略管理是一个循环的过程,而不是一次性的工作。要不断监控和评价战略的实施过程,修正原来的分析、选择与实施工作,这才是一个循环往复的过程。

任务二　客户关系营销方案设计

一、关系营销产生的背景

关系营销是从"大市场营销"概念衍生、发展而来的。1984年,菲利浦·科特勒提出了"大市场营销"概念,目的在于解决国际市场的进入壁垒问题。在传统的市场营销理论中,企业外部环境是被当作"不可知因素"来对待的,企业在面临国际市场营销中的各种贸易壁垒和舆论障碍时,只能听天由命。然而,菲利浦·科特勒认为,企业要突破贸易保护主义壁垒进入封闭的市场,除了需要运用产品、价格、分销及促销四大营销策略外,还必须有效运用政治权力和公共关系,这就是"大市场营销"思想。关系营销的产生和发展也得益于对其他科学理论的借鉴和对传统营销理念的拓展以及信息技术浪潮的驱动。同时,关系营销的产生具有较为深刻的时代背景,是社会经济发展、消费者变化以及信息技术发展的必然结果。

（一）社会经济发展

随着社会经济的发展,物质产品日益丰富,市场形态已经明显转向买方市场,企业之间的竞争更加激烈,竞争手段也就更加多样化。与此同时,先进的科学技术使产品之间的差异缩小,企业很难通过产品、渠道或促销等传统营销手段取得竞争优势,而且企业之间营销活动的效果相互抵消,传统营销活动的效果越来越不明显。而今促使企业与客户保持良好的关系以形成稳定的市场,确保竞争中的市场地位已成了明智之举。

（二）消费者变化

由于人们的消费观念向外在化、个性化、自然化的方向发展,精神消费和心理消费的程度越来越高,这就迫切需要企业与客户之间用更多的交流来相互实现各自的需要与利益追求,促使营销方式变革。企业要更加深入地进行市场细分,向品种多、批量少的小规模生产模式转变,更加关注消费者的实际要求,更好地满足消费者个性化的需求。

（三）信息技术发展

计算机、互联网、通信等信息技术的发展使人与人之间的时空距离相对缩短,企业之间、企业与客户之间的依赖性、相关性同时也越来越强,彼此之间的交流和协作更加便利。企业对这种时代特征不可漠视,尤其是在营销策略方面,要处理好这种"互动关系",形成持续发展的基础和动力,达成企业战略目标。

二、关系营销的内涵

（一）关系营销的定义

理论界对关系营销的理解不一,给出很多不同的定义。但西方学者对关系营销的认识有一点是共同的,即企业对现有客户营销比对新客户营销更有利。在众多的定义中,其中较有代表性的观点有以下五种。

微课：关系营销理论

（1）贝瑞（Berry）从"留住老客户比吸引新客户的营销效率更高"这一现状出发,认为关系营销的实质是"留住并改变现有客户"。贝瑞是最先提出关系营销概念的学者,他对关系营销的理解有相当的认同性。尽管贝瑞并没有否认吸引新客户的必要性,但他把现有客户作为关系营销的核心。我们认为,对关系营销的这种理解忽视了客户发展的动态过程。很明显,任何老客户都是从新客户发展而来的,一味固守老客户就很难适应市场环境的变化。

（2）摩根和汉特（Morgan&Hunt）从经济交换与社会交换的差异角度来认识关系营销,而承诺与信任正是社会交换的本质所在。从经济交换转向社会交换,企业营销的本质也在于承诺与信任。于是,他们从交换关系的角度来定义关系营销,认为关系营销是"旨在建立、发展和维持成功关系而交换的所有营销活动"。理解关系营销的核心是关系交换是否具有生产性与有效性,即是什么导致关系营销的成功与失败。承诺与信任正是关系营销成功的核心。这个定义停留在静态营销阶段,而关系营销更重要的特征是关系的发展存在着建立、稳定和终结等过程。

（3）顾木森（Gummesson）则从企业竞争网络化的角度来定义关系营销,他认为"关系营销就是把营销分为关系、网络和互动"。这个定义把关系营销看作"网络范式"的一部分,认为全球竞争更多在网络之间进行,而不再是单个企业之间的竞争。然而,全球经济的变化导致了关系营销某种程度的矛盾性质:要成为全球经济中真正的竞争者,企业必须在网络内成为值得信任的合作者。于是,竞争与合作就不再是对立的两个方面,企业为了竞争必须合作,同时有效的合作又可以增强企业的竞争力。

（4）塞斯和帕维提亚（Sheth&Parvatiyar）强调合作的重要性,提出关系营销是"为了创造价值而与选定的客户、供应商、竞争者合作并建立密切的互动关系的导向"。在这个定义中,合作是关系营销的手段,价值创造是关系营销的目的。他们的观点在两方面值得商榷：第一,在关系发展过程中常常存在非价值创造因素,如人际满意；第二,关系营销的对象局限在客户、供应商和竞争者三方,忽视了其他对象,如企业员工、政府等。

（5）格鲁如斯（Gronroos）对关系营销作了较为宽泛的定义："关系营销就是管理企业的市场关系"。

总结以上观点,关系营销可以定义为企业为实现其自身目标并增加社会福利而与相关市场建立和维持互利合作关系的过程。首先,这个定义指出关系营销的目的是双重的,包括社会宏观目标与企业微观目标。企业作为社会的一部分,除了其自身的目标外,还应该关注社会总体利益。其次,关系营销的对象是相关市场。相关市场可以包括企业所有利益相关者,如客户、供应者、员工、媒体和政府部门等。再次,关系营销的手段是互利合作,互利是合作的前提,没有互利,很难有进一步的合作;缺乏合作的营销也不能成为关系营销。最后,关系营销是动态的过程,而不是静止的状态。

(二)关系营销中的关系

关系营销是以建立、维护、促进、改善、调整"关系"为核心,对传统营销观念进行革新的理论。这里的"关系",主要是指企业与顾客、供货商、分销商、竞争者、内部员工等之间的关系。

1. 与顾客的关系

企业要实现赢利目标,必须依赖顾客。企业需要通过搜集和积累大量市场信息,预测目标市场购买潜力,采取适当方式与消费者沟通才能变潜在顾客为现实顾客。同时,企业要通过建立数据库等方式,密切与消费者的关系。对老顾客,要更多地提供产品信息,定期举行联谊活动,加深感情与信任,争取使其成为长期顾客,如此一来花费的成本会比寻找新顾客更为低廉。

2. 与供货商、分销商的关系

在信息经济的背景下,竞争不仅仅是公司之间的竞争,还是网络上的竞争。借助先进的信息系统,供应链中所有参与者成为信息伙伴,实现了信息共享和利益共享。这样形成的供货商—企业—分销商之间的关系,不仅有竞争,更重要的是合作。明智的市场营销者会和供货商、分销商建立起长期的、彼此信任的互利关系。最佳交易状态是不需要每次都进行磋商,而是成为一种惯例。

3. 与竞争者的关系

同行竞争者之间通常把商场比作战场。事实上竞争者之间可以建立一种"双赢"的关系,不一定都是输赢关系。曾有人做过形象的比喻,市场是一块蛋糕,吃的人越多,每个人分到的就越少。但换个角度,如果吃蛋糕的人合作起来,共同把蛋糕做大,每个人就可以分到更多的蛋糕。

 案例链接 2-2 联想集团的"内联外合"的策略

联想公司在研究开发上采用"内联外合"策略。"内联"指联想公司加强与国内厂商的联合,真正做到资源共享,优势互补。如联想公司与全国最大的财务管理软件厂商用友公司实行战略性合作,以应用为本,软硬一体,共同开发和销售;与实达公司、中宏致福计算机公司签订了合作协议,这两家公司将在他们的家用计算机中全面预装联想公司开发的"幸福之家"软件。

"外合"是指进一步加强与国际著名厂商的合作,包括技术、产品还有销售的合作。如联想公司与英特尔(Intel)、微软(Microsoft)的战略合作伙伴关系,有力地巩固了联想计算机在技术上的领先地位。同时联想公司也在努力和国际厂商展开更深层次的合作,比如联合开发、联合定义未来产品等。1998年初,联想公司与液晶显示器行业的领先厂商日立公司合作开发出了有别于传统台式计算机的新一代计算机——联想公司"问天"系列。

资料来源:联想公司的关系营销[EB/OL].(2012-03-22)[2020-05-11].https://wenku.baidu.com/view/8cb6593f580216fc700afd38.html.(有删改)

4. 与内部员工的关系

员工不仅是企业的雇员,他们被看作是企业的伙伴。企业要搞好与内部员工的关系,首先应该给员工提供物质上的满足,其次要给员工提供内部营销服务,把员工当作消费者一样关心。

5. 与影响者的关系

各种金融机构、新闻媒体、公共事业团体以及政府机构等,对企业营销活动都会产生重要的影响,企业必须以维持好公共关系为主要手段去争取他们的理解和支持。成功的公司一般都与在市场有影响的管理者有着良好的关系。

创名牌

案例链接 2-3　客户为什么选择三只松鼠

三只松鼠2020年度报告指出,在过去的一年,公司净利润达3.01亿元,同比增长26.21%。相关统计数据显示:随着全品类零食的成熟,"三只松鼠旗舰店"和"三只松鼠"的搜索指数总和已超过"零食"搜索指数的两倍,这意味着三只松鼠已不仅仅是零食品牌,同时也是一个具有深度影响力的IP。三只松鼠爆发式增长的背后靠的是口碑的裂变——在顾客中通过极致体验建立口碑并通过社交化媒体建立网络口碑。其核心是推己及人——站在消费者的角度,思考需求;利用主人文化,将弱关系变为强关系。建立极致口碑,三只松鼠是如何将口碑做到极致的呢?

1. 品牌人格化:与消费者产生零距离

当客户第一次接触三只松鼠时,它会在第一时间给顾客留下难以磨灭的印象,想必就是那三只可爱的松鼠——鼠小贱、鼠小酷、鼠小美发挥的作用。三只松鼠的"萌"营销只是它取得成功的表层原因。直接赋予了品牌人格化,以主人和宠物之间的关系,替代了传统的商家和消费者之间的关系,这才是三只松鼠的本质意义。

2. 深入人性:售卖流行文化和人文关怀

三只松鼠必须有一个经久不衰的定位,并且能随着时代的潮流及时调整其内涵。如何定位呢?文化具有最持久的生命力,那么三只松鼠代表哪种文化呢?人为什么爱吃零食,其本质并非为了满足生理需求,而是为了满足某种情感需求。章燎原发现,很多分享自己吃零食的原因的消费者会提到"我和男朋友吵架了""我看见松鼠了""我出去旅游了"。

消费者往往在这些场景之下想到三只松鼠,章燎原认为,三只松鼠之所以会引起人们的喜爱,是因为它们能够带来快乐,并且能随时嵌入消费者的生活之中。在这种理念之下,三只松鼠成立了松鼠萌工场动漫文化公司,希望可以创作出互联网动画片、动漫集、儿童图书,为消费者带来快乐。

3. 在所有细节上超越客户期望

消费者在购物之后,往往会通过社交化媒体,比如微信朋友圈分享自身的购物体验,我们将这种行为称为"晒"。在这样一个以消费者为王的时代,网络口碑将在品牌建设中起到重要的作用。章燎原利用逆向思维,思考了产品以外的一些细节,同时还查阅了其他品牌的一些负面评价与负面微博,这都是源于产品质量本身的问题。最终,他得出了三只松鼠用户的体验策略:"在每个细节上都要超越用户期望,创造让用户尖叫的服务,才是核心竞争力。"

资料来源:赵晓萌.三只松鼠:你为什么学不会?[J].销售与市场(杂志管理版),2017(3).(有删改)

(三)关系营销的特征

关系营销是以系统论为基本思想,将企业置身于社会经济大环境中来考察企业的市场营销活动,并认为企业营销乃是一个与消费者、竞争者、供应者、分销商、政府机构和社会组织发生互动作用的过程。关系营销将建立并发展同企业所有利益相关者之间的关系作为企业营销的关键变量,把正确处理这些关系作为企业营销的核心。关系营销的本质特征有以下四个。

(1)营销活动的互利性。关系营销的基础在于交易双方相互之间有利益上的互补。如果没有各自利益的实现和满足,双方就不会建立良好的关系。关系建立在互利的基础上,要求双方互相了解对方的利益需求,寻求双方利益的共同点,并努力使双方的共同利益得以实现。真正的关系营销是达到关系双方互利互惠的境界。

(2)信息沟通的双向性。社会学认为关系是信息和情感交流的有机渠道,良好的关系使渠道畅通,恶化的关系使渠道受阻,中断的关系则使渠道停滞。交流应该是双向的,既可以由企业开始,也可以由营销对象开始。广泛的信息交流和信息共享可以帮助企业获得支持与合作。

(3)信息反馈的及时性。关系营销要求企业建立专门的部门,用以追踪各利益相关者的态度。关系营销应具备一个反馈的循环,连接关系双方,企业由此了解到环境的动态变化,根据合作方提供的信息,以改进产品和技术。信息的及时反馈使关系营销具有动态的应变性,有利于挖掘新的市场机会。

(4)战略过程的协同性。在竞争性的市场上,明智的营销管理者应强调与利益相关者建立长期的、彼此信任的、互利的关系。可以是关系一方自愿或主动地调整自己的行为,即配合对方要求的行为;也可以是关系双方都调整自己的行为,以实现相互适应。各具优势的关系双方互相取长补短、联合行动、协同动作,去达到对双方都有益的共同目的,可以说是企业关系的最佳状态。

案例链接 2-4 宝洁的组织创新之路

最近宝洁正式向外界宣布,将按照不同的产品类别建立六大业务部门,同时这六大业务部门也将拥有本部门独立的 CEO,分别向宝洁 CEO 戴维·泰勒(David Taylor)报告工作。这六大部门的业务占据了宝洁 80% 的营业额和 90% 的税后利润,涉及包括美国、加拿大、中国等在内的绝大部分市场,未覆盖到的市场则由一个单独的部门负责。宝洁将缩减公司共同资源,约 60% 的业务资源将转移到这六大业务部门和市场,但会保留一套企业核心资源,以维持集团的可持续发展。企业研发团队也会保留,将为整个集团提供平台技术支持,为各部门服务,并探索新的业务机会。宝洁首席财务官乔恩·莫勒(Jon Moeller)被任命为副总裁、首席运营官,负责规模化市场服务和市场运营等。

戴维·泰勒在一份声明中说:"这是我们自过去20年来最重要的组织变革,我们将拥有一个更加投入、敏捷和负责任的组织,通过既有优势和生产力水平以及快速的市场反应来赢得消费者。"

营销组织创新将进一步提升宝洁的营销效率和能力,让各部门享有更大的决策自由度,根据营销环境的变化和市场竞争的需要灵活机动地制定营销计划、营销战略等相关决策并付诸实施。这项营销组织变革,也将有力地推进宝洁在电子商务和销售领域的创新。就像部分老牌零售企业一样,宝洁也不可避免地面临新兴品牌的威胁。动向之一便是互联网新秀品牌Hary's凭借其便宜便捷的优势,抢占了原本由宝洁旗下"吉列"统治的剃须刀市场,逼得后者不得不用价格战的方式回应竞争。这些新品牌体量小、更灵活,更善于运用网经渠道。与这些新品牌相比,原来拥有复杂组织结构的宝洁在电商渠道进展缓慢,市场反应迟钝。

当然,宝洁也做出了一系列应对市场变革的营销对策。2018年底,宝洁的男士个人护理品牌欧仕派(Old Spice)就推出了首款专为亚马逊设计的胡须护理系列。汰渍也推出了专为电商渠道设计的新品Tide Eco-Box。相比以往的产品,Tide Eco-Box更轻巧,快递时不需要二次包装,更方便物流配送。

推动宝洁营销组织创新的重要人物是激进投资者纳尔逊·佩尔茨(Nelson Peltz)。他在最初发起竞选董事会席位时,曾发表过一份长达94页的白皮书,对宝洁缺乏敏捷性的领域(如电子商务和数字营销)提出批评。他当时就提出,要将宝洁的全球业务部门从10个减少到3个,以提升集团对市场的反应速度。纳尔逊·佩尔茨在2018年3月获得了宝洁董事会的席位。此次宝洁的调整,被认为与其施加压力有关。

资料来源:宝洁进行组织架构调整 2019年7月起将根据产品类别建立六大业务部门[J].财经,2018-11-12.

三、关系营销对传统营销的变革

(一)经营观念的变革

传统营销学经历了长时间的实践检验,共产生五种经营观念,即生产观念、产品观念、推销观念、营销观念和社会营销观念。五种经营哲学都是从企业的立场出发,实现单个企业的经营目标,其核心是达成交易,只是到了社会营销观念出现时才对原有的经营思想有了一点突破,即达成交易的同时也要兼顾社会利益。而关系营销完全突破了传统的经营观念,其核心是与相关利益者建立良好的关系,所以,关系营销思想是企业经营管理新的指导思想,也是一种新的经营观念。

(二)营销实质的变革

传统的营销实际上是以生产者为导向,企业进行营销的目的是达成交易、增加企业销售额和实现企业的经营目标。营销活动本身并不创造价值,且消费者在营销过程中处于被动地位。采用关系营销策略使营销目标从"达成交易"转化为与"客户建立良好关系",在营销过程中始终以消费者为中心。通过营销,企业赢得了宝贵的资产——稳定的客户群。与相

营销的最新动向

关利益者建立稳定关系,大大扩大了企业的可支配资源,增强了企业对市场的反应能力,这又在一定程度上增加了企业资产。如美国的戴尔公司,通过与供应商、合作伙伴建立良好关系,在接到订单时能迅速地组织产品生产,并快速地送往世界各地,满足个性化需求,因此赢得了企业的竞争优势。可以想象一下,如果没有合作伙伴的密切配合,戴尔公司就不可能单独完成从产品生产到运送的全过程。

(三)组织结构的变革

以传统营销理论为导向的企业大都设立营销部门,明确规定其职责,关系营销的出现使传统营销部门的职责发生了根本性的变化。传统营销部门的职责就是完成企业的营销任务,其他的部门各司其职,很少直接参与企业营销活动。现在奉行关系营销理论的企业,其营销任务不仅仅只由营销部门完成,许多部门都积极参与,和各方建立良好的关系,营销部门成了各个部门的协调中心。

(四)市场范围的变革

传统的营销把视野局限在目标市场上,也就是通过市场细分特定的客户群。而关系营销的市场范围比传统营销的市场范围扩展了很多,它不仅包括客户市场,还包括供货商、中间商市场,劳动力市场和内部市场。

客户是企业生存和发展的基础,建立和维持与客户的良好关系是企业营销成功的保证。因此,关系营销仍然把客户关系作为关注的重点,并把它放在建立各种关系的首要位置。但企业同时也非常重视与市场的良好关系,企业与供货商市场、人力资源市场、金融市场和内部市场都应该建立良好的关系。

(五)营销组合的变革

营销组合的变革也是关系营销相比传统营销理论的又一突破。传统营销理论认为,企业营销的实质是利用内部因素(产品、价格、渠道和促销等)对外部市场产生作用,使外部市场作出积极的动态反应并实现销售目标的过程。这样的营销思想充分发挥了资本和物资等生产要素的作用,但却忽视了人的作用。而关系营销思想认为要提高营销组合的应用价值和效率必须增加人力资源的作用,所以扩大了营销组合的概念,又增加了客户服务、人员和管理进程三个要素。

四、设计客户关系营销方案的策略

现代市场营销的发展表明,关系营销的实质是对客户及其他利益群体关系的管理;关系营销的宗旨是从客户利益出发,努力维持和发展良好的客户关系。因此,客户关系营销的核心是建立和发展营销网络、提高客户忠诚度和客户挽留率。

(一)提高客户忠诚度

传统的交易营销重视短期利益,不重视客户的满意度,这种做法的特征是重视发展新客户,忽视老客户,根本谈不上对客户负责。而关系营销在关注一次性交易的同时更重视维持与老客户的关系。

（二）提高客户让渡价值

菲利浦·科特勒在1994年提出了"客户让渡价值"的概念，并认为客户将从那些他们认为提供了最高客户让渡价值的企业购买商品或服务。

客户让渡价值是指客户总价值与客户总成本之差。客户总价值是指客户购买某一产品与服务实际获得的一组利益，包括产品价值、服务价值、人员价值和形象价值等。客户总成本是指客户为购买某一产品所付出的时间、精力、体力以及所支付的货币资金等，它们构成时间成本、精力成本、体力成本和货币成本等。

在现代市场经济条件下，企业能否维持已有的客户群，关键在于它为客户提供的客户让渡价值的大小。为了提高客户让渡价值，企业应考虑以下三个方面的问题：首先，要求企业深入、细致地分析各个因素，寻找降低成本、增加客户总价值的途径，从而用较低的生产成本和市场营销费用为客户提供具有更多客户让渡价值的产品；其次，不同的客户群对产品价值的期待和对各项成本的重视程度不同，企业应根据不同客户群的需求特点，有针对性地设计并增加客户总价值，降低客户总成本，以提高产品的实用价值；最后，企业在争夺客户、追求客户让渡价值最大化时，往往导致成本增加，利润减少，因此，在市场营销实践中，企业应适度提高客户让渡价值，以确保客户让渡价值所带来的利益超过因此而增加的成本费用。

（三）提升企业与客户关系的层次

贝瑞和帕拉苏拉曼归纳了三种创造客户关系价值的关系营销层次，即一级关系营销、二级关系营销和三级关系营销。

1. 一级关系营销

一级关系营销在客户市场中经常被称作频繁市场营销或频率市场营销。这是最低次的关系营销，它维持客户关系的主要手段是利用价格刺激增加目标市场客户的财务利益。随着企业营销观念从交易导向转变为以发展客户关系为中心，一些能促使客户重复购买产品并保持客户忠诚度的战略计划应运而生，频繁市场营销计划即是其中一个。频繁市场营销计划，是指对那些频繁购买以及按稳定数量进行购买的客户给予财务奖励的营销计划。如香港汇丰银行、花旗银行等公司通过它们的信用证设备与航空公司开发了"里程项目"计划，当待累积的飞行里程达到一定标准之后，就会奖励那些经常乘坐飞机的客户。一级关系营销的另一种常用形式是对不满意的客户承诺给予合理的财务补偿。例如，新加坡奥迪公司承诺，如果客户购买汽车一年后不满意，可以按原价退款。

2. 二级关系营销

二级关系营销既增加目标客户的财务利益，同时也会增加他们的社会利益。在这种情况下，在建立关系营销方面的优势大于价格刺激，企业人员可以通过了解单个客户的需要和愿望，使服务个性化和人格化，从而来紧密公司与客户的社会联系。如此，二级关系营销把人与人之间的营销和企业与人之间的营销结合起来，把客户看作贵宾。多奈利、贝瑞汤姆森是这样描述两者区别的：对于一个机构来讲，客户也许是不知名的，但贵宾不可能不知名；客户是针对个体而言的，任何可能的人都可为客户提供服务，而贵宾只能由专职人员提供服务。二级关系营销的主要表现形式是建立客户组织,以某种方式将客户纳入企业的特定组织中,使企业与客户保持更为紧密的联系,实现对客户的有效控制。

3. 三级关系营销

三级关系营销指增加结构纽带,与此同时附加财务利益和社会利益的营销模式。结构性联系要求提供这样的服务:它对关系客户有价值,但不能通过其他来源得到。这些服务通常以技术为基础,并被设计成一个传送系统,不是仅仅依靠个人关系的建立,因此能为客户提高效率、增加产出。良好的结构性联系将提高客户转向竞争者的机会成本,同时也将增加客户因脱离竞争者而转向本企业所带来的利益,特别是当面临激烈的价格竞争时,结构性联系能为扩大现在的社会联系提供一个非价格动力,因为无论是财务性联系还是社会性联系都只能支撑价格的小额涨幅。当面对较大的价格差异时,交易双方难以维持低层次的销售关系,就只有通过提供买方需要的技术服务和援助等深层次联系才能吸引客户。特别是在产业市场上,由于产业服务通常是技术性组合,成本高,困难大,这些特点有利于建立关系双方的结构性合作。

三个层次的营销对企业来说都是不可缺少的,有时可以选择其中的一个为主,也可以几个兼而有之。问题的关键是企业的营销人员要树立层次结构的思想,在使用某一层次的关系营销时,尽可能提升层次结构。

案例链接 2-5　美的新品牌面向年轻消费群体

进入 2019 年,美的集团在品牌布局上动作频频,继 2018 年末发布高端家电品牌 COLMO 后,1 月 10 日又发布了面向年轻一代消费群体的新品牌——华凌,并对华凌赋予"新物种,新躁动"的品牌标语,以白色为主色调,推出家用空调、厨热、冰箱三个品类的产品。

华凌品牌创立于 1985 年,是一个真正意义上的家电老品牌。2004 年前后,美的集团收购了华凌品牌。如今对华凌这个老品牌进行"翻新",此举博得"90 后"年轻客户群对华凌品牌的"认知盲区",这也是美的瞄准年轻市场,在互联网时代实施时尚化、年轻化转型变革的重要举措。

海尔旗下除了卡萨帝这个高端家电品牌的成功典范外,还有主要覆盖三、四级市场的统帅品牌。海尔将统帅全新定位于轻奢、时尚的年轻品牌。作为一个年轻品牌,统帅倚靠海尔这艘巨轮,获取了更多的资源平台和有利条件,但劣势在于长久以来形成的浓重的海尔印记。统帅需要在品牌形象和产品设计上实行变革,于是推出了轻时尚套系产品 L.ONE 等,从产品外观到功能进行颠覆性创新。统帅在品牌营销层面尝试了一些新的玩法,比如通过参演网剧《逆袭之星途璀璨》等丰富形式,不断拉近品牌和用户之间的距离。

品牌年轻化是海尔、美的等家电巨头实施的营销创新。随着中国人口结构的变化,"80 后""90 后"消费者成为中国消费增长的潜力股。到 2021 年,年轻群体将后来居上,城市消费额激增至 2.6 万亿元。如果家电企业不能抓住年轻人的市场,无疑将会面临增长放缓。在高端品牌和年轻化品牌打造上,海尔总是抢先一步。如今,美的将华凌这个老牌子进行年轻化翻新,与海尔对统帅的全新定位何其相似。

翻新华凌,也是美的集团多品牌运作的重要一环。纵观全球市场,多品牌策略是家电、消费电子、汽车等耐用消费品行业惯用的一种营销策略。在汽车领域,美国通用汽车公司旗下有凯迪拉克、别克、雪佛兰、霍顿、大宇、庞蒂克 GMC、欧宝、奥斯摩比等多个品牌。在家电领域,跨国公司伊莱克斯旗下有 AEG、伊莱克斯、Zanussi、Frig-idaire、Eureka、Flymo、Husqvarna 等。海尔旗下有海尔、GE、斐雪派克、卡萨帝、AQUA、统帅六大品牌。美的旗下有 COLMO、华凌、小天鹅、比佛利、凡帝罗、威灵、美芝等。

资料来源:美的建立新品牌"华凌"用于面向年轻消费群体[EB/OL].[2019-01-15].http://www.qianjia.com/html/2019-01/15_320042.html.

(四)建立垂直市场营销系统

处理营销者与渠道之间的关系也是关系营销的重要方面。传统营销渠道系统是一个高度分离的组织网络,在此网络系统中,制造商、批发商和零售商关系疏远,为了自身的利益在市场上讨价还价,互不相让,竞争激烈,结果往往导致协作关系的破裂。要改善企业之间的关系,必须建立垂直市场营销系统。垂直市场营销系统是一个实行专业管理和集中计划的组织网络。在此网络系统中,各个成员为了提高经济效益,都不同程度地采取一体化经营和联合经营,分销商、供应商和代理商联合在一起,成为利益共同体,即一荣俱荣、一损俱损的垂直市场营销系统。而企业要注意的是,垂直市场营销系统不仅要兼顾合作者的利益,还应当考虑客户的利益。

(五)建立柔性生产体系

传统营销通常被称为大众营销,生产厂商的每一种产品都要满足成千上万消费者的需要(需求的共同性),采用大规模生产方式。随着生产技术的进步、消费信息的迅速传播和人民生活水平的提高,消费者的消费差异化、个性化显著增强。新型网络经济加速了这种模式的转变,消费者轻点鼠标就能随时向供应商索购产品,客户转移随时都会发生。与此同时,市场细分的规模越来越小,有时小到"一对一"的地步。为了适应这种形势,企业应根据消费者的不同需要设计并生产具有差异性、个性化的产品,这样生产的适应性就会提高,也就是要建立柔性生产体系(flexible manufacturing system,FMS)。这是一种既能适应"多品种、小批量"订货要求,又能保持大批量流水作业的先进生产体系,即大规模个性化生产。如今,一些汽车家用电器的生产厂商都采用了柔性生产体系。

(六)建立既有竞争又有合作的同行关系

同行是竞争对手,他们为市场和利益而竞争。传统的营销观念认为同行是冤家,竞争者是敌人,是你死我活的关系。其实,竞争关系与合作关系都是企业需要面对的关系,这是关系营销的又一重要方面。面对竞争者有两种观点:一种观点认为竞争者是敌人,必须赶尽杀绝;另一种观点认为,同行提供的产品或服务和自己既有相同点,又有差异之处,既然在同一市场上争夺,也有可能为彼此带来商机。商业俗话"店多成市"就是说竞争者也会为对方带来好处。中国联想集团就成功实施了"内联外合"的策略,内联是指与国内厂家联合,实行资源共享,优势互补;外合是指与国外著名公司 IBM 合作,以巩固在国内外市场的竞争地位。

实训一 ShopKo 折扣连锁店：如何给客户带来便利体验

ShopKo 是一家位于美国威斯康星州绿湾的折扣连锁店，它十分关注购物速度和购物方便是如何创造价值的。ShopKo 在美国的 19 个州共有 160 家大型折扣店，其 80% 的客户是职业女性。ShopKo 在 1999 年的销售额为 39 亿美元（包括其在小型市场上的 Pamida 店）。ShopKo 比沃尔玛、凯玛特和塔吉特都小很多，但它成功地超过了这三家公司。自 1995 年起，在刚刚上任的新管理层的领导下，ShopKo 实现了创纪录的收入增长，销售额翻了一番。

ShopKo 非常看重方便性，其广告中的商品 98% 都有存货，并且查找起来很方便。ShopKo 商店干净整洁，主要的通道没有摆设商品，在商店前部购物的客户可以很清楚地看到商店后部，天花板上和通道尾部都挂有导路标志，引导购物者找到正确的方向。其在衣架上挂的服装的衣领处有规格标签，折叠起来的服装上有一张标明规格的纸片。儿童服装有"样品规格"特小号、小号、中号和大号，还有受过培训的导购指导客户选择合适的规格。

ShopKo 有一个"1+1"的结账政策，即无论何时只要有两个客户同时等在任一结算口前，就应开放另一结算出口。"准备好组装"的家具通过一个"3 引导标签"系统进行销售，客户在结算口处出示编了号的标识，装入箱中的商品三分钟以内就可以准备好并送到客户的车上。这些运营方式使 ShopKo 能为客户提供很大程度上的方便。

ShopKo 通过整个良好的购物体验而非制定最低的价格在竞争激烈的折扣业中取胜。它凭借迅速、便利的购物以及令人愉悦的商店氛围、受过良好教育的员工队伍、经过仔细筛选的商品，创建了一个强大的客户价值组合。

讨论：
ShopKo 折扣连锁店还可以采取哪些措施给客户带来便利体验？

实训二 客户关系营销体验从比萨开始

×××比萨店的电话铃响了，客服人员拿起电话。
客服：×××比萨店。您好，请问有什么需要我为您服务的？
顾客：你好，我想要……
客服：先生，请把您的会员卡号告诉我。
顾客：16846146×××
客服：陈先生，您好，您是住在泉州路一号××楼 12××室，您家电话是 2646×××，您公司电话是 4666×××，您的手机是 1391234×××。请问您想用哪一个电话订餐？
顾客：你为什么知道我所有的电话号码？
客服：陈先生，因为我们联机到客户关系管理系统。

顾客：我想要一个海鲜比萨……

客服：陈先生，海鲜比萨不适合您。

顾客：为什么？

客服：根据您的医疗记录，您的血压和胆固醇都偏高。

顾客：……你们有什么可以推荐的？

客服：您可以试试我们的低脂健康比萨。

顾客：我不喜欢，那我还是要一个特大号家庭比萨，需要付多少钱？

客服：99元，这个足够您一家6口吃的，您母亲应该少吃，因为她上个月刚刚做了心脏搭桥手术，处在恢复期。

顾客：可以刷卡吗？

客服：陈先生，对不起。请您付现款，因为您的信用卡已经刷爆了，您现在还欠银行4807元，而且不包括房贷利息。

顾客：那我先去附近的提款机提款。

客服：陈先生，根据您的记录，您已经超过今日提款限额。

顾客：算了，你们直接把比萨送我家吧，家里有现金。你们多久会送到？

客服：大约30分钟。如果您不想等，可以自己骑车来。

顾客：为什么？

客服：根据客户关系管理系统的全球定位系统车辆行驶自动跟踪系统记录，您有一辆车号为××××的摩托车，目前您正骑着这辆摩托车，位置在解放路东段华联商场右侧。

顾客：我……

客服：陈先生，请您说话小心一点，您曾在2019年4月1日用脏话侮辱某店家，被判了10天拘役，罚款2000元，如果您不想重蹈覆辙，就请您礼貌回复。

顾客：……

客服：请问还需要什么吗？

顾客：没有了，再送3罐可乐。

客服：不过根据您的客户关系管理系统记录，您有糖尿病，您在6月12日曾去第三医院做过检查，您的空腹血糖值为7.8，餐后两小时血糖值为11.1，糖化血红蛋……

顾客：算了，我什么都不要了！这份比萨也不要了！

客服：谢谢您的电话光临，下星期三是您太太的生日，您不想预订一份生日比萨吗？提前一周预订可以享受八折优惠。如果方便的话，您可以登录本店的网站：www.×××pizza.com，您还可以……

电话的那头已经挂断了。

讨论：

如果你是当时的客服人员，面对智能的客户关系管理系统，你会如何处理？

寻找潜在客户

项目概要

本项目从潜在客户概念讲起,介绍了潜在客户的意义等相关内容。阐述了寻找潜在客户的原则和方法,包括缘故法等其他方法;探讨了潜在客户开发流程、潜在客户开发的工具以及开发技巧,详细地介绍了处理客户异议的技巧。

学习目标

- 了解潜在客户的定义和条件;
- 理解寻找潜在客户的方法;
- 掌握潜在客户开发的流程、工具和技巧。

重点与难点

重点:寻找潜在客户的方法。

难点:客户开发的流程、工具和技巧。

关键术语

潜在客户　缘故法　开发流程　开发工具

案例导入

屈臣氏个人护理用品商店

屈臣氏是亚洲地区现阶段最具规模的个人护理用品连锁店,是目前全球最大的保健及美容产品零售商和香水及化妆品零售商之一。屈臣氏在"个人立体养护"和"护理用品"领域,不仅聚集了众多世界顶级品牌,而且自己开发生产了600余种自有品牌,在中国内地的门店总数已经突破了200家。

在CRM战略中,屈臣氏发现,在竞争日益同质化的零售行业中如何锁定目标客户市场是至关重要的。屈臣氏纵向截取目标消费群中的一部分优质客户,横向做精、做细、做全目标客户市场,倡导"健康、美态、欢乐"经营理念,锁定18~35岁的年轻女性消费群,专注于个人护理与保健品的经营。屈臣氏认为这个年龄段的女性消费者是最富有挑战精神的,她们喜欢用最好的产品,寻求新奇体验,追求时尚,愿意在朋友面前展示自我。她们更愿意用金钱为自己带来大的变化,愿意进行各种新的尝试。而之所以更关注35岁以下的消费者,是因为年龄更长一些的女性大多早已经有了自己的生活方式和固定使用的品牌。

屈臣氏深度研究目标消费群体心理与消费趋势,自有品牌商品从品质到包装全方位考虑顾客需求,同时,降低产品开发成本,创造了价格优势。

靠自有品牌产品掌握了雄厚的上游生产资源,屈臣氏就可以将终端消费市场的信息第一时间反馈给上游生产企业,进而不断调整自己的商品。从商品的原料选择到包装、容量直至定价,每个环节几乎都是从消费者的需求出发,因而所提供的货品就像是为目标顾客量身定制一般。哪怕是一瓶蒸馏水,不论是造型还是颜色,都可以看出屈臣氏自有品牌与店内其他品牌相比是一个独特的类别。消费者光顾屈臣氏不但选购其他品牌的产品,也购买屈臣氏的自有品牌产品。

自有品牌产品每次推出都以消费者的需求为导向和根本出发点,不断带给消费者新鲜的感受。通过自有品牌,屈臣氏时刻都在直接与消费者打交道,既能及时、准确地了解消费者对商品的各种需求,又能及时分析和掌握各类商品的适销状况。在实施自有品牌策略的过程中,由零售商提出新产品的开发设计要求。与制造商相比,零售商具有产品项目开发周期短、产销不易脱节等优势,降低风险的同时也降低了产品开发成本,并创造了价格优势。

"买贵退差价""我敢发誓保证低价"是屈臣氏的一大价格策略,但同时屈臣氏也通过差异化和个性化来提升品牌价值,一直以来并不是完全走低价路线。2009年,屈臣氏推出了贵宾卡,加强了对顾客的价值管理。凭贵宾卡可以获得购物积分,积分可以换购店内任意商品;双周贵宾特惠,部分产品享受八折优惠。会员购物每10元获得一个积分奖赏,每个积分相当于0.1元的消费额。可以随心兑换,有多种产品供客户选择,也可以累计以体验更高价值的换购乐趣。还有额外积分产品、贵宾折扣和贵宾独享等优惠。这些将给顾客带来更多的消费乐趣。

资料来源:如何解读屈臣氏的客户关系管理艺术[EB/OL].(2013-09-10)[2020-05-04].http://www.thldl.org.cn/news/1309/75589.html.

思考:

屈臣氏是如何开发客户的?

任务一　识别你的潜在客户

从理论上说,所有的消费者都有可能成为企业的客户,但是在现实中,某一具体企业的客户或者说客户群体是有范围限制的。因为每个企业都有其特定的经营范围,所生产的产品有相对应的、特定的客户群体。因此,只有识别企业自身的客户,企业的客户管理工作才能有的放矢。

微课:识别潜在客户

一、潜在客户的定义

潜在客户是指存在于消费者中间,可能需要产品或接受服务的人。这个定义也可以理解为潜在客户是经营性组织机构的产品或服务的可能购买者。

二、研究潜在客户的意义

(1) 研究潜在客户是经营性组织机构连接市场营销和销售管理的纽带。目标市场的细分与定位一直以来都是市场营销学研究的内容,而客户管理与开发往往是销售管理的主要内容,两者之间必然要有一个纽带代为传递与转换,这个纽带就是潜在客户的定义与研究。可以说,研究潜在客户是市场营销学中市场细分的落脚点,也是一切销售活动的起点。

(2) 研究潜在客户有助于经营性组织机构有针对性地开展一切经营管理活动。当经营性组织机构非常明晰谁是潜在客户时,他的一切经营管理的运作就会更趋于理智、科学,从而避免盲目地开发和生产产品或提供多余的服务,最大限度地预防和降低企业经营风险;同时,也可以使销售工作有的放矢、更加高效。

如果对潜在客户知之不准、知之不多、知之不细、知之不实,那么经营性组织机构的一切经营活动就会趋于盲目的境地。新开发的产品得不到客户的认同,销售业绩也就得不到增长。

(3) 研究潜在客户是经营性组织机构识别市场机会、抢夺先机、寻找新的增长点的关键和前提。成功的经营性组织机构无不是从研究潜在客户开始,发现潜在客户的真正需求,识别市场而后奠定胜局。因此,市场机会是所有经营性组织机构的生命线,一旦抓住了市场机会,经营性组织机构就能先人一步,早早掌握市场竞争的主动权,而这一切都将归功于早期对潜在客户的研究。

(4) 研究潜在客户有助于经营性组织机构实施客户满意的经营策略。顾客满意经营策略是经营性组织机构以客户满意为基础而开展的日常经营活动,又以客户满意作为目标来检验经营性组织机构的经营活动效果。特别是在新经济条件下,实施客户满意战略已经成为现代企业开展经营活动的基本准则,它是企业克敌制胜、压倒对手、占领市场、开辟财源的锐利武器。

然而,要实施客户满意战略,就要从认识客户入手,就要对潜在客户进行研究,并从中找出真正影响客户满意度的关键因素。否则,在潜在客户是谁都不知道的情况下,"顾客满意"无从谈起。

三、潜在客户的条件

潜在客户是营销人员的最大资产,他们是营销人员赖以生存并得以发展的根本。那究竟什么是"潜在客户"?

所谓潜在客户,就是指可能购买商品或服务的顾客。潜在客户至少具备以下三个条件。

(一) 钱

钱(money),这是最为重要的一点。营销人员找到准客户就要想:他有支付能力吗?他买得起这些东西吗?一个月收入只有3000元的上班族,你向他推销一辆奔驰车,尽管他很想买,但付得起吗?

（二）权力

他有决定购买的权力（authority）吗？很多营销人员最后未能成交的原因就是找错了人，找了一个没有决定购买权的人。小张在广告公司做广告业务，与一家啤酒公司副总谈了两个月广告业务，彼此都非常认同，但是当总经理的是那位副总的太太。你想想看，一家公司太太当总经理，先生当副总经理，先生有权力吗？于是小张浪费了很多时间。有时使用者、决策者和购买者往往不是一个人，比如小孩想买玩具，他是使用者，决策者可能是妈妈，购买者可能是爸爸。你该向谁推荐？

（三）需求

除了购买能力和决定权之外，还要看你推销的对象有没有需求（need）。刘先生刚买了一台空调，你再向他推销空调，尽管他具备购买能力即钱（M）和决策权即权力（A），但他没有需求（N），凑不成一个"人（MAN）"，自然不是你要寻找的人。

具备以上三个条件的人（MAN），就是我们要找的潜在客户。当然在营销实践中，方法是千变万化的，要懂得灵活运用，不要墨守成规、恪守教条主义。

"潜在客户"应该具备以上特征，但在实际操作中，会碰到以下状况，应根据具体状况采取具体对策（见表3-1）。

表 3-1 "潜在客户"特征组合

购 买 能 力	购买决定权	需　　求
M（有）	A（有）	N（有）
m（无）	a（无）	n（无）

表 3-1 中各项组合说明如下。
- M＋A＋N：是有望客户，理想的销售对象。
- M＋A＋n：可以接触，配上熟练的销售技术，有成功的希望。
- M＋a＋N：可以接触，并设法找到具有 A 之人（有决定权的人）。
- m＋A＋N：可以接触，需调查其业务状况、信用条件等给予融资。
- m＋a＋N：可以接触，应长期观察、培养，使之具备另一条件。
- m＋A＋n：可以接触，应长期观察、培养，使之具备另一条件。
- M＋a＋n：可以接触，应长期观察、培养，使之具备另一条件。
- m＋a＋n：非客户，停止接触。

由此可见，在潜在客户欠缺了某一条件（如购买力、需求或购买决定权）的情况下，仍然可以开发，只要使用适当的策略，便能使其成为企业的新客户。

四、识别潜在客户的基本原则

在识别潜在客户的过程中，不同的企业有不同的做法，总的来说，要遵循以下六项基本原则。

（1）摒弃平均客户的观点。例如,要求每一个广告都能够触摸到真实的人的内心和思想,而不是不具体的大众群体。真实的程度必须如同看到一个活生生的人站在面前,让人想上前与之交谈。

（2）寻找那些关注未来,并对长期合作关系感兴趣的客户。当前的客户或许就是最具潜力的长期合作伙伴,但在检查客户名单时必须区分轻重。许多在商界多年的人提倡对每一个客户的终身价值进行评估,即在他们关系的存续期内,对客户所产生的业务总量进行分析、评价。

（3）搜索那些具有持续性特征的客户,即那些需要不断改进产品性能和表现的"弹性"客户。Silicon Graphics 公司是一家生产高性能可视计算机系统的生产商。这家公司把一群特定的最终用户看作"灯塔"用户,这些挑选出来的群体与公司共同工作。并且,为了保持对基本使命的关注——为最终客户提供能在市场上脱颖而出的技术,公司对"灯塔"客户的数量做了一个限定。

（4）对客户的评估态度应具有适应性,并且能在与客户的合作问题上发挥作用。提倡双方分享彼此的思维方式,对合作成功做出毫不动摇的承诺。双方都必须表现出忍耐和宽容,而且,文化必须具有相容性。如果潜在客户不接受一个团结协作的哲学,那么宁可放弃与之合作的机会。

（5）认真考虑合作关系的财务前景。这是对潜在客户的一个重要的资格认证。当一个供应商与客户达成一项补偿协议时,就意味着供应商愿意分担客户的一些风险,并从客户的产品或服务中得到一部分利润作为补偿。供应商和客户能否建立利润上的风险和回报共享关系是对财务适应性的真正检验。

（6）应该知道何时需要谨慎小心。那种在初期看起来完美无缺的潜在客户可能最终导致一事无成。识别理想客户是至关重要的,公司要特别警惕以下三种类型的客户。

① 那些只有一次购买历史的客户。这些客户以标准的方式对待市场,四处搜寻以获取最好的交易,没有与一个或几个供应商有过长期合作过的记录。这些客户追求的是短期利润,而不是从与特定公司紧密、持久的联系中得到利益。

② 过于自信、权力欲强的客户。这些客户不需要过多的帮助、合作和引导,他们是喜欢自己动手的人,过于亲密会使他们紧张不安。

③ 最后一个不值得追求的潜在客户类型是那些没有忍耐力的客户。他们不会给予长期关系开花结果的时间。如果他们昨天想要一个产品,那么今天就想看到结果。他们不喜欢为一个最终会更加完美的解决方案进行时间上的投资。当他们不得不进行等待时,就会心存不满。他们无法想象长期的客户关系将会带来多大的收益。

信息速递 3-1 如何有效发掘潜在客户

1. 准确判断客户购买欲望

判断客户购买欲望的大小,有以下五个检查要点。

（1）对产品的关心程度:如购买房屋的大小、隔间方式、公共设施、朝向等的关心程度。

（2）对购入的关心程度:如对房屋的购买合同是否仔细研读,或是否要求将合同条文增减、要求房屋内部隔间装修等。

(3) 是否能符合各项需求：如小孩上学是否便利、大人上班是否方便，附近是否有超级市场，是否符合环境安静的期望，左邻右舍是否有喧闹的营业场所等。

(4) 对产品是否信赖：对房屋使用的材料品牌是否满意、施工是否仔细、地基是否稳固等。

(5) 对销售企业是否有良好的印象：客户对销售人员印象的好坏左右着潜在客户的购买欲望。

2. 准确判断客户购买能力

判断潜在客户的购买能力有以下两个检查要点。

(1) 信用状况：可从职业、身份地位等收入来源的状况，判断是否有购买能力。

(2) 支付计划：可从客户期望一次付现，还是要求分期付款，其中又分支付首期金额的多寡等，判断客户的购买能力。

经由客户购买欲望及购买能力两个因素的判断后，可以决定客户的购买时间，并做出下一步计划。

五、对潜在客户进行市场调查

为锁定潜在客户，在行动之前，有必要对客户进行市场调查。

成功不只是意味着把产品或服务出售给个别的购买者，成功意味着了解谁是你的客户，了解他们的背景并能比其他竞争对手更好地满足客户的要求。不掌握关于你公司当前客户的详细情况，就不能弄清楚目标市场、市场细分或改善企业的营销能力。如果企业的产品提供给单个的消费者，他们喜欢什么？市场的人口统计如何？客户的年龄、性别、收入、处在人生的哪个阶段以及受教育程度如何？如果你的产品提供给企业市场，他们是谁？他们的购买水平和地理分布如何？谁在作采购决策？处于哪个市场区段？买哪些产品？他们可为你提供什么样的信息？

以下是对潜在客户进行市场调查的常用方法。

(一) 设定"新客户开发日"

可以设定某日（如每月第三周星期五）为"新客户开发日"。业务人员平时可注意搜集资料，在客户开发日全力投入新客户开发的工作。

(二) 设定开发新经销商的条件

业务人员开发新经销商时，需要得到包括政策在内的多种帮助。区域主管可协调厂家制定一套与经销商沟通的管理模式和一些签约办法（如规定新客户的发展标准），以便于业务人员开展工作。

(三) 对潜在客户进行分析

以某类商品或服务为例，进行如表3-2所示的分析。

表 3-2　研究市场基础信息

关于购买者的信息	关于竞争的信息	关于产品的信息
年龄	市场份额	好处
年收入	广告计划	价格
性别	定价策略	服务
职业	分配	设计特点
户主	经营时间的长短	何处买过
偏爱的媒介		包装
他们何时购买		怎样使用
他们怎样购买		每年买多少
他们购买什么		做何改进
他们的习惯、爱好		

六、了解当前客户信息

了解客户的另外一个好办法就是多接触一些别人的客户。你或许认为把精力集中在从未拥有过的客户身上是一种时间上的浪费,但是,这些客户实际上代表了一种机会,如表 3-3 所示。

表 3-3　描述你的当前客户

1. 描述你的当前客户: 年龄 性别 收入水平 职业	消费者
如果是企业,那么:企业类型规模	组织
2. 他们来自何处?	□本地 □国内其他地方 □国外
3. 他们买什么?	□产品 □服务 □好处
4. 他们每隔多长时间购买一次?	□每天 □每周 □每月 □随时 □其他
5. 他们买多少?	□按数量 □按金额
6. 他们怎样买?	□赊购 □现金 □签合同

续表

7. 他们从何处了解你的企业？	□广告报纸、广播、电视 □口头 □位置关系 □直接销售 □其他
8. 他们对你的公司/产品/服务感觉怎么样？（客户的感受）	
9. 他们想要你提供什么？（他们期待你能够或应该提供的好处是什么？）	
10. 你的市场有多大？	□按地区 □按人口 □潜在客户
11. 在各个市场上，你的市场份额是多少？	
12. 你想让市场对你的公司产生怎样的作用？	

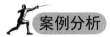

长城汽车调整产品组合

2019年1月8日长城汽车公布，2018年12月共销售新车13.38万辆，同比增长6.5%。全年累计销量超过105万辆，连续3年突破百万销量。

在车市遭遇"寒冬"，国内汽车市场28年来首次出现下滑的2018年，长城汽车各产品大类却有亮眼表现：哈弗品牌销量达到76.61万辆，累计销量已经突破500万辆；长城WEY系列产品的销量为18.95万辆，同比增长61.39%；长城皮卡销量达到13.8万辆，同比增长15.2%，连续21年保持中国皮卡市场销量第一；欧拉品牌自创立以来销量节节攀升，突破3500辆。

值得注意的是，长城汽车的产品组合也有所改变，部分低端产品逐步淡出市场，新推出的哈弗F5、哈弗F7和WEYVV6等车型的占比逐渐攀升，产品价格向更高区间发展。2018年8月，长城汽车正式发布新能源独立品牌——欧拉ORA，新品牌已推出iQ和R1两款产品，受到市场欢迎，iQ前期积累的大量订单正在逐渐交付。至此，长城汽车完成了哈弗、WEY、欧拉和长城皮卡四大品牌的整体布局。

2018年7月，长城汽车与宝马签署合资合作协议，双方各持股50%建立光束汽车有限公司。双方将共同开发新一代纯电动汽车平台，该平台除生产宝马MINI电动汽车外，还将生产自有品牌电动汽车。

面对充满不确定性的2019年，长城汽车正在积极布局，继保定、徐水、天津生产基地后，长城汽车重庆永川生产基地项目将在2019年年底建成投产。未来，随着江苏张家港、山东日照和浙江平湖几大项目全部建成后，长城汽车将在环渤海经济区、长三角经济区和西南地区拥有七个整车生产基地，覆盖SUV、皮卡和新能源产品。长城汽车在全球的发展也将进入新的高潮。截至2019年2月，长城汽车已经在全球重点布局了19个市场，遍及亚洲、非洲、欧洲、美洲和大洋洲。

资料来源：500万只是开始，长城汽车2019将迈出新步伐[EB/OL].[2019-02-06]. https://news.hexun.com/2019-02-06/196079625.html.

思考：

分析长城汽车成功的秘诀。

任务二 寻找潜在客户的方法

识别潜在客户往往是一个企业销售活动的开端。营销人员需要具备种种能力以发现和识别潜在客户,并通过自己的工作来提高寻找潜在客户的成效。识别潜在客户的方法非常多,而且具有灵活性和创造性。

一、寻找潜在客户的原则

没有任何通用的原则可供指导任何公司或任何销售人员寻找潜在客户。我们仅把一些具有共性的大方向的原则分享给大家,希望大家在具体销售过程中能结合自己的实际情况来灵活借鉴或使用。

(1) 量身定制的原则。该原则是选择或定制一个满足你自己公司具体需要的寻找潜在客户的原则。不同的公司对寻找潜在客户的要求不同,因此,销售人员必须结合自己公司的具体需要,灵活应对。任何拘泥于形式或条款的原则都可能有悖于公司的发展方向。

(2) 重点关注的原则,即 80∶20 原则。该原则指导我们确定客户的轻重缓急,首要的是把重点放在具有高潜力的客户身上,把潜力低的潜在客户放在后边。

(3) 循序渐进的原则。该原则即对具有潜力的潜在客户进行访问,最初的访问可能只是"混个脸熟",交换一下名片。随着访问次数的增加、访问频率的加快,可以增加访问的深度。

除了上述几个原则之外,作为销售人员,你需要调整自己对待寻找潜在客户的态度。如果你想成为一名优秀的客户管理人员,那么你需要将寻找潜在客户变成你的爱好。寻找潜在客户是你走向成功之路的第一步,你不能仅仅将寻找潜在客户视为一项工作,并且是你不愿意做却不得不做的事情。事实上,寻找潜在客户不仅是一项有意义的工作,而且可以充满乐趣,你只需要改变一下对待工作的态度,使寻找潜在客户成为一种乐趣与爱好,以及一种值得追求的职业与需要提高的技能。

二、发掘潜在客户的方法

(一) 资料分析法

资料分析法是通过分析各种资料寻找潜在客户。

(1) 统计资料。国家有关部门的统计调查报告、行业在报纸或期刊上刊登的统计调查资料、行业团体公布的调查统计资料等。

(2) 名录类资料。客户名录(现有客户、旧时的客户、失去的客户)、同学名录、会员名录、协会名录、职员名录、名人录、电话黄页、年鉴等。

(3) 报刊类资料。报纸(广告、产业或金融方面的消息、零售消息、迁址消息、晋升或委派消息、订婚或结婚消息、建厂消息、诞生或死亡的消息、事故、犯罪记录、相关个人消息等),专业性报纸和杂志(行业动向、同行活动情形等)。

(二)一般性方法

一般性方法主要包括以下两种。

(1) 主动访问:别人的介绍(顾客、亲戚、朋友、长辈、校友等);各种团体(社交团体、俱乐部等)。

(2) 其他方面:邮寄宣传品,参加各种展览会,经常去风景区、娱乐场所等人口密集的地方走动。

搜集到潜在客户的名单后,必须登录并管理好潜在客户的资料。建立客户资料卡(包括"公司"潜在客户卡、"个人"潜在客户卡两类)后,业务员通过"客户资料卡"决定何时、以何种方式进行拜访或推销,从而提高效率。

优秀的销售人员常常拥有一定数量的潜在客户,这会给他们带来自信,使他们安心。要保持这种数量,就必须定期发展、补充新的潜在客户。此外,还必须区分潜在客户的重要程度,将客户划分为不同的等级。这是一种用来保证潜在客户数量与质量的有效方法。

专家认为,每个人背后都有250个朋友,而人天生有分享的习惯,这就是我们常说的"好东西要与好朋友分享"。所以,营销人员要学会培养一些忠诚的客户,运用他们转介绍的力量获得更多准客户名单,使之逐渐裂变,一生二,二生四,四生八,这样会事半功倍。

寻找准客户的方法很简单,重要的是用心和坚持。市场是最大的教室,客户是最好的老师,要懂得在实践中多听、多看、多思考。

三、寻找客户的途径

(一)采用缘故法创建客源渠道

你的日常活动不会在隔绝的状态下展开,这说明你已经认识了一大批人,这批人有可能成为你产品或服务的潜在客户。即便是一个社交活动很少的人也会有一群朋友、同学和老师,还有家人和亲戚,这些都是你的资源。告诉你身边的人你在干什么,你的目标是什么,获得他们的理解,你会很快找到你的潜在客户,因为你身边的人都会愿意帮你。

1. 创建客户来源渠道——亲戚关系

- 自己的血缘关系;
- 配偶的血缘关系;
- 朋友关系;
- 自己血缘关系的延伸亲戚关系;
- 配偶血缘关系的延伸亲戚关系;
- 朋友关系的延伸亲戚关系;

……

在中国的传统中,亲戚是一个十分重要的社交关系。中国人重亲情,亲戚关系也很复杂,从种类上分为血缘关系和非血缘关系两大类,有血缘的关系是不可改变和创建的,是可

以充分利用的。非血缘关系的范围和定义比血缘关系广,同时也是可以创建的。

除此之外,还有一个十分有用的结缘方法,中国人信奉姓氏沿袭血缘,有同姓"五百年前是一家"的说法,如果你姓张,那么所有张姓人都可以攀上"远房"亲戚;如果你姓陈,可以叙叙祖籍,这样很容易"源起于一家",交往中自然就少了许多隔阂。亲上加亲,只要你有心,他们就都有可能成为你的客户。

2. 创建客户来源渠道——同事关系

- 现在的同事关系;
- 过去的同事关系;
- 实习时的同事关系;
- 临时工作的同事关系。

或许你在银行工作以前有过在其他公司或单位的工作史,也许你一直在银行工作,但你身边一定有跳槽到其他公司或单位的同事,这都是丰富的客户源。你曾经与他们亲密地在一起工作,你们互相了解、互相信任。他们现在或许已经是原来公司或单位的负责人或主管,或者已经成了私营企业的老板,但不管他们成了什么,可以肯定地说,他们一定有需求。与他们叙旧、聊天,他们中一定会有人成为你的客户。

3. 创建客户来源渠道——朋友关系

- 自己的朋友;
- 朋友的朋友;
- 亲戚关系延伸的朋友;
- 同事的朋友。

在中国人的意识中,朋友二字十分重要,可以为朋友"两肋插刀"是很多中国人为之自豪的一种侠义情结。朋友关系用得好,可以不费吹灰之力、不付一分成本而获得客户。而朋友关系也是可以创建的。

值得注意的是,朋友关系没有血缘约束,一定要投入相当多的情感成本,要为朋友付出一片真情,让你的朋友认为你是一个值得交往的朋友,值得他们为你付出。

4. 创建客户来源渠道——师生关系

- 幼儿园的老师和同学;
- 小学、中学、大学的老师和同学;
- 各类培训班的老师和同学;
- 各类进修班的老师和同学;
- 各类研习班的老师和同学。

在中国人的心目中,师生之情、同窗之情有时和亲情一样重要,"一日为师,终身为父""一世同窗,三世为亲""三人行,必有吾师"……这些古训影响了一代又一代人,时至今日,提起曾经共同学习、生活过的同学,人们仍然有一种亲切感。你可以根据需要的客户类别参加不同的培训班,对这一批又一批有潜在价值的老师和同学,只需要获得一份同学录,并时常与他们保持联系就可以了。

5. 创建客户来源渠道——老乡关系

- 与自己的原籍相同的老乡关系;
- 与自己出生地相同的老乡关系;
- 与自己居住过的地方相同的老乡关系;
- 与近亲的原籍或居住地相同的老乡关系。

老乡关系是一个范围非常大的概念,外延弹性较强,又很符合中国人的性格特点,客户经理在适当的时候,可充分运用这一概念,为建立关系找到一个有效的途径。

(二)借助其他渠道开拓客源渠道

1. 借助专业人士的帮助开拓客源渠道

刚刚迈入一个新的行业,很多事情你根本无从下手,你需要能够给予你经验的人的帮助,从他们那里获得建议,这对你的帮助非常大。多数企业将新手与富有经验的老手组成一组,共同工作,让老手培训新手一段时期。这种企业导师制度在全世界都运作良好,通过这种制度,企业老手的知识和经验被承认,同时又能培养新手。

当然你还可以委托广告代理企业或者其他企业为你寻找客户,这方面需要企业的支持。代理商多种多样,他们可以提供很多种服务,你要根据你的实力和需要寻求合适的代理商。

2. 利用其他客户关系开拓客源渠道

- 你的直接客户;
- 你的间接客户;
- 直接结交的商家或客户;
- 间接结交的商家或客户;

……

我们生活在一个经济社会里,不可避免地会与其他人发生交易关系,这种交易关系在你成为客户经理之前就已经发生了。它可能是工作交易,当你从事其他商业活动或者办理银行业务时,会有一些不同的客户;也可能是生活交易,你作为社会中的一员,因为生活的需要与形形色色的商业机构发生过各种交易,他们可以发展成你的客户,通过这些活动你也会成为别人的客户。不管别人是你的客户还是你是别人的客户,这种客户关系一经确立,你就有机会与他们沟通、相识并进而发展下一步的客户关系。

进入一个行业至少3年的企业应该有完备的客户名单,你要向企业的所有者或经理提出问题:这段时间有多少人进入和离开销售队伍?即使有些销售人员并没有离开,但是现在已经在企业的其他岗位任职,如果有几个这样的人,对他们的客户是怎样处理的?如果他们的客户还没有让别的销售人员来负责,可以要求授权你与他们联系。

3. 阅读报纸寻找客源

寻找潜在客户最有效的工具可能是每天投到你手里的报纸了。学会阅读报纸只需练习几天时间,一旦你开始了,就将惊讶地看到许多有价值的信息。同时,应注意随手勾画并作记录。

拿来今天的报纸,阅读每条新闻,标出对你有一定商业价值的叙述。就如一名优秀的销售人员努力与有关的人员联系,为自己留一份相应的复印件,接着寄出简洁信函:"我在新闻中看到您,我在本地做生意,希望与您见面。我认为您可能需要有一份新闻的复印件与朋友和家人共享",并附上名片。

人们喜欢自己出现在新闻中,而且喜欢把文章的复印件邮给不在本地的亲戚、朋友。通过提供这项小小的服务,你能够接到许多大生意。

4. 查找黄页寻找客源

如果你销售的产品对企业有利,就应该从当地的黄页电话簿开始。愿意投资自己企业的列入电话簿中,说明他们比较严肃地对待生意。如果你的产品或服务带给他们更多的生意或者让他们更有效率,你应该和他们取得联系。如果你希望扩大潜在客户的范围,就应该查找至少800个具有姓名、地址的目录。

5. 网络查找

如果你熟悉计算机,你可能在互联网上找到潜在的客户。因互联网上很多的分类项目可以让你在很短的时间内找到有可能成为你的客户的群体。如果你还不熟悉互联网,那你需要从现在开始接触了,因为它的发展将给你带来许多新的经营思路和未来发展的方向。

6. 展示会

展示会是获取潜在客户的重要途径之一,事前你需要安排好专门的人收集客户的资料、客户的兴趣点以及现场需要解答的客户问题。即使你的公司没有组织展示会,你的客户群体组织的展示会同样重要,当然你要有办法拿到他们的资料。

7. 其他方式

(1) 名片进攻。批量印制名片,名片要体现自己的人生宗旨、个性特点、职业、联系方式等,要有特色,能给人留下深刻印象。在与人接触时,先把名片递上,对方自然也会回复一张名片,根据名片与人联系,就会占据主动地位。作为成功的客户经理,发送名片标志着你的营销活动没有停止,名片的发送量要达到每天10张以上。

(2) 调研采访。确定一个主题,以调研者的身份进行采访,可以消除对方的抵触情绪,以零交易的状态进入准客户群。在调研时可以通过主题的选定,深入了解人们的需求,为进一步营销创造条件。

(3) 参加公益活动。公益活动可以提高自身的形象,给人留下好的印象,为下一步的交往打下良好的基础。同时,公益活动的参与者综合素质较高,通过参与公益活动,客户经理可以结交层次较高的准客户群。

(4) 组织和参加各类聚会及培训班。经常组织和参加各种家庭聚会、同学聚会、生日聚会、旅游、参观等活动,有目的地参加各类培训班,可以增加与关系人员交流的机会,还可以通过组织丰富多彩的聚会活动,向关系人员展示自己独具的匠心和创新思维,从而加深彼此的了解。

除此之外,人生中还有很多可以创建的关系:一次旅程、一个会议、一番误会,甚至一场战争……人生如一列火车,在你需要停靠的时候,你会记住一座城市、一个地名,但是更多的时候,我们经过的是没有停留的小地方。你是否从窗外看过了那些风景,记住了那些位置?有一天,那里或许会成为你未来的乐园。

案例分析

客户跟踪到底重不重要

有个人看到某公司的招聘广告,在应聘截止日期的最后一天投来简历(最后一天投简历的目的是使自己的简历能放在一堆应聘材料的最上面)。

一周后,他打电话来询问公司是否收到简历(当然是安全送达)。这就是跟踪。又四天后,他打来第二次电话,询问是否愿意接受他新的推荐信(西方人对推荐信格外重视),回答当然是肯定的。这是他第二次跟踪。

两天后,他将新的推荐信传真至负责人的办公室,紧接着他电话又跟过来,询问传真内容是否清晰。这是他第三次跟踪。

请看生动的统计效据:2%的销售是在第一次接洽后完成,3%的销售是在第一次跟踪后完成,5%的销售是在第二次跟踪后完成,10%的销售是在第三次跟踪后完成;80%的销售是在第4~11次跟踪后完成。形成鲜明对比的是,在我们日常工作中,80%的销售人员在跟踪一次后,不再进行第二次、第三次跟踪,少于2%的销售人员会坚持到第四次跟踪。

资料来源:杨莉惠.客户关系管理[M].南京:南京大学出版社,2012.

思考:

请你体会跟踪工作的重要性。

任务三 潜在客户开发

潜在客户开发工作是销售工作的第一步,通常来讲是业务人员通过市场扫街调查初步了解市场和潜在客户情况,对有实力和有意向的潜在客户重点沟通,最终完成目标区域的潜在客户开发计划。但以上只是一个企业潜在客户开发工作的冰山一角,要顺利做好企业的潜在客户开发工作,企业需要从自身资源情况出发,了解竞争对手在潜在客户方面的一些做法,制定适合企业的潜在客户开发战略,再落实到一线销售人员潜在客户开发执行,是一个系统工程。

一、潜在客户开发的流程

潜在客户开发一般包括以下七个流程。

(一)寻找潜在客户

寻找客户是客户开发的第一步,是营销人员取得良好业绩的重要基础工作。大多数企业要求营销人员自己寻找线索,有的企业还动员企业所有力量寻找潜在客户。寻找潜在客户的渠道很多,主要有逐户访问、广告搜寻、老客户介绍、人际关系开拓、资料查询、名人介绍、会议搜寻、电信寻找、直接邮寄寻找、利用代理人寻找、个人观察、市场咨询寻找、产品展

微课:客户
开发的流程

示、从竞争对手手中争取客户等。

(二) 识别潜在客户

识别潜在客户是客户开发重要的一步。营销人员或企业在寻找到自己的客户并获取了潜在客户的名单之后,并不意味着马上就要与这些潜在客户打交道,而是必须根据企业自身产品或服务的特点、用途、价格及其他方面的特性,对这些潜在客户进行更深入的衡量和评估,主要包括了解影响客户识别的因素(需求度、购买力、决策权、信誉度等)和对客户资料的整理及资格审查。

(1) 客户分析:通过客户档案了解客户的基本情况,如职业、消费习惯、购买记录、使用情况、拜访登记记录等。

(2) 设定拜访目标(SMART):S——Specific(具体的),M——Measurable(可衡量),A——Achievement(可完成),R——Realistic(现实的),T——Time bond(时间段)。

(3) 拜访策略(5W1H):目标确定以后,就需要确定拜访策略。我们将拜访策略总结为"5W1H",即 What(干什么)、Who(拜访谁)、Why(为什么)、Where(在哪儿)、When(什么时候)、How(如何拜访)。

(4) 准备资料及 selling story:拜访客户要提前准备好要给客户呈现的相关资料,并准备一定的 selling story,这里的 selling story 是指关于企业或产品及服务的一系列宣传,也就是说讲出一系列故事,说明该产品或服务如何好,是一种"促销宣传"或"促销造势"的手段。

(5) 着装及心理准备。

(三) 接近潜在客户

识别客户工作完成后,就将进入接近客户阶段。营销人员应该熟知初次与客户交流时应怎样制订自己的拜访计划;使用什么样的销售工具,同时要熟练掌握自己所推销的产品或服务,初步判断客户类型;还应了解该如何会见及向客户问候才能使双方的关系有一个良好的开端,这包括营销人员的自我心态、专业熟练程度以及接近客户的基本要点和方法。

(1) 开场白:易懂,简洁,有新意,少重复,少说"我",多说"您""贵公司",巧妙选择问候语很关键。

(2) 开场方式:开门见山式、赞美式、好奇式、热情式(寒暄)、请求式。

(3) 接触阶段注意事项如下。

① 珍惜最初的 6 秒:首次见面一般在 6 秒之内会有初步印象,或一见钟情或一见无情。

② 目光的应用:了解目光的礼节,注意目光的焦点。

③ 良好开端:和谐、正面,创造主题,进入需要,充足的时间。

④ 可能面对的麻烦:冗长的说明,沉默场面,负面言辞,目的不明确,时间仓促。

(四) 与潜在客户洽谈

接近客户之后,接下来的工作就是要与客户进行洽谈,以恰当的方法向客户描述产品将带给他们的利益。但很多营销人员在向目标客户推荐产品时总是过分地强调产品的特点(以产品为导向),而往往忽略了客户的利益(以客户为导向)。

与目标客户的深入洽谈是决定其是否购买产品或服务的一个重要环节,主要技巧有洽谈技巧(倾听、提问答辩、说服等),语言技巧(数据洽谈法、讲故事法、富兰克林法、引证法等);可采用销售示范法(展示、表演、体验、参观等)。

与客户洽谈经常用到探询式沟通如下。

(1) 探询:探查询问,向对方提出问题。

(2) 探询的目的:收集信息、发现需求、控制拜访、促进参与、改善沟通。

(3) 探询问题的种类如下。

① 肯定型问题——限制式提问(YES/NO):是不是,对不对,好不好,可否?

② 公开型问题——开放式提问:5W2H,即 Who(是谁)、What(是什么)、Where(什么地方)、When(什么时候)、Why(什么原因)、How many(多少)、How to(怎么样)。

③ 疑问型问题——假设式提问:您的意思是……如果……

(五) 处理潜在客户的异议

处理客户的异议是客户开发的关键步骤之一。处理客户异议的过程,实际上就是一个信息的传递、接收、加工、整理、反馈和再传递的连续过程。在介绍产品或服务的过程中,客户或多或少都会表现出一些抵触情绪或有异议,这是非常正常的。俗话所说的"褒贬是买主,喝彩是闲人"就是这个道理。要正确处理客户的异议,首先,必须了解客户产生异议的原因及其类型;其次,要明确客户异议处理的原则;最后,要重点掌握处理客户异议的方法处理潜在客户异议流程如下。

(1) 弄清客户的异议是什么。

(2) 分析异议的背后是什么。

(3) 及时处理异议。在处理异议时,把客户看成"人",注意把握人性、把握需求。

处理异议的方法:面对客户疑问,善用"加减乘除"。① 当客户提出异议时,要运用减法,求同存异;② 当在客户面前做总结时,要运用加法,将客户未完全认可的内容附加进去;③ 当客户杀价时,要运用除法,强调留给客户的产品单位利润;④ 当营销人员自己做成本分析时,要用乘法,算算给自己留的余地有多大。

(六) 与潜在客户成交

在完成了以上步骤后,营销人员与客户的成交是客户开发最关键的一步。要顺利完成这一步,必须明确与客户成交存在的主要障碍,并能从客户那里发现可能成交的信号,包括客户的言辞、举止、表情等。同时,要通晓与客户讨价还价的步骤与技巧,把握提出成交的时机,重点掌握引导客户成交的方法。

(七) 售后工作

营销人员与客户签订合同后,并不代表客户开发工作的结束。为了保证客户感到满意并成为"回头客"和忠诚客户,服务人员还需要做一系列的售后工作。例如,及时回访客户,收集客户接受服务后的意见和建议;为客户提供咨询服务,吸引新客户;为本企业的客户服务人员提供培训机会,提高客户服务人员的自身素质。

信息速递 3-2　业务员开发新客户的"四步走"

很多业务人员都会对开发新市场感到"懵",不知道该从哪儿下手、怎么下手。其主要原因是这些业务人员对将要开发的市场不了解,不知道什么样的客户才是理想客户,怎样才能找到这些理想客户并使他们成为企业的客户。下面介绍一种开发新客户"四步走"的方法。

1. 寻找客户

(1)"顺藤摸瓜"。在与一些客户的交流、论坛、洽谈会中,注意收集一些相关信息,寻找潜在的客户信息。

(2)"守株待兔"。注意多与老客户沟通联系,他们推荐的客户往往是最有潜力的新客户。

(3)"投石问路"。每到一个新市场,都要主动与当地的协会和一些大的企业建立联系,建立人脉。

(4)"广邀外援"。"在家靠父母,出门靠朋友。"作为业务人员来说,一般都要结交一些其他企业或行业的朋友。

2. 评定客户

客户有优有劣,并不是开发的所有客户都要成为最终的客户,业务员要学会取舍。对于一些信誉不好、有不良的信用记录的客户要特别谨慎,不能为了完成业务量而忽视了企业的整体效益。

3. 说服、成交

(1)简明扼要地阐述企业的基本情况(企业文化、企业经营理念、企业发展情况和未来发展规划)。

(2)探询对方的需求以及对方选择本企业的原因,着重讲解企业可以满足其需求的地方。

(3)详细说明如果接受企业的服务会得到的价值。

(4)相关的事项均已谈妥后与客户签订合同。

4. 服务、管理

(1)业务人员要跟踪客户订单情况,确保客户的货物能在规定时间内准确无误地送达客户处。

(2)业务人员最多每隔三天要与经销商电话联系一次,每月至少拜访管辖的客户一次。

(3)经常与客户沟通遇到的一些棘手问题并商量解决办法。

二、潜在客户开发的工具

在开发潜在客户过程中,常用的开发工具有很多,概括起来有以下几种。

1. 样品

做工比较精良、造型比较精美的产品样品是最好的销售工具。通过这一工具,可直接向客户展示产品的相关功能和特色,激起客户的购买欲望。需要注意的是,样品是客户建立产品印象的主要依据,不好的样品直接导致客户对产品较差印象的产生。因此,客户开发人员

微课:客户开发的工具

在拜访客户时需要精心挑选样品,努力使样品达到完美无缺。

2. 推荐信

推荐信具有很重要的作用,它是向目标客户展示产品或服务可令其满意的最好证明。已有客户所写的推荐信能够从侧面介绍并证明产品或服务的功效,具有很强的客观性。好的推荐信对客户的开发能够起到事半功倍的作用。

3. 名片

名片是现代商业交往中不可缺少的工具之一,由于它成本低且保存时间长,因此在客户开发过程中具有不可替代的作用。通过名片,客户开发人员给目标客户留下了第一印象,透过它,可以使客户了解商品的性质、用途,进而产生购买的欲望。

4. 图片或产品模型

产品的图片或模型将产品的实体形式形象地展现到客户的面前,使得原本死板、生硬的产品能够鲜活地呈现在客户面前,因此更容易打动客户。

5. 权威认证

权威部门的认证标志着企业的产品或服务达到了专业标准的规定。由于权威部门在客户心目中是最具专业知识的代表,获得了这些部门的认可就是对企业的信誉和品牌形象的认可。权威的认证能说服和打动客户,使客户对企业的产品放心,并诱发购买行为。

6. 媒体报道

当今时代是一个"眼球经济"的时代,媒体通过不同渠道吸引了受众的注意力,源源不断地向客户传达着多样的信息。媒体的正面报道和宣传对客户的购买起到了直接引导作用。

客户开发为企业提供了一个增进客户关系、提高客户资产的机会,但也同样会给企业带来成本增加、信誉受损的潜在危机,所以客户开发的工作一定要小心谨慎,要建立在科学、定量的基础之上,不要仅凭经验或直觉而盲目决策。随着管理信息系统的发展,一些新型的客户开发工具已经越来越受到企业的重视。

7. 客户数据库

客户数据库和数据库营销技术可以帮助企业更有效地识别潜在客户的需求,开发合适的产品与服务,设计有针对性的沟通策略和其他营销策略,能显著提高客户开发工作的效率。在进行客户开发工作的过程中,企业需要注意收集和分析每个客户购买行为的历史信息,特别是购买的产品种类、数量和价格、购买日期、购买地点等信息,这些都是客户开发所需的基本数据。

8. 数据挖掘

客户开发所进行的数据挖掘可以有很多不同的方法,如产品交叉分析、客户匹配分析和客户反应分析等。产品交叉分析是为了识别出哪些产品和服务最有可能被同时购买;客户匹配分析则是通过识别出哪些客户具有相似的购买行为,进而为客户推荐其他客户已经购买过的产品;客户反应分析是利用一些统计方法来识别出哪些客户对新产品与服务具有较高的反应率。

案例链接 3-1　大和运输公司开拓物流客户

日本大和运输株式会社（大和运输公司）是日本最大的从事商品运输和配送的专业公司，创立于 1919 年 11 月 29 日，公司总部位于日本东京京都中央区的银座。现有 27 家分公司以及 15 家海外分公司，主要从事的物流服务有面向住户及居民的宅急便服务和搬家服务、面向团体用户的宅急便服务、海上货物的国际复合运输以及美术品等特殊用品的运输等。

大和运输公司作为一个专业物流企业，其开拓物流客户的途径是多种多样的，这些途径集中体现在建立差别化的服务市场和完善的经营服务系统上。

1. 建立差别化的服务市场

大和运输公司早期是从事陆路运输的专业运输公司，它开始从事宅急便业务是在 1976 年，当时他们通过开展新型的配送服务创造了"宅急便"这样一种物流服务品牌。之后，随着陆运物流服务的不断延伸和扩展，他们将这种陆地配送服务统称为"宅急便"。

宅急便所提供的服务是在新型社会和经济环境下的一种新型的专业运输服务，它与原来的陆路运输相比，最大的不同在于它构造了新型物流服务的核心要素和本质内容。这种要素主要体现在"面向家庭的小单位个别配送""混合装载"和"广范围的网络运输"。面向家庭的小单位个别配送就意味着这种专业物流服务不是固定线路的货车运输，而是具有针对性、营销意味的配送服务，可以说这是专业运输公司应对时代变化和顾客需求的一种积极反应。混合装载和广范围的网络运输是专业物流公司强化和推动物流管理的必然结果，所以，宅急便市场的形成也表明专业物流企业管理水平的提高。正是这些因素决定了大和运输公司不再是一个运输企业，而是一个真正意义上的专业物流服务提供商或物流管理中的第三方。

从当时大和运输公司决定开发宅急便业务的日本运输配送市场看，面向个体客户的小件货物配送服务只有邮包送递和铁路小型货物运输这两种公共运输服务，而且这两种服务的市场规模每年不到 3 亿日元。除了市场规模较小外，面向个体客户的宅急便服务由于波动性大，何时、何地、向什么地方配送都很难预测，所以鲜有企业愿意从事这种面向个体客户的物流服务。大和运输公司正是在这种条件下，决定独自开拓其他企业所不予重视的配送服务市场，当时的公司经理小仓昌男甚至提到"如果宅急便的吸取量能达到一个亿就好了"，这足以表明当时大和运输公司的决策层非常重视宅急便市场。但是，由于当时很多人对宅急便市场持怀疑态度，所以企业并没有将全部精力投入这个特定市场。但不管怎么说，大和运输公司仍然率先进入了这个在未来产生巨大影响和收益的市场。大和运输公司宅急便市场成功的最重要一点是他们确立了一个独特的市场观念，这种观念不同于其他，是一种"彻底追求便利性"的差别化市场观念。当初，大和运输公司的宅急便有以下几个特点。

（1）货物的长、宽、高总计在 1 米以内。

（2）包装物可以是箱子，也可以是布袋，不需要特别的包装和捆绑。

（3）配送费用因划分的地带而有所不同。

（4）配送时间因地区不同为 1～2 天。

宅急便的这些特点都是邮包送递和铁路小型货物运输不能比的，因此，宅急便业务的出现不仅占领了邮包送递和铁路小型货物运输的市场，还挖掘了新市场和新需求，这一点是当时任何人都没有想到的。

2. 建立完善的经营服务系统

大和运输公司为了使委托企业能有效地从事经营活动,提高他们的经营管理业绩,除了在中心内给予了大量的信息支持外,还开发了其他各种服务活动,以充分应对客户企业的需求。从某种意义讲,这些服务已远远超过了狭义的物流服务领域。

这些服务活动中最典型的要数营业员的经营支持、CAD服务和人力资源服务。营业员的经营支持主要有两种形态:一是通过营业员所携带的便携式终端,对营业员的经营活动予以及时把握,并通过联网对营业员的活动及时进行指导,以实现对客户的有效支持;二是通过营业员实现有效、快捷的订货,具体的方法是营业员携带便携式终端到客户处进行访问,客户的订货信息便能及时输入便携式终端中,并通过互联网传输到大和运输公司的营业所及时进行处理,同时总部对客户的数据进行相应的分析,从而使公司内部整个物流经营业务流程实现效率化。CAD服务是大和运输公司针对使用CAD设计的建筑业者和精密仪器生产使用者提供的从利用CAD进行图纸设计到作业人员派遣等全过程的服务。具体来讲,CAD服务的内容包括图纸设计、数据转换、数据保管和CAD操作人员的培训等。

人力资源服务也是大和运输公司经营服务系统中很有特色的一个方面,即大和运输公司面向急需各种经营人才的公司提供人力资源服务,以帮助客户企业能顺利、有效地从事经营,时间从1个月到1年不等。目前,人力资源服务领域包括计算机系统设计、开发、运营管理(软件开发、办公自动化运作、办公自动化指导、办公自动化展示),销售促进管理(电子营销、营销工程)以及日常业务运作(档案管理、财务管理等)。

资料来源:陈小刚,等.客户关系管理[M].北京:北京邮电大学出版社,2017.

三、潜在客户开发的技巧

潜在客户开发不仅是营销人员发挥个人魅力的时刻,也是体现企业自身形象的大好时机,营销人员要掌握比较系统的潜在客户开发和商务谈判技巧、方法,以提升本企业在客户心目中的地位。

(一) 沟通的技巧

1. 语言沟通

语言是人类沟通思想、交流情感的工具,也是商谈中最常用、最基本的方式。

(1) 说的技巧。营销人员在与客户进行语言沟通时,要意识到自己的责任和此次沟通的目的,不仅要清楚地表达自己的意图和想法,还要尽量以对方感兴趣的方式表达出来。此外,还应做到诚恳和诚实。诚恳是指营销人员应保证自己说话语气诚恳,尽量避免运用大量的专业术语和口头禅,更不可以讽刺和侮辱客户;诚实是指营销人员在开发客户时,绝对不可以对本企业的服务夸大其词,也不能对客户随意许下任何不可能实现的承诺。另外,营销人员不可以为了提升自己的形象而贬低竞争对手,甚至泄露同行的秘密。

微课:沟通的技巧

(2) 听的技巧。在和客户访谈和谈判过程中,说话是在传递信息,听则是在接收信息,两者的作用同等重要。营销人员在听的过程中一定要耐心和会心。耐心是指营销人员在听人谈话时应该专心致志,始终保持饱满的精神状态,无论是不同的观点还是使人恼怒的话语,都要听完,切不可轻易打断对方,更不可同客户争论;会心是指营销人员要尽量理解客户所说的每一句话,并把对方的要求与自己所能提供的服务互相比较,预想好自己将要阐述的观点,设想可能达成的合作协议。另外,营销人员对于客户的谈话还要有反馈性的表示,要随着对方表情的变化而变换自己的表情,并在恰当的时候用简单的肯定词语或赞美词语作应答,由此可以表示对客户的尊重,引导客户说出更多有价值的信息。

信息速递3-3　语言沟通技巧

用不同的语言表达方式来表述同一个意思,其效果是截然不同的。例如,一个教徒问神父:"我祈祷的时候可以吸烟吗?"神父听后很生气,认为他对上帝很不尊敬。而对于同样的情况,另一个教徒却说:"我吸烟的时候可以祈祷吗?"神父听了大为感动,认为这个教徒非常虔诚,在吸烟的时候还祈祷,便欣然同意。由此可见,同样的事情,表达方式不同,其结果也截然不同。从客户开发的实践来看,常用的语言沟通技巧主要有讲故事法、数据洽谈法、富兰克林法和引证法。

(1) 讲故事法。客户服务人员向客户介绍产品或服务的时候,应避免平铺直叙,要尽量把产品或服务的信息融入恰当的故事中,通过讲述故事的形式来吸引客户、打动客户。通过故事,客户服务人员可以把想要向客户传达的信息变得富有趣味,使客户在愉快的心情中接受客户服务人员的信息,并对企业的产品或服务产生兴趣。这样的故事可以很短,但一定要精彩,能够给客户留下深刻的印象。

(2) 数据洽谈法。数据是一种说明事实的有效方法。如果客户服务人员在向客户介绍某一产品或服务时引用了一系列数据,就会使客户产生较清晰的概念和一个直观、准确的印象,更容易使客户信服。在物流销售实践中,也有许多优秀的物流客户服务人员善于运用数字来介绍自己的产品或服务。

(3) 富兰克林法。富兰克林不仅是美国一位伟大的政治家,还是一位优秀的营销专家。他善于说服别人,他说服别人的方法后来被称为富兰克林法,并被营销人员广泛地运用到销售中。富兰克林法就是在向客户说明购买本产品或服务能够得到的好处的同时,也向客户说明不买本产品或服务将会蒙受的各种损失。客户在经过一番权衡后,就会做出选择。

(4) 引证法。一些客户服务人员在介绍产品或服务时常自卖自夸:"我们公司的产品是最好的""我们这个品牌大家都喜欢""我们的产品全国质量第一"等。但客户可能对此并不相信。若物流客户服务人员能提供可信的证据向客户证明其推荐的物流产品的优点或服务质量,则更容易为客户所接受。

2. 非语言沟通

非语言沟通是指营销人员凭借动作和面部表情乃至声调变化来与客户交流思想、沟通信息的方法。运用非语言沟通有时能表达出语言所无法表达的意思或无法传播的信息。

(1) 目光。目光接触是人际交往间最能传神的非语言沟通方式,也是谈判活动中一种最常见的沟通方式。营销人员要学会运用目光来收集和接受许多非语言信息,同时也要通过目光自然地向客户传递自己对客户的态度,包括赞成、疑问等。例如,正视对方片刻表示坦诚,向对方行注目礼表示尊敬,较长时间凝视对方表示专注等;而东张西望则表示对客户的发言并不重视,很容易引起客户的反感。

(2) 体姿。在谈判中,人们的一举手一投足、一昂头一弯腰都能表达特定的含义,体现对他人的态度。身体略微倾向对方,表示热情和感兴趣;微微起身,表示谦恭有礼;身体后仰,显得若无其事和轻慢;侧转身子,表示厌恶和轻蔑;拂袖离去,表示拒绝交往。营销人员访问客户时,姿态应该不卑不亢、落落大方,微微欠身领首,并主动伸出手来向对方表示问候。在交谈的整个过程中,应保持身体各部分比较放松的状态,但不可过于随便,以免引起对方不快。

信息速递 3-4　手势暗示的解析

在一般的人际沟通过程中,许多手势都是无意识的。比如,当说话者激动时,手臂的快速运动可以强调正在说的话。利用肩部、手臂、手指、腿表示的姿势形式也很丰富,尽管常常只起辅助作用,但手势也可被有意识地用来代替说话。例如,把手指放在嘴唇前表示要求安静。另外,当争论很激烈时,有人为了使大家情绪稳定下来,做出两手掌心向下按的动作,意思是"镇静下来,不要为这一点儿小事争执了"。以下的手势常见于日常生活中,它们或者用来强调表述,或者用来代替说话。

(1) 手臂和手。双臂展开表示热情和友好;双手插裤袋表示冷淡或孤傲自居;两臂交叉抱在胸前表示戒备、敌意或无兴趣;双手合十表示诚意;招手表示友好或示意靠近。

(2) 手指。十指尖相触表示自信或耐心;指点某人/物表示教训或威胁;握拳表示愤怒或激动;搓手表示急切、期待或心情紧张。

(3) 腿和脚。双脚呈僵硬的状态表示紧张、焦虑;脚和脚尖点地表示轻松或无拘束感;坐着时腿来回摆动表示轻松或悠闲;跺脚表示气愤或兴奋。

(4) 声调。恰当而自然地运用声调是顺利交往和谈判成功的有利条件。如果营销人员在谈判中语调低平、声音沙哑,将减弱谈话的说服力,有损谈话信息的传递。一般情况下,营销人员要控制说话的速度,声调要尽量柔和,注意抑扬顿挫,尽量施以讨教的口气,这样会显得十分谦虚和诚恳,更容易引起客户的认同。

(5) 表情。表情是人类进化过程中不断丰富和发展起来的能够传递个人情绪和态度的一种交流手段。喜、怒、哀、乐、愁等不同的表情表达了谈判双方对于谈判内容和进程的不同理解。营销人员要注意观察对方的表情变化,随时调整自己的谈判策略。微笑是谈判交往中最常用也是最有用的面部表情。在谈判中,营销人员发自内心的微笑能够向客户表达出高兴、喜悦、同意、赞许或尊敬等意思,能够使紧张的气氛趋于缓和。

案例链接 3-2　麻将后面的政治新闻

我国新闻界的前辈徐铸成先生有一次谈到他早年采访中的一段经历。1928年阎锡山和冯玉祥曾经筹备联合反蒋介石,可是当冯玉祥到达太原时,阎锡山却把他软禁起来,借此行动向蒋介石要钱要枪。后来冯玉祥的部下做了一番努力,才扭转局面。那天徐铸成到冯玉祥驻太原的办事处采访,看到几个秘书正在打麻将,心里一想,估计冯玉祥已经脱身了,因为冯玉祥治军甚严,如果他在家的话,部下是不敢打牌的。徐铸成赶紧跑到冯玉祥的总参议刘治洲家采访,见面就问:"冯玉祥离开太原了?"对方大吃一惊,神色紧张地反问:"啊?你怎么知道?"这个简短的对答,完全证实了徐铸成的判断。徐铸成就这样通过一桌麻将和采访对象的神色语气,获得了冯玉祥脱身逃走的重要信息。之后他又经过深入的访谈,摸清了冯玉祥、阎锡山将再度联合的政治动向,在当时这是一条极其重要的政治新闻。

资料来源:黄漫宇.商务沟通[M].北京:机械工业出版社,2006.

(二)处理异议的技巧

异议是客户访问或商务谈判过程中不可缺少的重要组成部分,没有异议的访问或没有异议的谈判,往往也是没有结果的。因此,营销人员应当理解异议与机会的关系,并利用它们来满足客户的需求。处理异议的技巧是营销人员推动客户开发的重要手段之一,如果这一点做得不好,就会失去很多机会。

1. 异议的种类

尽管客户在访谈过程中可能会提出各种各样的异议,但是从根本上讲,异议只有以下两类。

(1)诚恳的异议。诚恳的异议是由那些真诚但的确不了解企业或不了解企业所提供的服务的客户提出的。为了处理这种异议,营销人员必须掌握足够的专业识别客户异议的知识。如果营销人员与这类客户一样,对异议所涉及的服务缺少足够的了解和认识,那么这种异议就难以被理解和处理。

(2)"角色"或"表演"的异议。"角色"或"表演"的异议是由那些老练的客户提出来的,旨在测试营销人员的知识、专业水平和竞争力。"角色"的异议经常发生在营销人员和客户都需要扮演一定角色的谈判中。在扮演客户的角色时,这类客户会有一个提前"排练"的过程,在访问或谈判过程给营销人员设计种种不同的"异议";而作为谈判一方的营销人员,往往事前也会对"异议"做一番精心的准备。在经过一番激烈而又富有成效的谈判之后,客户会觉得这样的营销人员及其企业具有较强的竞争力,值得信任;营销人员也会觉得这样的客户很有判断力,可以合作。

2. 处理异议的模式或程序

营销人员处理异议的模式或程序是访谈双方赖以有效传递信息的工具,或者说是处理异议的主要技巧。谈判中异议的处理方法多种多样,但往往会呈现出一定模式或相同的程序,营销人员可以利用这一程序将许多异议变成机会。处理异议的模式或程序一般由以下四个基本步骤组成。

(1)重复异议并给予十分的关注。当客户产生异议时,营销人员可以复述一遍客户的异议,或请客户重复一遍异议,表示自己已经听取了他的意见并会关注客户感觉不满的问题,同时安抚客户激动的情绪,减轻客户对自己的心理防御,缓和异议的气氛,并为自己争取些寻找解决方法的时间,变被动为主动。

(2)澄清问题。当异议含糊不清时,应请客户提出明确的问题。澄清异议或将异议限定在具体的范围之内会使异议的解决更具操作性,相反,让一般性或含糊不清的异议得到一个满意的答案是不太可能的。通过对异议范围的限定,营销人员可以正确地把握客户的倾向并有针对性地解决异议。

(3)介绍服务知识。营销人员应该充分利用自己对本企业的了解和掌握的服务知识来解答客户提出的各种疑问和异议。营销人员应当把异议作为一个机会,帮助客户了解企业,了解本企业服务的特色、功能,提升企业在客户心目中的地位,帮助客户正确理解他们将从本企业服务中可能获得的利益,以一种明确的方式来启发客户,向客户传递有效的信息。

(4) 信息反馈。营销人员每处理一次异议,都应该与客户一起做出一个阶段性的确认,以检查并确认是否解决了客户的疑虑和问题,检测客户的理解和认同程度,并判断访谈离最终的成交还有多远,中间还有多少问题。这是一个有效的信息反馈过程,既可以用来检测客户对营销人员所提供的想法和信息的理解及接受程度,又可以帮助营销人员确定下一步的努力方向(继续、重新开始、调整方向,还是终止谈判)。

(三) 打破僵局的技巧

在与企业客户的营销谈判中,谈判双方时常会对协议的种种条款各执一词,互不相让,结果陷入尴尬状态。营销人员此时需要主动出击,运用各种有效的商谈技巧,打破僵局,最终达成双方都能接受的协议。

1. 做出让步

如果整个协议的签署对企业来说是极为有利的,而合作协议中某些条款发生的变动对企业整体利益来说并无大碍,营销人员可以适当做出让步。但做出让步时必须坚持自己的底线,同时语气要平和,不能损害与对方的关系。

2. 变换商谈话题

面对僵局,营销人员可以巧妙地转换话题,消除商谈双方沟通的心理障碍,使双方在和谐的气氛中重新讨论有争议的问题。例如,营销人员事先了解到客户代表喜爱体育,就可以就最近举行的比赛与其进行交流,活跃商谈气氛;在向客户营销汽车贷款时,营销人员可以向客户介绍最近比较流行的汽车自助旅行,激发客户兴趣。

3. 转换商谈方式

营销人员可以通过变换商谈方式来打破僵局。例如,当双方谈判人员职位的差距比较大时,可以考虑提升双方的谈判级别,由中层接触变为高层接触;或者让营销人员邀请与对方较为熟悉的中间人来进行调解;也可以将正式会谈转为非正式沟通,在一种更轻松的气氛下继续谈判。

(四) 处理拒绝的技巧

拒绝是人在面对不熟悉事物时的一种自我保护行为。客户提出拒绝,并不一定代表客户完全不与企业合作,而只是表示客户有些顾虑。这些顾虑可能来自客户自身,也可能来自与其接触的营销人员,或者客户对企业所提供服务的质量不太满意,这实际上为营销人员开展市场营销活动创造了条件。如果营销人员从客户的角度出发,不断地解决客户通过拒绝所传达出的对本企业服务的要求,就能大大消除客户想要拒绝的心理,每化解一个拒绝,营销人员就更接近客户一步。

1. 积极思考法

在被客户拒绝后,营销人员应该设法尽快找出被拒绝的原因,是由客户自身所致,还是自己在接触客户的过程中有欠妥之处,甚至是客户对本企业根本没有任何信任。营销人员

要把这次商谈过程的资料保存下来并详细研究,找出商谈中的不足,总结宝贵经验。

2. 转换话题法

如果被客户拒绝,营销人员会处于一种比较尴尬的境地。此时,营销人员应保持清醒的头脑,尽快将话题转换到客户较感兴趣的方面,努力寻找双方能再次沟通的契机,不知不觉地把对方的拒绝心态引向一旁,使商谈重新走上正轨。

3. 迂回否定法

迂回否定法是指营销人员在遭到质疑或拒绝后,绝不能对客户进行正面反驳;相反,营销人员要对客户的拒绝表示认同、赞美,以消除对方的防卫心理。例如,客户认为企业的服务在某方面有所欠缺,因不能满足需要而表示拒绝时,营销人员可以称赞客户对该服务有独到的见解和敏锐的观察力,并诚恳地表示希望进一步请教客户的意见,这样就让客户有一种被尊重的感觉,愿意继续进行商谈。

拉手网曾经的落败

吴波创办了互联网行业有名的拉手网,拉手网曾引领整个国内团购行业的发展。不过,拉手网一度在行业竞争中落败,吴波也因此从团队中出局,拉手网被投资人卖给了传统企业宏图三胞。

拉手网采用快速扩张的战略,目的是一统市场,但是规模扩张得越大,被忽视的问题就越多。一开始没有将注意力放在品质上的经营理念注定是"失败"的,因为这种经营方式会给企业自身制造太多的隐患。

拉手网混乱的后台管理,与其CEO吴波之前高调表示的"三包"理念背道而驰。相关资料显示,拉手网在华丽高调的"7天无条件退款""消费不满意,拉手就买单""过期未使用自动退款"宣传口号的背后,却是不审查合作商家的资质、无视把关职责的运行机制。例如,在拉手网上团购KTV消费券的顾客却在去消费时吃了闭门羹。拉手网单方面提出"换店"或"赔款"的二选一方案令花费了大量时间和精力的消费者难以接受。

资料来源:http://www.xzhichang.com/zixun/detour-121262.html。

思考:

假如你是拉手网CEO,应该如何挖掘潜在客户?

实训一 做一份客户识别实操报告

凡客诚品主打平民的时尚,通过数据分析得到:热衷于电子商务的人群是年龄跨度在20~35岁的"80后"新生代,这些人是伴随着互联网成长起来的人群,习惯于使用互联网工作,并在生活中不断和互联网发生着关联,他们的身份为大学生和刚步入职场的商务人士。这一群体消费欲望强烈。

现在凡客诚品除了男装、女装、童装、鞋、配饰,还有家居类。这也是一个风向标,随着时间的推移,产品线会慢慢增多。可以说,只要是爱好电子商务和互联网的年轻人都有可能是凡客诚品的目标。

实质上,凡客诚品在国内的目标客户定位是白领一族,并且从凡客诚品商品货架的结构来看,凡客诚品现在就是针对男性白领。因为相对女性来说,男士的服装更容易进行大批量标准化生产与供应,只需要提供适当的参照标准,顾客就可凭个人喜好选定商品。男士并不专注于逛街购物,他们更喜欢一种简单的生活方式。

凡客诚品的客户区分为两方面。一方面是客户对企业的价值,这是凡客诚品区分客户的主要方式;另一方面是客户对企业的需求,这个是基本被忽略的。凡客诚品客户对企业价值的区分主要使用以下三种方法。①ABC分析法,将客户分为中等客户和小客户。这方面的区分都是根据客户的购买情况进行的计算机区分,凡客诚品没有大客户的概念,凡客诚品推广的理念就是中低档,很难产生利润巨大的大客户。②通过RFM分析法进行区分,根据购买频率、购买间隔、购买金额进行区分,主要分为三档,从而进行有差别的服务。③根据CLV分析法进行分类,主要关注的是最有价值客户和最有潜力客户。凡客诚品在系统接收客户订单的那一刻便开始进行客户分类。

凡客诚品的客户区分在计算机软件的帮助下已趋于完美,既对客户进行了合理的区分,客户又没有被区别对待的感觉,不同的客户购买凡客商品都有等同的购物体验。凡客诚品的客户区分很少关注零点以下的客户,即使客户留有邮箱,在短期内没有购物的情况下,也不会收到凡客诚品的促销优惠邮件。

讨论:

凡客是如何进行客户区分的?

实训二 做一次电话情景模拟拜访

电话情景模拟1

"张先生吗?你好!我姓王,是大成公司业务代表。你是成功人士,我想向你介绍……"张先生直接地说:"对不起,王先生。你过誉了,我正忙,对此不感兴趣。"说着就挂断了电话。

小王放下电话,接着又打了半个小时,希望通过电话约见客人,但每次和客人刚说上三两句,客人就挂断了电话。

陈经理问他:"小王,你知道为什么客人不肯和你见面吗?"

小王想,约见客人难,大家都知道,我约不到,没什么稀奇。

陈经理见他不吱声,便解释起来。"首先,你应该说明来意,你是为会面而打电话的。其次,捧场话讲得太夸张不行。你开口便给对方戴了个'成功人士'的大高帽,对方会立刻产生一种抗拒感。和陌生人见面,太露骨的奉承令人感到你是刻意推销,也容易给人急功近利的感觉。最后,也是最重要的一点,打电话是方便我们约见客人,你要'介绍'产品,见面是最佳途径。隔着'电线',有些事是说不透的,就算客人肯买,难道能电传支票给你吗?"

陈经理说完亲自示范给小王看。

"邹先生？你好！我姓陈。我们没见过面，但可以和你谈一分钟吗？"他有意停一停，等待对方理解了说话内容并做出反应。

对方说："我正在开会！"

陈经理马上说："那么我半个小时后再给你打电话好吗？"

对方毫不犹豫地答应了。

陈经理对小王说："主动挂断与被动挂断电话的感受是不一样的。尽可能主动挂断电话，这样可以减少挫败感。"

半个小时后，陈经理再次拨通电话说："邹先生，你好！我姓陈。你叫我半个小时后来电……"他营造出一种熟悉的回电话的气氛，以缩短距离感。

"你是做什么生意的？"

"我是大成公司的业务经理，是为客人设计一些财经投资计划的……"

邹先生接口说："教人赚钱，专搞欺骗？"两人都笑了。

"当然不是！"陈经理说，"我们见见面，未必会立刻促成生意。但您看过资料有些印象，今后你们有什么需要服务的，一定会想到我啊！"

邹先生笑了笑，没说什么。

"这两天我在你附近工作。不知你明天还是后天有时间？"陈经理问。

"那就明天吧。"

"谢谢。邹先生，上午还是下午？"

"下午吧！4点。"邹先生回答。

"好！明天下午4点钟见！"陈经理说。

陈经理放下电话，小王禁不住欢呼起来。

电话结束时你要达到你的目标。现在，客户已经接受了你的建议，接下来就是与客户达成协议。达成协议是指与客户就下一步双方的行动达成一致意见，达成协议的结果可能是客户下订单，还可能是客户让你三天后再打电话给他，还可能是客户想同你的外部销售代表见面再谈一谈。无论是哪一种结果，都要再回过头去看一看你打电话的目标，你这个电话的成功与否，就在于你是否在这个电话结束时达成了自己的目标。

在电话沟通时，要注意两点：①注意语气变化，态度真诚；②言语要富有条理性，不可语无伦次、前后反复，让对方产生反感或觉得啰唆。

电话情景模拟2

销售：您好，请问何伟主任在吗？

何主任：我是。

销售：何主任，您好。我是××公司的销售代表李莉。相信您一定听说过我们公司××牌计算机。

何主任：哦，我知道。

销售：我听说您单位最近要更新一部分计算机，我可以在星期三上午10点拜访您并和您就这个主题面谈一下吗？

何主任：嗯……你先把你们产品的介绍资料和报价寄过来，我们研究一下再与你联系。

销售：好的，我可以了解一下您对计算机设备的需求情况吗？

何主任：我一会儿要去开会。
销售：那好，我抓紧时间，只有两个简单的问题，这样我给您寄的资料会更有针对性。
销售：我们公司的产品有台式计算机、笔记本电脑等系列产品，不知道您对哪类产品更感兴趣？
何主任：你先把笔记本电脑的资料寄过来吧。
销售：那您是想给什么职位的人购买呢？
何主任：有些领导的笔记本电脑需要更新了，不过我们还没有最后决定。
销售：好的，我马上将笔记本电脑的资料快递给您，今天下午就会送到。希望能有机会拜访您，并当面介绍一下。您看我们暂定在星期三上午10点好吗？资料到了以后我再与您电话确认一下见面时间。
何主任：看过资料以后再说吧！
当天下午，何主任收到了资料。与资料一起的还有两盒西湖龙井茶。
讨论：
请你按照电话接近客户的通话步骤，总结以上的通话内容。

项目四

客户信息管理

📝 项目概要

本项目从客户信息的重要性讲起,介绍了客户信息来源中心以及客户信息收集方法,以及客户信息档案如何管理;阐述了客户区分的方法,包括 ABC 分析法、RFM 分析法和 CLV 分析法等分类方法;详细介绍了客户细分的方法及其管理。

🚩 学习目标

- 了解客户档案具体内容及如何管理;
- 理解客户区分的方法:ABC 分析法、RFM 分析法和 CLV 分析法;
- 掌握客户细分的管理方法。

🔍 重点与难点

重点:客户信息档案管理。

难点:客户细分方法及管理。

✉ 关键术语

客户档案　客户信息　客户细分

📋 案例导入

易到用车的差异化

周航创办了"易到用车",这是国内最早一批进入商务用车网上预订市场的公司。

易到如何和滴滴等对手竞争?易到的机会在哪里?汤鹏表示,易到主要从消费升级的角度,瞄准消费升级人群,从战略差异化、模式差异化、产品差异化和服务差异化四个方面实现差异化。易到锁定消费升级,为精准人群创造高附加值服务。易到在满足用户对快捷、便宜的出行需求的基础上,通过开展"生态充返"等活动,赠送用户生态产品和服务,给用户提供更加丰富多样的服务体验。易到长久以来积累的中高端用户,正是消费升级的精准人群,易到也基于这部分人群为他们创造更多高附加值的服务。

易到的战略和模式与滴滴完全不同,是两个方向。滴滴做的是全出行解决方案,有快车、出租车、拼车等。而易到布局的是整个汽车生态圈,包括汽车金融、二手车、保险、车辆的养护等都会连接到易到生态。这既符合共享经济,也符合乘客和车主的利益。

从产品和服务层面来看,易到与竞品相比也体现了明显的差异化。汤鹏表示,易到一直坚持双向选择逻辑,支持用户和司机的双向选择。在易到可以选择车型,如帕萨特,也可以选择奔驰、宝马,这才是共享经济要倡导的主动权和让用户更有选择权。易到看到在优步和滴滴合并以后,补贴取消,单价上涨,调整了司机计费方式,很多用户和司机选择离开。易到也收到大量反馈——很多人不希望市场只有一家,而易到的存在就是给司机和用户多一种选择的自由。

资料来源:http://www.cctime.com/html/2016-9-27/1223236.htm。

思考:

易到用车搜集哪些客户信息才能做到客户差异化?

任务一 建立客户档案

一、客户信息的重要性

(一)客户信息是企业决策的基础

信息是决策的基础,如果企业想维护好与客户建立起来的关系,就必须充分掌握客户信息。如果企业对客户信息掌握不全、不准,判断就会失误,决策就会有偏差,而如果企业无法制定出正确的经营战略和策略,就可能失去好不容易建立起来的客户关系。所以企业要全面、准确、及时地掌握客户信息。

(二)客户信息是客户分类的基础

企业只有全面收集客户信息,特别是他们与企业的交易信息,才能知道自己有哪些客户,才能知道他们分别有多少价值,才能识别哪些是优质客户、哪些是贡献大的客户,才能根据客户带给企业价值或贡献的大小对客户进行不同的分类管理。

(三)客户信息是与客户沟通的基础

随着市场竞争日益激烈,客户信息更显珍贵,拥有准确、完整的客户信息,既有利于了解客户、接近客户、说服客户,也有利于与客户沟通。如果企业能够掌握详尽的客户信息,就可以对有不同需求的客户进行差异化沟通,进而有针对性地实施营销活动。

(四)客户信息是客户满意的基础

在竞争激烈的市场中,企业要满足现有客户、潜在客户及目标客户的需求、期待和偏好,就必须掌握客户的需求特征、交易习惯、行为偏好和经营状况等信息,从而制定并调整营销策略。

二、建立客户来源中心

（一）搜集个体客户基本资料

微课：麦凯66表格解读

"麦凯66"是哈维麦凯先生发明的客户资料表格的名称。该表格由66个关于客户的问题组成。哈维麦凯先生是美国麦凯信封公司的创始人、董事长和总裁。麦凯信封公司年营业额超过7000万美元。麦凯先生因为在人际关系学方面的成就，被人们称为世界第一人际关系大师。

针对某个体客户收集以下基本内容（麦凯66表格），要尽可能详细，包括客户档案内容、教育背景、家庭情况、业务背景资料、特殊兴趣、生活形态、其他可供参考资料等。

（二）搜集企业客户资料

1. 搜集客户基本资料

通常，企业客户资料的基本信息中应包括基础资料、客户特征、业务状况及交易现状四个方面的内容，如表4-1所示。

表4-1 企业客户资料基本信息

建立客户信息档案

类别	详细内容
基础资料	客户最基本的原始资料主要包括客户的名称、地址、电话、所有者、经营管理者、法人代表及他们个人的性格、爱好、家庭、学历、年龄、创业时间、与本公司的交易起始时间、企业组织形式、业务、资产等
客户特征	主要包括服务区域、销售能力、发展潜力、经营观念、经营方向、经营政策、企业规模及经营特点等
业务状况	主要包括销售业绩、经营管理者和销销售人员的素质、与其他竞争对手之间的关系、与本公司的业务关系及合作态度等
交易现状	主要包括客户的销售活动现状、存在的问题、保持的优势、未来的对策、企业形象、声誉、信用状况、交易条件等方面

2. 填写客户资料卡

填写客户资料卡后应及时保存，并在开展业务过程中充分加以利用。充分利用客户资料卡可以有效地提升业绩。现请调查某企业客户，并填写表4-2所示的客户资料卡。

表4-2 客户资料卡

客户名称		地址	
电话		邮编		传真	
性质	A.个体 B.集体 C.合伙 D.国营 E.股份公司 F.其他			
类别	A.代理商 B.一级批发商 C.二级批发商 D.重要零件商 E.其他			
等级	A级 B级 C级			

续表

人员	姓名	性别	出生年月	民族	职务	婚否	电话	住址	素质
负责人									
影响人									
采购人									
售货人									
工商登记号				税号					
往来银行及账号									
资本额				流动资金				开业日期	
营业面积				仓库面积				雇员人数	
店面	○自有 ○租有				车辆				
运输方式	○铁路 ○水运 ○汽运 ○自提 ○其他								
付款方式				经营额					
经营品种及比重									
辐射范围									
开发日期									
开发人									

三、客户信息收集方法

客户信息资料是企业销售者了解市场的重要工具之一,通过它可以了解客户实际情况,从中看到客户的消费动态,并据此对市场动态作出判断,对企业的经营销售和客户服务工作起着至关重要的作用。因此,在实际工作中,我们应该注意客户信息资料的收集与整理,并充分利用。客户关系管理中获得客户资料的方法有很多种,可以按照不同的依据划分为不同的种类,以下介绍几种比较实用的方法。

建立客户
信息来源

（一）原始记录法

如果一个企业刚刚开始建立客户资料库,那么查阅企业的销售记录是一个最直接和最简单的方法,因为从销售原始记录中得到的数据非常真实,不仅可以得到过去和现有的客户名单与信息,还可通过企业销售记录发现客户的类型,从而推测出可能的潜在客户。从企业的原始记录、营业日记、订货合同、客户来函等中,都可以收集并了解到企业在营销过程中客户的各种需求变化情况和意见反馈信息。

（二）熟人推荐法

常言道,熟人好说话。因此,收集客户信息,发掘潜在客户,亲戚和朋友就是一条捷径;还可以让客户推荐新的客户,再让新客户推荐下一个客户,层层推荐,如此持续下去,收集、累积客户的资料;或者可以想办法得到对客户具有影响力的人的协助,并利用其影响力,把其影响范围内的人都变成潜在客户,从而获取更多客户资料。

(三)网络搜索法

现在,很多人的工作都已经离不开搜索引擎了,利用搜索引擎查找资料有两种方法:一是分类查找,二是关键字查找。在关键字查找中,要注意关键字的选取。网上的信息资料非常多,要学会选取和鉴别,保存有效的客户资料。此外,还可以到网上的一些行业网站收集信息。行业网站的内容相对来说比较专业,信息的有效性也会得到保证。到目前为止,出口营销最为有效的方式还是参加面向国际贸易的行业展览。这类展览一般有专门的网站,网站上往往会罗列上次展览的参展商品名单和本次已经报名参展的客户名单。企业可以通过邮政黄页或地址簿的名单查找,收集客户的资料。

(四)观察法

观察法是由调查人员直接或通过仪器在现场间接观察被调查对象的行为并加以记录而获取信息的一种方法。它适用于新产品的宣传及跟踪调查,有利于掌握客户对新产品的第一感觉和评价,以便及时反馈相关信息。观察法又可分为直接观察法、亲身经历法、痕迹观察法、行为记录法等几种形式。

(五)调查法

客户调查是深入掌握客户信息资料、了解客户需求的基础,也是企业有效开展客户关系管理的先决条件。只有通过完整的客户信息收集、整理和分析,才能有效地使用客户数据,从而实现客户关系管理的最大效用。

1. 电话调查法

电话调查法是由调查人员通过电话向被调查者询问、了解有关问题的一种调查方法。电话调查要简短。几个有深度的问题,比一长串问题带来的泛泛之谈要好得多。因此,在实施电话调查之前,要注意精选调查的问题,确保问题具体而明确。评估系统中不要包含过多等级(如从1级到10级),1级到5级可能效果更好。电话调查的优点是:取得市场信息资料的速度最快;节省调查时间和经费;覆盖面广,可以对任何有电话的地区、企业和个人进行调查;被调查者不受调查者在场的心理压力,因而能畅所欲言;对于那些不易见面的调查者,采用此方法可能会取得成功。但是近年来,客户经常被各种电话骚扰,电话调查的成功概率小了很多,这就需要调查者与时俱进,根据当时的情况花费一些心思和成本,认真做才能做好。

2. 邮件调查法

邮件调查法是将调查问题通过邮件发送给被调查者,由被调查者根据问卷的要求填好后,发送回调查者的一种调查方法。邮件调查法是一种普遍应用的方法,采用此法的关键是选择邮件调查的对象,最好是老客户,一般可以利用各种通讯录、名册等。邮件调查需要有一个有吸引力而且易于阅读的邮件。要先测试一下邮件调查所需的填写时间,证实客户完成它不超过20分钟;调查表必须说明为什么要进行这次调查,以及打算怎样利用调查结果,以简短的措辞恳请收件人花较短的时间填好调查表并返回;调查表的数据格式要方便录入和分析;实施邮件调查法时,为了给予被调查者认真参与的动力,通常要有抽奖一类的激励。

3. 问卷调查法

问卷调查法是社会调查的一种数据收集手段,也称书面调查法或填表法,是用书面形式间接搜集研究材料的一种调查手段。当一个研究者想通过问卷调查法来研究一个现象时(比如什么因素影响顾客满意度),他可以采用问卷调查法收集数据。问卷调查法的发放者首先要确定所问的问题,这些问题被打印在问卷上,编制成书面的问题表格交由调查对象填写,然后收回并整理分析,从而得出结论。问卷一般由卷首语、问题与回答方式、编码和其他资料四个部分组成。

四、客户信息档案管理

(一) 对客户资料卡进行建档管理

1. 对客户资料卡进行建档管理应注意的事项

(1) 是否在访问客户后立即填写此卡?
(2) 卡上的各项资料是否填写完整?
(3) 是否充分利用客户资料并保证其准确性?
(4) 主管应指导业务员尽善尽美地填写客户资料卡。
(5) 最好在办公室设立专用档案柜放置客户资料卡,并委派专人保管。
(6) 自己或业务员每次访问客户前,先查看该客户的资料卡。
(7) 应分析客户资料卡资料,并作为拟订销售计划的参考。

2. 客户档案的形式

(1) 卡式——客户资料档案卡(见表 4-6);
(2) 簿式——客户资料记录簿;
(3) 袋式——客户资料档案袋;
(4) 客户管理系统软件——计算机客户管理系统。

表 4-6　客户资料档案卡

编号:

公司名称		公司电话	
公司地址		公司传真	
公司网址		公司性质	
注册时间		注册资金	
所属行业		员工人数	
公司宗旨		公司文化	
所获荣誉		经营项目	
经营范围		经营产品	

客户信息档案管理步骤

续表

公司其他成员情况							
姓名	性别	职务	出生年月	电话	传真	手机	E-mail

公司曾参加过的活动				
时间	名称	参加人员	评价	备注

公司简介：

（二）熟悉客户档案管理制度

客户档案管理就是对客户信息的收集、整理，并准确传送给营销人员。档案管理流程为：客户—收集—业务员传递—档案管理员—反馈—业务员（公司领导）—服务—客户。客户档案管理工作应坚持动态管理、重点管理、灵活运用和专人负责四个原则。

客户档案管理工作的具体内容包括以下几个方面。

（1）建立客户档案卡，实行登记编号制，客户档案卡应当便于填写、保管和查验。

（2）编制客户访问日报，由营销员随身携带，在进行客户访问时，随时填写，按照规定的时间上报，汇总整理，据此建立总、分客户档案。

（3）制定营销员客户信息报告制度（包括日常报告、紧急报告和定期报告），制定营销员客户信息报告规程。

（4）客户分类。应当对客户进行科学分类，以提高销售效率，促进营销工作顺利展开。客户分类的主要内容应当包括客户性质、客户等级、客户顺序、客户构成等，也可根据客户情况整理为重要客户、特殊客户、一般性客户三个档次。

（5）客户构成分析。主要内容应当包括营销构成分析、商品构成分析、地区构成分析、客户信用分析等。

（6）应当在客户信用等级分类的基础上，确定对不同客户的交易条件、信用限度和交易业务信用处理方法。

（7）动态管理。把客户档案建立在已有资料的基础上，随时更新，随时了解客户的经营动态、市场变化、负责人的变动、体制转变等。定期（如两个月）开展客户档案全面修订核查工作。

（8）专人管理。客户档案应由能基本掌握企业全局的专人负责管理。客户管理人员的忠诚度要高、在企业工作时间较长、有一定的调查分析能力。

（9）建立查询制度。允许业务经理、客户服务人员及经理级别以上人员查询档案，其他人员不得办理查询。

（10）建立借阅制度。借阅人员必须填写客户资料借阅表（见表4-8），并定期归还，违者以盗窃公司资料行为进行处罚。

表 4-8　客户资料借阅表

借阅时间	内容及页数	归还时间	借阅人签名	领导批准	经办人

（11）建立发放制度。必须经客户经理同意，并有针对性地发放。针对业务人员只能提供单位名称、姓名、职务；针对客户服务人员提供全部资料，但必须根据具体情况定期回收。原始资料只可查询，不可借阅、发放。

（三）客户档案的分类整理

客户信息是不断变化的，客户档案资料也会不断地补充、增加内容，所以客户档案的整理必须具有管理的动态性，可以把客户档案资料分成五大类：编号、排列、定位、活页、装卷。

（1）第一大类，客户基础资料。依次排序为客户营业执照、税务登记证、法人委托书、客户背景资料（包括销售人员对客户的走访、调查的情况报告；客户市场区域的各类贸易技术法规、标准；本地区同类产品的市场比较信息）。

（2）第二大类，客户与本公司签订的合同、订单情况。依次排序为历次签订合同订单登记表、具体合同订单文本。合同订单要按签订的时间先后排列。

（3）第三大类，客户的欠款还款情况。依次排序为客户信用额度审批表、历次欠款还款情况登记表、欠款还款协议、延期还款审批单、客户还款计划。其中对于直接外销客户，还应有付款方式、授信金额和抵押保证登记。

（4）第四大类，与客户的交易状况。依次排序为客户产品进出货情况登记表、实际进货与出货情况报告、交易的其他资料。其中，对于直接外销客户，必须把每单的发货码单、报关手续、成品出厂检验报告、海关商检证明等交货资料收集齐全。

（5）第五大类，客户退赔、折价情况。依次排序为客户历次退赔折价情况登记表、退赔折价审批表、退赔折价原因、责任鉴定表。

以上每一大类都必须填写完整的目录并编号，以备查询和资料定位。客户档案每年分年度清理，按类装订成固定卷保存。

案例分析

利用客户档案资料

王鑫在利用客户档案方面非常成功，其具体实施方法如下。

（1）购买一个档案夹，内放索引卡片，从 1 到 10 予以编号。

（2）每个星期选择三种不同的企业进行拜访，一直持续 10 个星期，这些名单最好是从你自身观察得来。如果你需要更多企业，可使用电话簿。

（3）将这些公司的名称及地址分别写在索引卡片上。

(4) 选择10篇有关××的资料,包括不动产计划、收入等,整篇资料复印100张。

(5) 做1个标签,上面写着:来自(你的名字)的构想。然后将这类标签贴在每篇资料的下方。

(6) 将你所选择的3个企业的住址,各写在10个信封里,然后将资料分开装入这10个信封。

(7) 将3个索引卡片放在编号为1的档案里,然后将第一篇资料寄给那3个公司。

(8) 隔周后,将这3个公司的名字移至档案的2号卡片,再将第二篇资料寄给他们。

(9) 将你想接触的另外3个企业写在卡片上,然后重复以上的工作。

(10) 每周都在你的档案中加入3个企业,并将其他企业依序后移。

(11) 10周后,首批三个企业就收到了10篇激励性的资料,你可以将他们移出你的档案。然后,你就应该准备与这3个企业的负责人做面对面的接触了。

资料来源:杨莉惠.客户关系管理[M].南京:南京大学出版社,2012.

需要注意的是,你与企业负责人第一次接触时,不应该以推销××或找出需要为目的,你只要向他们说明,那几篇资料是你寄来的,并且表示希望与他们进一步讨论这些构想。

任务二 客户分析

从理想的客户关系管理角度来说,企业应该用同一标准对待所有客户,不应该把客户分为三六九等,区别对待。而现实情况恰恰相反,企业经营的目的就是盈利不是在做慈善活动,所以必须将客户按价值分成不同的等级和层次,只有这样企业才能将有限的时间、精力、财力放到高价值客户身上。根据"80/20"原则,他们创造的价值往往是企业利润的80%,只有找到这些最有价值的客户,提高客户满意度,剔除负价值客户,企业才会永远充满生机。事实证明,力图让所有客户满意是不可能的,也没有哪个企业能够做到。以下是对客户进行区分的方法,主要包括ABC分析法、RFM分析法和CLV分析法。

一、ABC分析法

微课:ABC
分类法

ABC分析法又称帕累托分析法、主次因分析法、分类管理法、重点管理法,ABC管理法也称"80/20"原则。它是根据事物在技术或经济方面的主要特征进行分类排队,分清重点和一般,从而有区别地确定管理方式的一种分析方法。由于它把被分析的对象分成A、B、C三类,所以称为ABC分析法(见表4-9)。

表4-9 ABC分析法的应用

客户名称	年销售额/万元	占销量总额比率/%	累计销售额/万元	占销量总额比率/%
公司1	350	35	350	35
公司2	270	27	620	62
公司3	100	10	720	72
公司4	75	7.5	795	79.5

续表

客户名称	年销售额/万元	占销量总额比率/%	累计销售额/万元	占销量总额比率/%
公司 5	54	5.4	849	84.9
公司 6	30	3.0	879	87.9
公司 7	25	2.5	904	90.4
公司 8	25	2.5	929	92.9
公司 9	20	2.0	949	94.9
公司 10	20	2.0	969	96.9
公司 11	10	1.0	979	97.9
公司 12	10	1.0	989	98.9
公司 13	6	0.6	995	99.5
公司 14	5	0.5	1000	10
⋮				
合计				

将累计销售额构成比的 65%、85% 作为分割点，企业也可根据情况自己制定分割点，一般来说 ABC 分类的分割点如图 4-1 所示。

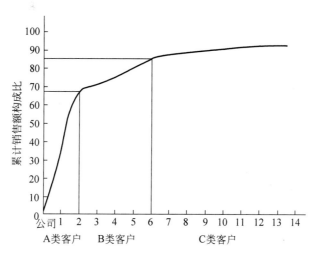

图 4-1　A 类、B 类和 C 类客户的划分

企业如果让所有 A 类客户非常满意、让 B 类客户满意、让部分 C 类客户逐渐提高调查度，并放弃 5% 的 C 类拉后腿的客户，那么企业的客户管理工作就做得比较完美了。

信息速递 4-1　帕累托原理

19 世纪，意大利经济学家维尔弗雷多·帕累托（Vifredo Pareto）在对意大利米兰的收入和财富分配的研究中，发现 80% 的财富是由 20% 的人所拥有，而余下的 80% 的人只占有 20% 的财富。由少数人拥有大多数财富的不公平现象，被帕累托总结为"关键的少数和次要的多数"关系，用来表示这种财富分配不平等的统计图表被称为"帕累托曲线分布"。通常将"关键的少数和次要的多数"称为"帕累托原理"，即"80/20"原理。

二、RFM 分析法

RFM（recency frequency monetary）是衡量客户价值和客户盈利能力的重要工具和手段。RFM 是根据客户购买间隔、购买频率和购买金额来计算客户价值的一种方法。有些学者用购买数量来代替购买金额，因此，RFM 法又被称为 RFA 法。美国数据库营销研究所 Arthur Hughes 研究发现，上述三个要素构成了分析和预测客户未来购买行为的最重要的指标。

（一）最近一次购买

最近一次购买是指客户上一次购买距离现在的时间，即客户上一次采购企业的产品或者服务是什么时候。从理论的角度来看，离上一次购买距离越近的客户应该是比较好的客户，他们对提供即时的商品或是服务也最有可能会有反应。那么企业就可以将相关的营销信息（如邮购目录、促销海报、优惠服务等）有针对性地寄给这些客户，从而提高这些营销的效率。

最近一次购买的功能不仅仅在于能提高营销的效率，营销人员的最近一次消费报告还可以监督事业的健全度。优秀的营销人员会定期查看最近一次消费分析以掌握趋势。

月报告如果显示距上一次购买时间很近的客户（最近一次消费为 1 个月）人数增加，则表示该公司是个稳健成长的公司；反之，如距上一次消费为一个月的客户越来越少，则是该公司迈向不健全之路的征兆。这也是 0~6 个月的顾客收到营销人员的沟通信息多于 31~36 个月的顾客的原因。

最近一次购买报告是维系与顾客关系的一个重要指标。最近才买企业的商品、服务或是光顾商店的消费者，是最有可能再向企业购买东西的顾客。再则，要吸引一个几个月前才上门的顾客购买，比吸引一个一年多以前来过的顾客要容易得多。营销人员如接受这种强有力的营销哲学——与顾客建立长期的关系，而不仅是卖东西，这样会让顾客保持往来，并提高他们的忠诚度。

最近一次购买并不是一个静态的因素，而是持续变化的。顾客距上次购买时间满一个月之后，在数据库里就成为最近一次消费为两个月的客户；反之，同一天，最近一次消费为三个月前的客户进行了下一次的购买，他就成为最近一次消费为一天前的顾客，也就有可能在很短的期间内收到新的折价信息。

（二）购买频率

消费频率是顾客在限定的期间内所购买的次数。通常可以认为，最常购买的顾客，是满意度较高的顾客，忠诚度也就越高。增加顾客购买的次数意味着从竞争对手处偷取市场占有率，从别人的手中赚取营业额。

（三）购买金额

购买金额是客户在一定的时间内购买企业产品的总额。对企业而言，在特定的一段时间内，如果客户的购买金额越高，那表明客户为企业创造的价值就越多。

在应用中，企业根据上述三个指标来区分不同的客户。如某航空公司利用RFM分析法来区分客户，如表4-10所示。该公司采用了5点计分法，最近一次购买时间距离现在最近、购买频率最高、购买金额最高的计为5分；相应地，最近一次购买时间距离现在最远、购买频率最低、购买金额最少的计为1分；其余的则为2~4分。那么根据最近一次购买、购买频率、购买金额以及计分规则，企业就可以将客户划分为不同的等级。

表4-10　某航空公司RFM分析法

预测指标	1分	2分	3分	4分	5分
最近一次购买	12个月之前	6个月之前	3个月之前	1个月之前	不超过1个月
购买频率	在过去24个月之中购买次数少于2次	在过去24个月之中购买次数为2~5次	在过去24个月之中购买次数为6~10次	在过去24个月之中购买次数为11~23次	在过去24个月之中购买次数多于24次
购买金额	平均消费金额少于500元	平均消费金额为501~1000元	平均消费金额为1001~3000元	平均消费金额为3001~5000元	平均消费金额为5000元以上

RFM模型较为动态地展示了一个客户为企业创造价值的全部概况，这为个性化的沟通和服务提供了依据。同时，如果与该客户打交道的时间足够长，也能够较为精确地判断该客户的长期价值(甚至是终身价值)，通过改善三项指标的状况，从而为更多的营销决策提供支持。

RFM非常适用于生产多种商品的企业，而且这些商品单价相对不高，如消费品、化妆品、小家电、录像带商店或超市等；它也适用于只有少数耐久商品的企业，但是该商品中有一部分属于消耗品，如复印机、打印机等；RFM应用于加油站、旅行保险、运输、快递、快餐、KTV、移动电话、信用卡、证券等公司也很适合。

RFM可以用来增加客户的交易次数。业界常用的DM(直接邮寄)，常常一次寄发成千上万封邮购清单，这其实是很浪费钱的。根据统计(对一般邮购日用品而言)，如果将所有R(recency)的客户分为五级，最好的第五级回函率是第四级的3倍，因为这些客户刚完成交易不久，所以会更留意同一公司的其他产品信息；如果用M(monetary)把客户分为五级，最好与次好的平均回复率几乎没有显著差异。

有些人会用客户绝对贡献金额来分析客户是否流失，但是绝对金额有时会曲解客户行为。因为每件商品的价格不同，促销时又有不同的折扣，所以采用相对的分级(例如R、F、M都各分为五级)来比较消费者在级别区间的变动，可能显现出相对行为。企业用R、F的变化，可以推测客户消费的异动状况，并根据客户流失的可能性列出客户，再从M(消费金额)的角度来分析，就可以把重点放在贡献度高且流失机会也高的客户上，重点是拜访或联系，以最有效的方式挽回更多的商机。

RFM也不可以用过头，因为这样会造成高交易的客户不断收到信函。每一个企业都应该设计一个客户接触频率规则，如购买3天或1周内应该发出一个感谢的电话或E-mail，并主动关心消费者是否有使用方面的问题；1个月后发出使用是否满意的询问；3个月后提供交叉销售的建议，并开始注意客户的流失可能性，不断地创造主动接触客户的机会。这样一来，客户再购买的机会也会大幅提高。

三、CLV 分析法

CLV 是指客户生命周期价值(customer lifetime value),即客户在与企业的整个生命周期内为企业创造的价值。CLV 可以分为两个部分:一是历史价值,二是未来价值。根据客户当前的价值和未来的价值两个维度,可以将客户分为四种类型,如图 4-2 所示。

(1) 贵宾型客户。贵宾型客户也被称为最有价值客户(most valuable customer,MVC),是指那些既具有很高的当前价值,也具有很高的潜在价值的客户,是终身价值最高的客户。这些客户是企业当前业务的核心。

(2) 改进型客户。改进型客户是最佳成长型客户(most growable customer,MGC),是指那些目前价值很低但是具有最高潜在价值的客户,这些客户将来可能比现在更有利可图,是企业需要着重培养的客户。

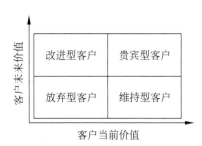

图 4-2 按照 CLV 区分客户

(3) 维持型客户。维持型客户也被称为普通客户,是指那些具有一定价值但价值较小的客户。

(4) 放弃型客户。放弃型客户也被称为负值客户,是指那些可能根本无法为企业带来足以平衡相关服务费用利润的客户。

CLV 分析法从客户生命周期的角度提供了区分客户的依据。例如,有 A 与 B 两个客户,假设在当前,A 客户每个月从企业购买产品的金额为 1000 元,频率为每个月 5 次;B 客户为 500 元,购买频率为每个月 3 次。那么根据 ABC 法以及 RFM 法,企业应当重点培养与 A 客户的关系。但是,如果我们知道 A 客户正在寻找其他供应商,并且打算在 3 个月后逐步减少与本企业的业务联系,而 B 企业则打算加大从本企业采购的金额与频率。那么,企业的策略就应改为:与 A 客户加强沟通,尽量稳定该客户与本企业的关系;同时投入资源努力发展与 B 客户的关系。可见,与 ABC 法和 RFM 法相比,CLV 法不仅考虑了客户当前对企业的贡献,同时还考虑了客户未来对企业的贡献,能够更为全面地体现客户价值。CLV 法应用的难度在于如何确定客户当前和未来的价值,即确定客户生命周期价值。目前,常用的计算客户生命周期价值的方法包括 Dwyer 法、客户事件法和拟合法。

(一) Dwyer 法

Dwyer 法是由 Dwyer 于 1989 年提出的一种方法,并且一直作为直销领域 CLP 的主要计算方法被广泛应用。该方法根据客户的流失性质(永久流失还是暂时流失)和历史流失率来计算客户的生命周期价值。具体的计算方法如下。

1. 计算客户的生命周期

对单个客户而言,其客户生命周期就是从潜在获取期一直到终止期。

企业客户群体生命周期的计算是建立在单个客户生命周期的基础之上。企业不断地开拓业务,形成相应的客户群体支撑;两家同类企业也许总体的客户数量是相同的,但由于客户生命周期的不同,会使企业产生的效益大相径庭。企业客户群体的生命周期与单一客户生命周期不同的是,它算出的是企业整个客户群体的平均生命周期,具体采用客户流失率来计算。企业客户流失率是指企业客户单位时间内流失的数量占总客户量的比率。假设企业目前有100名客户,每年可能会流失20名,那么企业客户的流失率为20%,5年的时间,企业将流失100名客户,即自客户开始与企业产生业务关系到其流失,平均需要5年的时间,那么客户群体的生命周期就为5年。

若两家企业均有100名客户,一家的流失率是20%,另一家的流失率是10%,相应的客户生命周期即为5年和10年。虽然他们在客户数量上是相等的,但若要保持目前的客户数量不变,前一家企业每年要开发20名新客户,第二家只需开发10名,根据客户生命周期的特点可知,第一家企业耗费的客户成本将远远大于第二家企业。由此可以看出,企业客户群体生命周期将直接影响到企业的经济利益。

2. 计算客户为企业带来的总体利润

客户生命周期利润是指客户在生命周期内给企业带来的净利润,即客户为企业带来的现金流量的净增加量。

(1) 基本利润。客户与企业发生每一笔业务交易,一般情况下,企业均存在一个基本的利润,即客户给企业带来的当笔业务收入大于其成本的基本部分,称为基本利润。

(2) 人均客户的收入增长幅度或关联销售为企业带来的利润。当客户成为企业的忠诚客户后,企业向其推出新产品或服务时,几乎不需要投入太多成本便可使这些忠诚客户接受。同时由于企业提供的服务不是针对某个单一客户,所以在客户与企业发生交易时,客户也有可能对企业的其他服务产生兴趣而进行额外的交易,这使得企业的收入增加,这一部分我们称为关联销售贡献。

(3) 成本节约。当客户成为企业的忠诚客户后,由于是忠诚客户,他不需要企业在业务交易时产生过多的交易上的成本开支(如熟悉流程、资信评估、信用担保等)。这些节约的成本也可看成长期客户对企业的贡献。

(4) 推荐价值。忠诚客户之所以忠诚是由于企业为其提供了服务价值,使之满意。他对企业提供的服务价值认可,自然会将他的价值感受推荐给与之相关的人。客户的推荐不仅给企业带来了新的客户收入,同时也节约了企业的成本。

3. 计算企业为客户支付的成本

由客户的生命周期可知,客户在不同的生命周期给企业的贡献和成本也不相同,具体包括以下几方面。

(1) 获取成本。企业要获得一个客户需要投入大量的成本,潜在客户期、开发期、成长期、成熟期,甚至终止期均会给企业带来一定的成本。它们分别为:企业为吸引客户且使之满意而进行投资的开发成本(包括相关营销费用、广告支出等);企业用来加强现有关系支出的发展成本(了解客户需求、提高购买率、满意度等);企业用来延长客户关系时间、降低客户不满意程度、重新激活客户支出的维系成本。

(2) 价格优惠。企业对忠诚的客户提供的服务价值与其他相比是有一定区别的,主要体现在价格优惠或年终总体返利(商业客户)上。让忠诚客户得到额外的附加价值,这些对企业来说是一笔开支。

(3) 推荐破坏成本。企业的客户多种多样，其中可能会有一些不满意的客户，他们往往会将自己不愉快的经历告诉别人。据美国专家统计分析，1个满意的客户可能会告诉5~12个人，这些人中只有一个会发生交易；而1个不满意的客户可能会告诉9~20个人，这些人均不会主动与企业发生交易。由此给企业带来一定的损失，称为推荐破坏成本。

4. 计算客户生命周期利润

将客户为企业带来的毛利润减去企业为开发、发展、维系等方面的投入，即是客户生命周期利润。

5. 计算客户生命周期价值

客户终身价值就是指客户在其整个生命周期过程中，为企业所做贡献的总和。由于客户在生命周期的不同时间内对企业所做的贡献有所不同，同时因为有时间价值的存在，所以计算客户终身价值时，必须要对不同时期的贡献进行体现，计算出客户的终身价值的现值。

(二) 客户事件法

利用"客户事件"的概念预测未来的客户全生命周期利润是一般营销领域目前比较有代表性的方法，一些咨询公司甚至推出了基于这种方法的CLP预测软件。这种方法的基本要点是：针对每一个客户，预测一系列事件发生的时间，并向每个事件分摊收益和成本，从而为每位客户建立一个详细的利润和费用预测表。每个客户CLP预测的精度取决于事件（产品购买、产品使用、营销活动、坏账等）预测的精度和事件收益与成本分摊的准确性。客户事件预测可理解为是为每个客户建立了一个盈亏账号，客户事件越详细，与事件相关的收益和成本分摊越精确，CLP的预测精度就越高。

但因为以下两个原因，客户未来事件预测的精度无法保证。

1. 预测依据的基础数据不确定性大

预测一系列客户未来事件（包括每个事件发生的时间、产生的收益和相应的成本）的基础是历史交易信息（如最近一次的交易时间、每次的交易额、交易的平均时间间隔、平均价格水平、交叉购买情况、信用状况等）、客户变量（如客户公司的知名度、发展历史、业务规模、利润额、经营现状、未来走势等）、公司变量（如预计的资源投入、客户保持策略等），环境变量等，这四类变量（或参数）中，除历史交易信息外，其余三类变量都充满了大量的不确定性，因此在这样的基础上要比较精确地预测客户的未来事件显然十分困难。

2. 预测过程不确定性大

整个预测过程是一个启发式推理过程，涉及大量的判断，需要预测人员有大量的经验积累，不仅一般人员不容易掌握，预测过程和预测结果也因人而异。

(三) 拟合预测法

1. 拟合预测法的预测原理

客户的购买行为具有继承性和延续性，利润是反映客户购买行为的综合指标，也具有继承性和延续性,因此用反映客户过去购买行为的历史利润预测反映客户未来购买行为的客户未来利润(客户全生命周期利润 CLP)具有合理性。拟合预测法的基本原理是:根据客户历史利润与已知的典型客户利润曲线的拟合情况,预测客户未来利润随时间变化的趋势,即未来客户利润模式(曲线),然后根据描述客户未来利润模式的数学函数预测 CLP。

2. 拟合预测法的步骤

(1) 计算客户过去每个时间单元的利润。时间的单位可以是月、季度年,甚至是更长的时间单位,具体选取取决于客户购买周期。例如,如果客户在每个月至少有 1 次以上的购买,则可取月为时间单位;如果客户在每年只有有限的几次购买,则可取年为时间单位。历史利润一般计算公式如下:

$$P_{(t)} = GC_t - C_t$$

式中,$P_{(t)}$ 表示过去 t 个时间单元某客户为公司创造的利润;GC 表示过去 t 个时间单元某客户带给公司的毛收益;C 表示过去 t 个时间单元某客户消耗的公司成本。

(2) 绘制历史利润随时间变化的曲线图(该曲线称为历史利润曲线)。

(3) 根据历史利润曲线,预测客户未来利润模式并确定模式中的参数。

(4) 确定客户生命周期长度 n。客户生命周期长度 n 的确定也是预测 CLP 的一个难点,影响 n 的因素很多很复杂,包括公司变量、客户变量、环境变量等诸多方面的大量因素。实际中为了简化,n 往往取一个定值,一般取 3 年或 5 年(最大取 5 年,因为环境变化太快,预测更长时间的 CLP 无法保证其精度和可靠性)。所有客户(只要客户关系没有明显恶化的征兆)都取这个值,因此 CLP 预测的是最多 5 年的客户利润,并不是真正全生命周期的利润。这样做的理由有两点:一是预测 CLP 的目的主要是比较特定时期内不同客户对公司价值的相对差异,以便为相关的决策提供依据,这样取 n 的值可以达到这一目的;二是 CLP 的预测是一个不断调整的动态监测过程,每过一个时间单元(如月)都要调整一次,如发现某些客户关系出现倒退现象且公司无法阻止或无必要阻止(公司觉得其价值不大,愿意放弃),则可以对这些客户的 n 值做相应调整(减小 n 值)。

(5) 预测客户全生命周期利润。确定了客户未来利润模式和客户生命周期长度,根据如下 CLP 的一般计算公式便可轻易地预测 CLP:

$$\text{CLP} = \sum_{t=1}^{n} P_{(t)} \left(\frac{1}{d}+1\right)^{t-1}$$

式中,$P_{(t)}$ 表示未来第 t 个时间单元的客户利润,根据客户未来利润模式得出;t 表示未来第 t 个时间单元;d 表示折现率;n 表示客户生命周期长度(从当前时刻算起)。

3. 拟合预测法的特点

(1) 预测的是客户级的全生命周期利润,可以就每个客户对公司的价值进行具体评估,为更精确地分配公司资源和制定"一对一"的客户保持策略奠定了坚实的基础。克服了 Dwyer 法不能在客户级上预测 CLP 的缺陷。

(2) 预测依据的基本数据主要是客户交易数据,数据可靠性高,预测的精度容易保证,克服了事件法依赖不确定性数据预测的缺陷。

(3) 预测过程简单、程式化,预测结果不依赖于预测者,客观性强,克服了客户事件法预测结果过多依赖于预测者主观判断的缺陷。

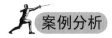

数据库销售如何拼装家庭消费

良好的数据库销售是节约大量营销成本的一种手段,家庭消费一直是数据库销售的重点,全家消费一种时尚品牌成为一种消费趋向。我们可以看到在日用品、健康品领域,全家同用一种商品是非常普遍的现象,所以企业在销售产品的同时应按照不同年龄、消费方式等确立新的产品设计与组合。有了数据库,如何拼装家庭消费成为关键,如果拼装得不合理就变成了搭配销售。怎样做到被家庭整体消费接受? 这就需要在拼装上有一个主题,或者说有一个价值导向。

(1) 目标装。通过数据库的运作,基本上可以掌握消费者的信息动态,围绕消费者的家庭数据信息拼装的家庭消费是目标装的最大卖点,家庭信息包括生活需求、家庭伦理、兴趣爱好、特定庆贺等。目标装的价值导向比较高,因此价格也比较理想,销售以批状现象出现,特别是针对家庭的特定需求而设计的套装具有很强的市场适应能力,比如亲子装、老年金婚装、全家旅行装、儿女孝顺装等,根据家庭的不同对象和产品的特性来拼装。

(2) 行为装。行为是一种动感的消费,行为装的核心是强力需求的产品、每天必须使用的产品或者使用周期很短的产品,产品以类别相区别,其中需要产品品种多而全,适合家庭整天使用,比如食品类、保健类、工具类等。行为装分为多个品项,运动类与消耗类属于非常适合的对象,家庭行为装的消费目标对象明确。

(3) 功效装。家庭功效装的拼装以全家使用与单人使用相区分,把功能型的单人使用归结到全家使用,功效装的拼装比较简单,按照什么样的家庭需要什么样的产品来制定即可。产品的功效的作用能够满足市场与消费者的愿望就可以拼装。

资料来源:http://www.boraid.cn/article/html/82/82473.asp#.

思考:
从客户关系管理的角度看,数据库销售带给我们哪些有益的启示?

任务三 客户细分

一、客户信息分析

(一) 客户环境分析

客户环境分析是客户信息分析的第一步,客户环境分析主要包括行业分析、市场环境分析、大客户分析等。

1. 行业分析

客户都处在某一特定行业中,并面临着能够提供同类产品和服务的众多企业。了解客户所处的行业和某种竞争性的经营环境,便于企业更好地了解客户从而做出决策,了解在这种经营环境下的需求以及其他企业如何为客户创造价值。

客户分类管理

服务好自己的客户是任何企业生存、发展的根本。在任何一个行业中,企业都想要通过扩大自身产品与同类产品的区别来进行竞争。进行竞争常用的三种策略为产品差异、产品价格、突出重点。每个客户都有不同的购买倾向和需求,这样就有助于企业运用这三种策略进行市场分隔。

通过对客户行业的分析来细分市场,采取差异化营销策略,便于企业在竞争对手控制的市场中发现新的市场空隙。

2. 市场环境分析

市场环境是指在营销活动以外,能够影响营销部门和目标客户建立并保持良好关系能力的各种因素和力量。市场环境包括微观环境和宏观环境。

微观环境包括与企业关系密切、能够影响企业服务客户能力的各种因素,包括企业自身、供应商、中介、竞争对手等。宏观环境是指能给供应商制造市场机会和环境威胁的社会力量,包括经济环境、自然环境、人口环境、技术环境、政治法律环境等。这些环境对供应商的影响是间接的、深远的,不但左右着消费者需求的变化,还影响着诸如供应商、营销中介、竞争对手及公众等需求的变化,从而对供应商利润最大化目标的实现产生积极或消极的影响。

对市场环境的准确分析可以确立企业的目标市场,并对竞争对手控制的目标消费者进行分类,通过对消费人群、消费习惯、产品功能、服务需求进行分类,并从这些不同的分类中发现竞争对手的弱点,从中寻找机会和市场。

对市场环境进行分析,首先要搜集有关的资料,市场环境信息的搜集主要包括市场变化、行业趋势、需求变化以及政治、经济、法制等信息。通过对上述市场信息的搜集和分析,客户管理人员可以认清市场机遇和挑战,为自身战略的制定提供依据。

3. 大客户分析

相对于普通客户而言,大客户的购买力较强,大客户对于企业的生存发展具有至关重要的作用。大客户的组织、人员关系、采购流程一般都较为复杂,因此需要针对大客户的销售建立专门的销售团队,进行需求分析、制订解决方案、签订合同。大客户的资料搜集主要包括以下几个方面。

(1)大客户的背景资料搜集。对大客户的组织机构、所在行业的基本情况、同类产品的采购情况和使用反馈、业务情况、通信方式等背景资料进行搜集。

(2)大客户的个人资料搜集。对大客户个人的家庭状况、毕业学校、同事关系、个人发展计划等信息进行搜集。

(3)大客户的经营信息搜集。对大客户的公司公告、年度采购计划、年度财务报表等经营信息进行搜集。

搜集了大客户信息后,需要对信息进行分析和整合。客户的个性和决策诱发了一定的购买行为,大客户服务人员需要通过对客户信息的分析发现外部刺激和客户购买决策之间

大客户采购与交往艺术

的联系,明确客户的特征是如何影响客户购买行为并做出购买决定的。

对大客户信息的分析,可以通过 SWOT 方法进行,明确大客户为企业带来的优势、劣势、机会和威胁,再根据上述分析制定相应策略。

信息速递 4-2　信用卡客户市场环境分析

在发展信用卡的客户市场时,首先要对其进行准确的分析和判断。这不仅能为银行或发卡机构赢得大量的客户资源,也能使客户市场的营销工作取得事半功倍的效果。这样,银行或发卡机构就能充分利用客户市场的一切有利因素,有效地调整和分配市场资源,制定全面有效的营销策略,实现信用卡客户市场的利益最大化。

1. 经济环境分析

经济环境是影响客户市场的外部经济力量和条件。无论经济背景是处于发展阶段还是紧缩阶段,信用卡的客户市场都存在着机遇。所以,了解经济增长状况、判断经济发展水平是分析客户市场经济环境的重要前提。乌卡时代(VUCA),科技日新月异,信息爆炸增长,形势瞬息万变,层出不穷的新鲜事物不断地颠覆着人们的生活方式。商业格局也变得易变、模糊,充满不确定性和复杂性。让大多数"中产"消费变得更加成熟、理性,"万物皆可平替"成为部分 Z 世代消费人群的新信仰;对未来的模糊感与人性的基本诉求发生碰撞,催生出更多新消费场景。

2. 行业环境分析

首先要分析信用卡行业的规模和结构,其次分析信用卡客户市场的发展状况和竞争情况,这样可以发现市场的发展机会。我们可以在一定的市场环境下具体分析有几家发卡机构在分享客户资源,并根据其实力和规模的大小划分出行业结构,还要注意对客户市场潜在加入者的了解,最终确定自己的客户范围和发展方向。在激烈竞争的客户市场环境中,各家银行或发卡机构向客户市场推出不同的银行卡品牌,确立各自品牌在市场中的地位,采取不同的营销方式扩大信用卡的客户市场占有率,也使得信用卡客户市场环境的竞争内容日益丰富和完善起来。

3. 客户环境分析

客户环境主要是指信用卡客户的使用环境和消费环境。其中,包括特约商户的覆盖率、存取现网点的数量、为客户提供的服务质量以及客户持卡消费的能力、消费的水平和消费倾向等。只有建立一个良好的使用环境和消费环境,才能有效地促进信用卡客户市场的快速发展。

(二) 客户盈利能力分析

客户盈利能力分析即分析客户为企业创造价值的能力。企业希望拥有一组既有购买能力又十分忠诚的客户群体,对这部分客户群体的识别,需要企业对客户价值进行深入的分析。客户盈利能力分析常用的方法为"6C"分析法,即对客户资本、经济状况、能力、品德、担保品、连续性六个方面进行全面分析。

1. 资本(capital)

资本是进行交易的基础,企业对客户是否有足够现金归还欠款的能力进行评估是必不可少的。在对客户进行资本评估时,对客户外部资金的评估应该格外谨慎,外部资金的来源主要包括资产变现等。通常情况下,如果客户经济状况恶化,外部资金来源将变得不可靠。因此,依靠外部资金来归还欠款是不合适的,收益和原有资本才是归还欠款的可靠保证。

2. 经济状况(condition)

客户的经济状况主要是指客户运营环境。企业不仅要根据客户自身的微观因素判断客户的经济状况,还要根据社会环境、经济周期、国民收入水平以及竞争对手等因素来分析客户的宏观运营环境。

3. 能力(capacity)

能力主要是指客户的经营能力、企业的管理能力以及有效运用资金的能力。这些因素最终决定了客户按期偿还债务的能力。

4. 品德(character)

品德主要是指诚实、有责任心,以及在欠款期限内强烈的还款愿望。这一点对企业而言是很难进行评估的,企业只能通过客户历史还款记录来分析客户的地位、声誉是否良好,自身的经营状况是否正常以及还款是否及时等。

5. 担保品(collateral)

担保品可以由客户的多种资产组成。当客户无法还款时,可以通过担保品或抵押物品来偿还。对企业而言,担保品将相应地减少企业承担的客户信用风险。

6. 连续性(continuity)

连续性主要是审查客户的持续经济状况。如今,产品更新换代的周期越来越短,市场竞争越发激烈,如劳资关系变动等非客户能够把握的情况时常出现,客户如何适应形势的变化并迅速做出调整,是其生存、发展的前提条件。否则,客户很难具有连续发展的后劲,企业的风险也会大大增加。因此,对客户连续性的考察也是企业对客户信用分析的重要内容之一。

对客户的盈利能力进行分析,不仅要分析客户的现有价值,还要分析客户的潜在盈利能力。例如,当房地产企业为推出新楼盘做了大量的市场推广活动后,现场展厅的销售代表会发现大量的接待时间都用于应付潜在客户的来电和来访。一些来电或来访的潜在客户可能很快就对该楼盘不感兴趣了,另一些可能感兴趣的时间长一些;一些潜在客户可能会一次性购买多个单元,而另一些可能只会买一套最小的单元。区分这些客户的潜在盈利能力主要通过两个要素:一是潜在客户的行为特征和发展成为客户行为特征的历史数据;二是计算客户价值的标准。对这两个要素的分析将帮助企业了解客户的潜在盈利能力,为企业未来的发展提供持续动力。

二、客户细分

客户细分是客户关系管理的基础。客户关系强调以细分的客户为基础,而不是所有的、笼统的客户。结合客户盈利能力的分析,从而实现差异化的一对一营销服务是客户关系管理的核心。

微课：客户细分的方法及管理

（一）客户细分的内容

通过客户细分，可以对不同类别的客户制定不同的、最适合他们的服务策略，这样自然比统一的服务要高效得多，其回报率也会高很多。客户细分应包含以下几方面的内容。

（1）确定应搜集的数据和搜集数据的方法。

（2）将通常保存在独立的信息系统中的数据整合在一起。

（3）建立协作关系，使营销、客户服务部门与IT经理合作，保证所有人都能明确细分的目的，并完成细分的技术要求和限制。

（4）开发统计算法或模型，分析数据，将分析结果作为客户细分的基础。

（5）实施强有力的网络基础设施，以汇聚、保存、处理和分发数据分析结果。

虽然高级数据库、营销自动化工具和细分模型对客户细分工作非常重要，但企业还应拥有精通客户细分的员工，这样才能准确分析模型，最终制定有效的营销和服务策略。

（二）客户细分的标准

在对客户进行细分时需要遵循以下标准。

（1）可测量性。可测量性即细分市场的规模及其特征可以测量出来。通常对于细分的市场可以规定一个范围，例如，可以指定年龄区间、收入区间等不同标准，便于对细分市场的测量。

（2）可接近性。可接近性即企业有足够的资源接近该细分市场，并占有一定的市场份额。

（3）可盈利性。可盈利性即细分市场的容量能够保证企业获得足够的经济效益。如果细分后的市场客户群体太少，就不能为企业带来盈利，这样的细分也是不合适的。

（4）易反应性。易反应性即一个细分市场的客户容易对企业的营销战略和战术产生反应并跟进。

（三）客户细分的方法及其管理

客户是一个庞杂而又多层次的集团。一家公司少则几十、几百个客户，多则几千，甚至上万个客户。如何管理好众多客户是一个十分重要又急需解决的问题。企业很多时候会采取一种化繁为简、行之有效的管理方法，即客户分类、分级管理，使组织客户系列化。

1. 按照客户对待企业和产品态度实施分类管理

利基市场

根据客户对待企业和产品的不同态度，可将客户分为对企业和产品都忠诚的客户（包括新产品的率先使用者）、对企业和产品采取品牌转移的客户、对企业和产品采取无品牌忠诚的客户。企业营销部门针对客户管理的工作重点就是，在全部客户当中，选择对企业和产品都忠诚的客户，作为企业的一级客户实施重点管理和维护，同时，针对采取品牌转移的客户，需要积极培养其对本企业和产品的忠诚度。

2. 按客户购买产品交易金额进行分类管理

在客户管理中，把公司的全部客户按交易金额的多少划分为关键客户、潜力客户、常规客户三类。企业营销部门针对客户管理的重点就是，将关键客户作为企业一级客户进行重点管理和维护,使他们对企业和产品更加忠诚,并长期稳定下去;针对交易额一般的客户,应当加大交易量和金额数,使其尽快提升到企业一级客户。

信息速递 4-3 小油漆厂的市场细分

英国一家小油漆厂在投产之前对室内装饰用漆市场进行了调查研究。企业营销人员访问了许多潜在消费者,了解了他们对产品的各种不同需求,并对市场做了以下细分:油漆市场的60%是一个大的普及市场,这个市场对各种油漆产品都有潜在需求,但这家油漆厂无力参与这个市场的竞争,因此不予考虑。另外,还有四个细分市场:一是没有劳动力的家庭主妇市场,这个市场的消费者群的特点是不懂得室内装饰需要什么油漆,但是要求油漆质量好,并且要求油漆商提供设计,油漆效果美观;二是油漆工助手市场,这个市场的主顾需要购买质量较好的油漆替住户进行室内装饰,他们过去一直从老式金属器具店或木厂购买油漆;三是老油漆技工市场,这些主顾的特点是不购买已调好的油漆,而是购买颜料和油料,自己调配油漆;四是对价格敏感的青年夫妇市场,这一市场的消费者群的特点是收入较低,租赁公寓(单元房)居住。按照英国的习惯,租赁公寓的住户在一定时间内必须油刷住房,以保护房屋。因此,这些住户购买油漆,不求质量好,只要比白粉刷浆稍好一点儿就行,但要求价格低。该厂经过研究,根据自己的人力、物力资源条件,决定选择将对价格敏感的青年夫妇这一细分市场作为目标市场,并制定了适应的营销策略,取得了成功。

资料来源:https://wenku.baidu.com/view/312ae6c7da38376baflfae50.html.(有删改)

3. 按照客户销售业绩与忠诚度实施分类管理

根据客户不同的销售业绩与忠诚度,可将客户划分为以下几类。

(1)销售量小,对企业也不忠诚的客户。这类客户对任何企业来讲都是没有价值的,企业对待此类客户的对策就是该出手时就出手,该淘汰的就淘汰。没有进行差的客户的淘汰,就不能培养出一批好客户。

(2)销售量大,但对企业不忠诚的客户。这些客户常常会成为企业最危险的敌人。此类客户"挟市场或挟货款以令厂家",他们以自己的销售额为资本向厂家讲条件、提要求,厂家不能满足他们的愿望,他们就还厂家以窜货、降价倾销、扰乱市场或是长期拖欠企业货款。如果对这些客户的管理稍有疏忽,他们就会给企业造成很大的损失。如果企业所拥有的客户中这些客户占有较大的比重,那么企业的销售和市场就很危险了。

(3)销售量小,但对企业忠诚的客户。这是可以培养的明日之星。对此类客户,企业要多扶持、培养,努力使其成为一个好客户。

(4)销售量大,对企业也忠诚的客户。这是企业最宝贵的财富。一个企业拥有的这类客户越多,市场就越稳定、越有发展潜力。

4. 依据客户信用和业绩实施分类管理

(1)信用好但销售能力差的客户。他们的经营意识和经营能力严重欠缺,是典型的坐商,只凭老招牌与固定的客户做生意。这些客户虽然不能够促进业务发展,但足以稳定经营。对业务员来说,这也很具有吸引力。

(2)销售能力强但信用差的客户。他们可能会在较短的时间内使业务急剧增长。这些

客户的经营思想新颖、开发能力强,与这样的客户交易是业务员增加业绩的捷径。但是业务员要注意,这些企业的基础较弱、信用条件差,会增加经营的风险。

(3)销售能力和信用都好的客户。这是最受业务员欢迎的客户。提升业绩的重点就是增加此类客户。业务员必须检讨:自己拥有多少这样的客户?是否比同事的更多?是否比竞争对手的业务员更多?业务员拥有的好客户多,对业务员的业绩有决定性的影响。因为,好客户自有好的销售对象。业务员以这些好客户为销售据点,可获得以下好处:能销售高档的产品;能持续稳定地销售;客户付款干脆,不必前去推销也能做成生意(电话推销或是客户主动订货);会提供各种有用的信息。

与销售能力差的客户交易,业务员即使千方百计地扶持客户,产品销售情况也难以好转,业务员的工作将事倍功半。

如果客户目前的经营状况一般,但有发展潜力,业务员就要去辅导、扶持客户发展,促进客户的成长。

5. 依据客户发展潜力实施分类管理

(1)有的客户销售能力很强,但销售我们的产品不多。对这样的客户要分析"客户为什么不全力配合"。一般而言,理由如下:无法赚钱;目前拥有其他有力的供应厂商;对我们的产品不甚了解;觉得进货价格太高;种类太少,不具有吸引力;因过去的不愉快经历而心存芥蒂;产品是客户不熟悉的品牌。上述问题的共同点就是,对我们不了解,彼此缺乏交情。对此,身为业务员应该知道如何解决。

(2)有的客户尽管目前经营状况不佳,但若能加以扶持、辅导,将来必定能够发展成为好客户。如有的客户观念明确,对企业的环境、现状有清楚的了解,对未来的发展有明确的打算;拥有稳定的销售网络,口碑好;地理条件具有发展性等。对这类客户,业务员要积极地加以辅导、扶持,促使其成长,使之发展为重要客户。

6. 客户分配管理方法

对客户做好分类工作,并且已经明确了客户目标后,接下来的工作就是安排相应的销售人员来接触相对的客户。很多公司虽然知道客户有大小之分,但是管理客户的时候就很不科学,一个销售人员可能会看很多客户,客户类型也全不一样。这样轻重不分的管理模式只会造成客户的流失。

对A类大客户,企业应采用1:1的政策。因为这样的客户很重要,可以给企业带来很多的利润,甚至促进企业的升级,所以一定要谨慎对待。可以安排一个销售人员或销售主管负责这一个客户,甚至可以安排一个团队负责这一个客户或者行业。

对B类中型客户,企业应采用1:2的政策。也就是一个销售人员可以同时兼顾几个中型客户,销售全权负责这些客户的业务,其他的事情不用干预。

对C类小型客户,企业应采用1:3.5政策。让一个销售人员看很多这样的客户,因为这些小型客户不会频繁下单,下单量也不大,所以虽然一个销售人员管理很多这样的客户,也不会因为顾及不暇而耽误工作。而且,这种小型客户一般会像消费者逛超市一样,有需要的时候,他们会根据企业的品牌自动上门的。

销售人员工作时间的分配及客户分类管理如表4-11和表4-12所示。

表 4-11　销售人员工作时间的分配（每个月）

工作项目	工 作 量	所花时间
拜访 A 级客户	8 家	10 天
B 级客户关系维护	12 家	4 天
C 级客户关系维护	24 家	4 天
开发新客户	40 家	2 天

表 4-12　客户分类管理

分类模式	分类情况	您的客户类别
按合作关系	新客户和老客户	
按风险级别	A、B、C、D 四等	
按信用等级	AA、A、BB、B、C、D 六级	
按业务量	大、中、小三级	
按客户规模	大、中、小三级	
按产品或服务类别	产品线或型号	
按销售渠道	供应商、合作伙伴、分销商、最终客户或大客户等	

7. 对潜在客户的分类与管理

（1）潜在新客户的分类。据一些专家学者的研究表明，一个推销员如果事先把准客户加以分析并合理归类，将有助于开展重点推销和目标管理，以较小的推销投入取得较大的推销业绩。因此，推销员应重视对准客户的分析归类工作。对新客户的分类可以按以下标准进行。

根据可能成交的紧迫性分类。所谓紧迫性，是指客户对购买公司产品、服务的迫切程度。1 个月内可能成交的客户，被称为渴望客户；3 个月内可能成交的客户，被称为有望客户；超过 3 个月才能成交的客户，被称为观望客户。对于渴望客户，销售人员可以增加访问的频率与深度；对于有望客户，销售人员需要积极争取，主动出击；对于观望客户，销售人员需要做出进一步的判断与评估，然后安排访问的时间。

（2）潜在新客户的管理。在对潜在客户进行分类和分析后，推销员要把这些可能的客户名单及其背景资料以客户资料卡或客户数据库的形式建立起客户档案，制作整理成客户名册。因为这些客户名册与档案是处在不断调整与变化中的，这项工作也是一个无限循环的过程。

① 客户名册的内容。由于客户类型不同，所整理的客户名册内容也有所不同。如家庭型客户，其档案一般包括姓名、年龄、职业、住址、家庭成员情况、情趣爱好、性格、购买方式等信息。企业型的客户名册则包括下述几项内容：客户的经历及现况；经营者的经历经营手段及家庭结构；从业人员的状况、销售能力、年度销售额；该公司商品的市场占有率、付款能力、货款回收情况；建筑物、土地推销设备状况；营业成绩、银行往来、金融关系以及是否有不考虑利润而乱加抛售的情形；主要营业人员及采购人员的姓名和状况；仓库和商品的管理状况；与其他厂商、供应商的交易状况；经营理念及销售方针的特征；今后的成长性；营业人员本身的评价。配合经营者、采购组、分支机构的增设以及交易内容的变化，客户手册

应每年修订一次。

②客户名册的作用。从交易状况明细表中,可以观察确认其间的变化;将客户细分化,作为推销战略的基本资料;设定确保推销金额的交易条件;审查信用限度;可使收款工作更为容易;可作为开拓新客户的资料;有助于其他相关商品的推销及商品化计划;作为公司测定推销效率的资料。

(3)对无利可图的新客户的管理。所谓无利可图的新客户,主要是指推销员为之投入了大量的时间和精力,但最后却无法收获相应收益和回报的客户。其中所投入时间的多少是衡量新客户是否属于无利可图的客户的主要标准,因为对推销员来说,时间就是金钱。当推销员对无利可图客户进行类型划分时,应注意三件事:首先,对于那种具有相当潜力的客户,尽管当前是无利可图的,但仍然要继续保持联系;其次,为了抵消由无利可图的客户所造成的消耗,应选择那种投入较小而回报较大的客户;最后,要对这一点做到心中有数,即那些用于处理无利可图的客户的战略终究是会失去效用的。这是不可避免的,也是可以接受的。

在对待无利可图的新客户的方法上可以参考下面几种比较适用的做法。
① 减少拜访次数。
② 尽量利用电话拜访。
③ 选择适用的推销方式推销。
④ 果断放弃。

三、客户日志管理

客户日志是指通过电子文档将客户与企业交往的过程完整地记录下来的管理方法,包括相互交流的时间、事件的解决方案、企业代表、事件总结等。可以说,客户日志就是客户在企业的完整历史档案。客户日志的建立和维护对企业有重要意义。建立完整的客户日志不仅可以帮助企业了解客户,还可以通过日志分析客户并进行预测,全面把握客户动态,避免不良情况发生,同时达到促进销售的目的。

客户日志的内容应全面且详细,应包括客户基本档案、客户样品物料支持账目、客户往来账目、退换货记录、客户支付记录、发票记录等所有科目,并且还需将这些信息根据类别进行分类与检索。客户日志不仅包括客户来往的基本数据,还应该包括客户的投诉及每次通话的重要内容,以及客服人员通过各种渠道了解到的市场情况,并要定期开展市场数据的动态分析。通过数据分析,企业可以清晰地看到各产品的市场覆盖情况、客户销量增减情况等,综合分析这些因素可判断客户是否异常,了解客户潜力。有了客观数据做基础,进行科学地分析,通过及时行动可有效预防不良行为的发生,也可积极引导客户加大投入,帮助客户进行更加科学的管理。

瑜伽消费品的目标营销

2019年1月17日,天猫运动户外联合第一财经商业数据中心(CBNData)发布的《2019

天猫户外运动趋势分析》(以下简称《天猫户外趋势》)显示,线上整体运动户外市场逐步进入成长期,增长趋势明显,行业整体渗透率和人数稳步增长,且市场逐渐向品牌化发展,行业规模将持续扩张,预计 2020 年增速有望超过 20%。

从细分运动户外类目消费市场来看,垂钓、城市户外和跑步机品类的线上消费市场拥有较大规模;与此同时,滑雪、瑜伽消费增速显著,可见新晋热门运动项目引发消费热潮。基于此,《天猫户外趋势》就瑜伽、跑步机、滑雪、垂钓和城市户外运动相关消费展开解析:瑜伽消费日益追求专业性;千元以上跑步机更受认可;滑雪消费蓝海市场待开拓;垂钓运动催生千亿级市场规模;潮牌户外运动服饰消费热度见涨。从线上瑜伽消费情况来看,女性群体占比更高,其中"80 后"女性为瑜伽运动的主要群体,"95 后"女性也逐渐参与进来;相比之下,男性群体在瑜伽中已占据近 1/4 的比例,他们对瑜伽的参与度逐年提升。

而从线上瑜伽相关产品的消费金额来看,虽客单价多在百元以内,但客单价 200 元以上、购买 3 件以上的消费者人数增速明显,这与瑜伽消费者"装备齐全"的消费理念不无关系。购买瑜伽品类中热度提升 TOP 1 的瑜伽套装之余,瑜伽品类消费者对诸如瑜伽舒展器、瑜伽内衣等更加细分、专业化的品类喜爱度也见涨。

按代际来看,"95 后"还沉浸在瑜伽运动的"小确幸"中,偏爱瑜伽发带、眼枕和精油等带来愉悦感的瑜伽品类消费,"80 后"已不满足于瑜伽服饰等瑜伽运动的入门需求,更喜欢如瑜伽砖、瑜伽清理鼻腔用具等瑜伽运动辅助品类。

资料来源:CBNData 发布《2019 天猫户外运动趋势分析》[EB/OL].[2019-01-02]. http://www.osportsmedia.com.

思考:
(1) 如何对瑜伽客户群体进行市场细分?
(2) 假如你是瑜伽消费品生产者,你将如何选择客户群体并进行市场定位?

实训一 竞争对手的资料分析

在戴尔计算机公司的销售部门,办公室里常会摆几张非常漂亮的桌子,桌子上面分别摆着 IBM、联想、惠普等品牌的电脑,销售人员随时可以将计算机打开,看看这些竞争对手是怎么做的。同时,桌子上都有一个牌子,上面写的是:"他们的特性是什么?我们的特性是什么?我们的优势在哪里?他们的劣势在哪里?"这样做有什么用呢?就是要了解自己的产品特性和竞争对手的产品特性,有针对性地引导客户需求。

除了要了解竞争对手产品的情况之外,还要了解公司的情况及背景。IBM 公司在新员工培训的时候,就专门有如何向竞争对手学习这样一项内容。

了解了对手的特性,才可能在对比中找到自己的优势来赢得订单。

竞争对手的资料包括以下几个方面。

- 产品使用情况。
- 客户对其产品的满意度。
- 竞争对手的销售代表的名字、销售的特点。
- 该销售代表与客户的关系等。

讨论：
请参照上述资料列出某一产品的竞争对手资料。

实训二　客户信息采集角色扮演

某先生/小姐：

如果您和我一样，也是从事××事业的话，您会在认识的人当中，最先想到要见谁呢？您能不能按优先顺序列出五位您最想见的人及最有素质的朋友和亲戚介绍给我认识呢？

通过您的介绍，我约见他们只有一个目的：首先，让他们了解××界最新的发展，并且为他们留下一些他们感兴趣并觉得有用的资料和资讯。其次，也为他们留下我的名片，假如他们觉得我的服务对他们目前或未来有所帮助的话，我会完全尊重他们的意愿，让他们在方便的时候主动找我，我绝对不会让他们难堪，更不会让他们觉得厌烦，我相信他们也许会对您感激不尽……

讨论：

（1）请同学熟读并背诵，2人一组进行角色互换演练，15分钟。

（2）请一组同学上台展示。

客户体验与沟通

📝 项目概要

本项目从客户体验讲起,分析了客户体验世界,并阐述了如何建立客户体验平台;介绍了客户互动,包括客户互动的内容、类型以及渠道等;探讨了客户沟通,包括原则、内容等,以及如何做到与客户有效沟通;同时详细地介绍了处理客户投诉的四步骤。

🎯 学习目标

- 了解客户体验世界;
- 理解建立客户体验平台过程;
- 掌握客户互动和有效沟通内容。

💡 重点与难点

重点:建立客户体验平台过程。

难点:处理客户投诉步骤。

✉ 关键术语

客户体验　客户互动　客户沟通

📋 案例导入

一汽大众 CRM 客户互动中心的应用

一汽大众汽车有限公司(简称一汽大众)总部设在长春,是中国第一汽车集团有限公司和德国大众汽车股份公司、奥迪汽车股份公司及大众汽车(中国)投资有限公司联合组建的大型合资汽车制造企业。

一汽大众成立于1991年,开创了中国现代汽车的生产历史。目前,该公司利用客户关系管理解决方案(mySAP CRM)实现了先进的客户关系管理。

负责信息服务管理工作的高级经理王强先生介绍:"我们主要采用 mySAP CRM 解决目前客户服务反应迟钝和应答次数较低的问题。在支持客户服务方面,原有 IT 系统无法提供实时信息,数据和业务流程的集成不完整,而且缺少 IT 专业人员。"一汽大众通过地区经销商销售产品,不能直接获得所需的客户反馈意见,因而无法保证为客户提供优质服务并对市场进行智能化管理。公司在短短六个月的时间实施了 mySAP CRM,从而改进了客户服务质量,并能掌握更多与客户群相关的重要信息。王先生说:"mySAP CRM 明显巩固了我们与客户之间的关系,从销售、服务到市场营销的过程中,实现了在一个平台上集成所有客户服务功能。"

一汽大众创建了集销售、服务和营销为一体的 mySAP CRM 客户互动中心。现在客户可以通过电话、传真、电子邮件和互联网等多种方式与客户互动中心联系。在一汽大众项目中,mySAP CRM 与核心 SAP 企业解决方案紧密集成,客户、服务代表及企业内可以共享通信和信息。

王先生评价这套系统时说:"现在,通过 mySAP CRM 与核心 SAP 企业解决方案的集成,我们可以随时访问产品、经销商和客户的相关信息。因此,客户服务代表能掌握最新的产品信息,随时解决客户提出的问题。由于 mySAP CRM 系统中嵌入汽车生产的全部流程,因此服务代表们可以根据第一手资料作出更为准确、可靠的决定,同时监控并更好地满足客户的需求。"

王先生说:"mySAP CRM 使我们更好地与客户进行沟通,提高服务和产品质量,实现成为中国汽车生产龙头企业的战略目标。这一解决方案可以提高我们企业的整体形象,对市场变化作出更快速的响应,进一步提高客户的满意度。mySAP CRM 能为客户提供最佳服务,因此还能吸引潜在客户,从而提高我们的经济效益。"

在选择 mySAP CRM 之前,一汽大众也曾考虑过其他一系列的解决方案。"在对可靠性、灵活性和稳定性进行了综合评估之后,我们在各种客户关系管理解决方案中选择了 mySAP CRM,"王先生补充说,"而且这一解决方案可与我们现有 SAP 核心企业解决方案全面集成,mySAP CRM 良好的架构还有利于系统今后的升级。"一汽大众采用 AC-Celeratecl SAP 快速实施技术迅速部署了 mySAP CRM,公司的 mySAP CRM 服务端为运行在 UNIX 环境下的惠普企业级服务器,客户端为 Oracle 数据库和 Windows NT 系统。mySAP CRM 安装在一汽大众的客户中心,与集成话音响应(IVR)系统、诊断系统和西门子系统构成计算机和电话解决方案集成。

客户互动中心有十多个客户服务人员,每天处理往来呼叫约 800 人次。mySAP 客户集成中心解决方案可处理往来呼叫,管理电子邮件和各种活动,跟踪、监控客户并提高客户联络的整体水平。到目前为止,实施的解决方案已明显改善公司的运营状况。一汽大众下一步计划实施 mySAP CRM 市场扩展功能和信息挖掘功能,进一步提高客户服务水平。

王先生最后说:"mySAP 帮助我们快速、准确地响应客户的要求,使他们对公司的服务感到满意,并进一步提高了客户的忠诚度。这一解决方案还有助于理顺我们的业务流程,提高工作效率,改进关键运营指标。"可以看出,mySAP CRM 已经大大提高了一汽大众的竞争实力。

资料来源:IT168 信息化频道,http://cio.it168.com.(有删改)

思考:
(1)客户互动中心在 CRM 中有什么重要作用?
(2)一汽大众的客户互动中心采用了哪些先进技术?

任务一 客户体验

一、客户体验概述

对所有的企业经营者来说,每当赢得一个新客户或是失去一个老客户时,总想知道客户因何而来或为何而去。传统的答案无外乎就是:我们产品的价格如何,我们产品的性能如何,我们的竞争对手如何,我们的品牌如何。这样的答案在今天似乎越来越难以让企业的经营者们满意了,因为它们无法解开他们的全部困惑。终于有一天,聪明的企业家们发现,原来是客户的感受真正决定了新客户的加入和老客户的去留,这就是"客户体验"。《哈佛商业评论》一篇题为"体验式经济时代来临"的文章指出:"体验到底是什么?所谓体验,就是企业以服务为舞台,以商品为道具,围绕着消费者,创造出值得消费者回忆的活动。这其中商品是有形的,服务是无形的,而所创造出的体验是令人难忘的。与过去不同的是,产品、服务对消费者来说,都是外在的。但体验是内在的,存于个人心中,是个人在形体、情绪、知识上参与的所得。"

在客户体验中,企业提供的不再仅仅是商品或服务,而且提供最终体验,它充满了感情,给客户留下了难以忘却的愉悦记忆。它的威力就在于使客户个人以个性化的方式参与其中,通过体验对品牌产生情感寄托,从而成为品牌的忠诚客户。

二、分析客户的体验世界

(一)置身于客户体验

让产品成为演员,使客户成为群众演员,挖掘和提炼产品的核心内涵及所处社会的背景要素,通过你的销售和服务人员的"导游",在引导中使客户置身其中,从而使客户获得切身的美好体验。

分析客户的体验世界

譬如,在阿迪达斯推出的"街头篮球挑战赛"上,阿迪达斯把篮球架放低,在街头鼓励大家参与成为"灌篮高手"。当参与者用一个潇洒的乔丹姿势把篮球扣进篮筐时,就会引来一阵喝彩……参与者和旁观者们此时的感受可想而知。试想,时尚青年和篮球迷们谁不想有机会亲身体验当一把NBA"飞人"的感觉?这就说明,使客户切实获得美好体验才能推动销售和客户管理。

客户体验是要站在消费者的感官(sense)、情感(feel)、思考(think)、行动(act)、关联(relate)五个方面,重新定义、设计营销的思考方式。客户体验一般分为五种类型,但在实际情况下企业很少进行单一体验的营销活动,一般是把几种体验结合使用。

(二)客户的感官体验

感官体验的诉求和目标是创造知觉体验,它经由视觉、听觉、触觉、味觉与嗅觉来完成。

理查特（Richart）公司制作的巧克力被英国版《时尚》（Vogue）杂志称为"世界上最漂亮的巧克力"。理查特首先定位自己是一家设计公司，然后才是巧克力公司。其商标是以艺术装饰字体完成的，上头特别将"A"做成斜体，用来区隔"富有"rich（富有）与art（艺术）这两个字。理查特巧克力在一个精致的展示厅内销售，巧克力装在一个玻璃盒子中，陈列于一个广阔、明亮的销售店。产品打光拍摄后，在其产品的宣传资料中就像是件精致的艺术品或珠宝，促销品用的是光滑、厚实的纸张，包装也非常优雅，巧克力盒子是有光泽的白色，附着金色与银色的浮雕字，红色丝带封着包装盒，盒子分割成格，所以每个巧克力艺术品都摆设于自己的格子中。从视觉体验来看，巧克力本身就是视觉盛宴，它们有漂亮的形状，并且有不同的花样和彩饰装饰（其中个别特殊产品系列展示了一组迷人的儿童绘画），还可以根据客户的要求制造特别的巧克力徽章。这些巧克力是如此的贵重，理查特甚至还销售附有温度与湿度表的薄板巧克力储藏柜。

希尔顿连锁饭店的一个做法是在浴室内放置一只造型极可爱的小鸭子，客人大多都爱不释手，并会带回家给家人作纪念，于是这个不在市面销售的赠品便成了客户特别喜爱去希尔顿饭店的动力（当然希尔顿饭店的设施、服务等方面也是一流的）。这样便有了很好的口碑，这就是"体验式营销"的应用（视觉和触觉上）。另外，企业在超级市场中购物经常会用到烘焙面包的香味，这也是一种感官体验方式（嗅觉）。

（三）客户的情感体验

客户体验管理的目标是创造情感体验，可以是一种温和的、充满柔情的正面情绪，也可以是欢乐、自豪甚至是充满激情的、强烈的情绪。情感体验的运作需要真正了解什么刺激可以引起那种情绪，以及怎样才能使消费者自然地受到感染，并融入这种情景中来。

最为经典的案例是南方黑芝麻糊。按照一般套路，芝麻作为一种保健食品，都是在黑芝麻中的医药滋补作用上做文章。但策划者却大胆跳出了这个圈子，改用了情感体验的营销诉求，将"芝麻"与"情感"挂起钩来：黄昏，麻石小巷，挑着货担的母女走进了幽深的随巷，小油灯悬在担子上，晃晃悠悠。小男孩挤出深宅，吸着飘出的香气，伴着辗声、叫卖声和民谣般的音乐声，走到担子边。画外音："小时候，一听见芝麻糊的叫卖声，我就再也坐不住……"小男孩一口气吃完了一大碗芝麻糊，并将碗底舔得精光。大嫂爱怜地又给他添了一勺，轻轻地抹去他脸上的残糊。小男孩笑了，脸上露出感激和满意。画外音："一股浓香，一缕温暖。"至此，"南方黑芝麻糊，抹不去的记忆"这个情感体验主题就在一个独特的意境中充分地体现了出来。

制造情感体验，常用的联系纽带有友情、亲情、爱情。以亲情来说，缘于血统关系的亲情，如父爱、母爱、孝心等可以说是任何情感都无法替代的，也是人类极其深刻的情感。

一句"孔府家酒让人想家"，引起在外游子对父母、对家乡无限的思念之情，使得客户在消费中，也感受了"想家"的体验（亲情）。

俗话说，朋友多了路好走，友谊地久天长。"喝杯青酒，交个朋友"，陈酿贵州青酒的这句广告语，让你在宴请宾朋的时候多一份"友情"的体验（友情）；一位清纯、可爱、脸上写满幸福的女孩子，偎依着男朋友的肩膀，品尝着他送给她的"水晶之恋"果冻，就连旁观者也会感受到那种"美好爱情"（爱情）。

请说出自己身边所看到、听到的某产品或服务给客户带来的情感体验。

(四)客户的思考体验

思考体验是以创意的方式引起客户的惊奇、兴趣、对问题集中或分散的思考,为客户创造认知和解决问题的体验。对高科技产品而言,思考活动的方案是被普遍使用的。在其他许多产业中,思考营销也已经用于产品的设计、促销和与客户的沟通。

(五)客户的行动体验

行动体验的目标是影响客户的有形体验、生活形态与互动。行动体验简单说就是以报纸为例,由于报纸与社会的广泛联系,一般互动已不稀奇,文化产业的核心是改变生活方式,通俗地说就是"换个活法",不管你读书、看碟、听 MP3,还是旅游、健身、唱卡拉 OK,都是改变生活的方式,都是换个活法。而报纸与读者互动,促成行动参与,其实质也是改变生活方式,哪怕是非常简单的打热线求助或报名参赛,都是短暂的"换个活法"。抓住这个关键点,报纸就可以与相关文化产业广泛结成联盟,创新大量行动体验。

例如,耐克每年销售一亿六千多万双鞋,在美国,几乎每销售两双鞋就有一双是耐克。该公司成功的主要原因之一是有出色的"尽管去做"(Just Do It)广告。经常描述著名篮球运动员迈克尔·乔丹,升华运动的体验,便成了行动营销的经典。

(六)客户的关联体验

关联体验是为了自我改进(如想要与未来的"理想自己"有关联),要别人(如亲戚、朋友、同事、恋人或是配偶和家庭)对自己产生好感,让人和一个较广泛的社会系统(一种亚文化、一个群体等)产生关联,从而建立个人对某种品牌的偏好,同时让使用该品牌的人们进而形成一个群体。关联营销已经在许多不同的产业中使用,范围从化妆品、日用品到私人交通工具等。

以瑞士名表的一张小小附卡为例:表店在其中一款瑞士名表上附上一张小卡片,上面说明 400 年后可以回来店里调整闰年。其寓意是在说明该瑞士名表的寿命之长、品质之精,即便拿它当作"传家之宝"也不为过。一般电子表虽有过 400 年自动调整闰年的功能,但谁会认为电子表可以保存那么久呢?该表店以此"关联"的寓意来传达商品的价值。

三、建立客户体验平台

(一)如何建立客户体验平台

在某著名别墅盘售楼过程中,客户看房环节不再是由传统的销售代表带着他们东张西望,而是在几个户型的别墅中预先安排了三口之家、四世同堂等角色扮演情景(由聘请的业余演员接受看房培训后扮演)。

当客户走进别墅时,家庭中的女主人会带着客户到厨房、卧室等处给客户演示。

男主人也会带着客户去参观书房、小酒吧、视听房,向客户讲述自己每天是怎样体味生活的。

如果客户有小孩一起来,"家庭"里的儿童也会带着小孩到儿童房、天台去玩玩具、

嬉戏……

如果看房的有老人，无疑，他们是潜在业主做重大购买决策时的重要影响者之一。那么，我们也有老人陪着他们坐在老人房中谈儿女经，登上天台品茶并回忆那些逝去的年华中的喜怒哀乐。

就这样，企业时刻把看房的客户置身于体验之中，使原本枯燥的看房变成了一种愉悦的享受。许多潜在客户感到惊叹不已，他们可从未有过如此的看房体验啊！

通过上述描述，我们再来讨论客户体验问题：

为什么球迷们非要不惜代价赶至世界杯等大型体育赛事现场？现场刺激的体验。

为什么大卫·科波菲尔的梦幻魔术风靡中国各大城市？梦想成真的体验。

为什么中国移动的"动感地带"能让年轻一族为之欢呼？酷和 Q 的体验。

为什么企业教练一类的培训课程能在中国赚大钱？互动激励的体验。

为什么电子游戏使人如醉如狂？虚拟成功的体验。

抓住客户的体验需求，开展体验营销已经成为中国营销创新的重要课题。在新闻和娱乐业、服务业、旅游业、培训业、网络和高科技业及其他专业服务、金融服务、零售等领域，客户体验模式层出不穷。客户体验平台的建立其实很简单，用句俗话讲就是"不怕做不到，就怕想不到"。

（二）在产品中附加体验

对客户的体验设计，取决于对产品的体验能否吸引消费者的感觉，感觉越有效，它越值得纪念，体验越多，它越值得纪念。

美国的一家体育用品公司，是棒球制造商，它设计了一种能够使击球更加有趣的产品，就是在被称为"雷达球"的棒球内部装上一个集成电路块，这样能够以数字形式显示每掷一下球所运行的速度，其零售价超过了 30 美元，而普通的棒球每只售价通常不超过 5 美元。消费者买雷达球的花销要比普通棒球多，但雷达球依然销售火爆。这是因为雷达球的出现增加了游戏的联谊性，使人们在打球时获得了某种新的体验，从而增加了需求。

有时，产品外观或细节上的一个小小缺憾，便会影响消费者购买或使用过程中对质量的感知，这样对产品销售极为不利。例如，一把表面粗糙的扳手可能令使用者颇为不快，这其实是使用者的审美体验没能得到满足。如果体察到这一点的制造商能把扳手制造得不仅坚实耐用，而且光滑美观得像一件工艺品，甚至不用它时还可以陈列在书架上，那么，这种扳手在顾客心目中的价值必然会得到提升。如此看来，使产品增加体验的价值，最直接的办法也许就是增加某些要素，这样能使顾客有同他们交流的感觉。企业可以通过突出某一种产品的感官特征，使顾客被感知。这里的关键是要弄清楚哪种感觉最能打动客户，从而根据这种感觉重新设计产品，使其更富有吸引力。

（三）用服务传递体验

服务是企业用以传递体验的天然平台。在服务过程中，企业除了完成基本的服务外，完全可以有意识地向顾客传递他们所看重的体验。

电信业的产品就是服务，服务中的任何错漏或瑕疵都会直接带来负面的体验，这种失望情绪所积蓄的能量，足以摧毁任何客户的忠诚。

情景模拟 5-1

客户办理入网,营业员询问:"请问,您想办理'全球通'还是'神州行'?或是'动感地带'?""它们有什么不同吗?"接着营业员会给客户"上课",把包括资费在内的一系列知识和信息告诉客户,也许还会配合发一些"教材"——业务宣传单之类。经过一番"教导",最后客户会在"签约与非签约""漫游与不漫游""单向与双向"等因素中做判断、定取舍。请注意,此时的"资费标准"绝不是客户选择的决定因素,没有人因为价格去购买服务,通常是需要服务才去支付价格,这个逻辑不能搞错。

联想集团非常注重客户体验,"阳光服务"成了联想服务客户的理念,什么是"阳光服务"呢?它首先是标准化的服务,从独具特色的"阳光直通车"服务模式中可以有一个基本的认识。联想"阳光直通车"具有"一站式"和"全程化"的特点,这意味着全国任何地方的客户购买联想的产品,只需通过登录联想阳光网站或拨打问询电话进行用户注册,就可在任何时间就地享受到咨询服务,而不必再东奔西走。联想也可以对服务的每一个环节进行全程监控,从而保证服务的标准化。联想为此建立了强大的信息交互系统,使得通过电话、网站或面对面收集到的客户需求都能够完整、实时地反映到产品设计、研发、销售、售后服务等各个环节。通过呼叫中心与网站的无缝整合,加上全国统一报修业务的全面上线,全国各地用户的服务需求信息都将实时地传递到联想总部。

制造商也可以充分利用售后服务向消费者传递体验。海尔就是这方面一个典型的例子。例如,海尔的维修人员在服务结束离开时,会用自带的抹布将门口的地面很仔细地擦一遍,哪怕根本没有弄脏。这个看似无足轻重的服务细节,却能给消费者带来美好而难忘的体验。

(四)通过广告传播体验

信息速递 5-1 体验"麦当劳"

走进广州地铁,你就会发现自己进入了一个麦当劳的世界。

首先映入眼帘的是地铁进口处的一则广告,广告语很特别:想吃只需多走几步。

接着就是在地铁列车的门边,一左一右,有两幅大型的以汉堡包为画面的广告,广告语说:张口闭口都是麦当劳。随着车门的一开一合,整个广告就好像一张嘴巴在一张一合吃麦当劳。

进入地铁,车内正对着门的位置,一包薯条占据广告画面的一侧,上面写道:站台人多,不要紧,薯条越多越开心!麦当劳连我们在车上挤来挤去的滋味都知道!

车窗上也有广告:越看它越像麦辣鸡翅?一定是你饿了!广告画面上,一块金黄色的麦辣鸡翅很是诱人。

在座位的上方,各站点的指示牌旁,也都是麦当劳的产品图集,广告语是:站站都想吃。每一个站台都标出麦当劳的产品,并用连线串起巨无霸、薯条、麦辣鸡翅、麦乐鸡、奶昔、圆筒冰淇淋、麦辣鸡腿汉堡、汉堡包、开心乐园餐……

麦当劳的体验广告经过精心设计、周密策划,包括广告张贴的位置、广告语的创意等,都把握住了消费者的体验。刺激感觉、传播感受、思维影响,在牢牢地抓住消费者眼球的同时,又为人们提供更多值得回味的情境和氛围。这种广告就像一个知心的老朋友,说出你想说的心里话。广告放到哪里,就说哪里的话,这种体验具有互动性,容易让人产生共鸣,进而产生购买产品的冲动。

设计体验广告应注意以下几点。

(1)挖掘新鲜体验元素作为主题。

(2)使广告感知化。

(3)使体验品牌化。

(4)筹划展示体验的活动。

(5)让顾客置身于广告之中。

所谓主题体验设计,就是根据客户的兴趣、态度、嗜好、情绪、知识和教育背景,通过市场营销工作,把商品作为道具、服务作为舞台、环境作为布景,使客户在商业活动过程中感受美好的体验,甚至当活动结束时,体验感仍长期留在脑海中,即一种客户能拥有美好回忆、值得纪念的产品设计。主题体验设计的一般步骤如下。

1. 确定主题

看到国际好莱坞、硬石餐厅、雨林咖啡厅这些主题餐厅的名字,就会联想到进入餐厅的感受,因为它们都明确点出了主题,制定明确的主题可以说是经营体验的第一步。来看拉斯维加斯购物中心如何成功展示主题:它以古罗马集市为主题,购物中心铺着大理石地板,有白色罗马柱、仿露天咖啡座、绿树、喷泉,天花板是个大银幕,蓝天白云的画面栩栩如生,偶尔还有模拟打雷闪电、暴风雨的情形。在集市大门和各入口处,每小时都有古罗马士兵行军通过,甚至还有凯撒大帝,让人感觉仿佛回到了古罗马的街市,古罗马主题甚至还扩展到了各个区域。

2. 以正面线索塑造形象

主题是体验的基础,它要塑造令人难忘的形象,就必须制造强调体验的线索,而且每个线索都必须支持主题、与主题相一致。餐厅的接待人员说"我为您带位"就不是特别的线索,但是,雨林咖啡厅的接待人员带位时说"您的冒险即将开始",就构成开启特殊体验的线索。芝加哥欧海尔国际机场的停车场就是成功的设计例子。欧海尔机场的每一层停车场都有一个芝加哥职业球队的装饰主题,而且每一层都有独特的标志音乐,让消费者绝对不会忘记自己的车停在哪一层。

3. 减除负面线索

要塑造完整的体验,不仅需要设计层层的正面线索,还必须减除、削弱、转移主题的负面线索。快餐店垃圾箱盖子上有"谢谢您"三个字,它提醒消费者自行清理餐盘,但这也同样透露着"我们不提供服务"的负面信息。一些专家建议将垃圾箱变成会发声的吃垃圾机,当消费者打开盖子清理餐盘时,就会发出感谢的话。这就消除了负面线索,将"自助"变为餐饮中的正面线索。

4. 充分利用纪念品

纪念品的价格虽然比不具纪念价值的相同产品高出很多,但因为具有回忆体验的价值,所以消费者还是愿意购买。度假的明信片使人想起美丽的景色;绣着标志的运动帽让人回忆起某一场球赛;印着时间和地点的热门演唱会运动衫,让人回味起演唱会的盛况。

(五)整合多种感官刺激

体验中的感官刺激应该支持、增强主题,而且体验所涉及的感官越多,就越容易成功、令人难忘。例如,聪明的擦鞋匠会用布拍打皮鞋,发出清脆的声音,散发出鞋油的气味。虽然声音和气味不会使鞋子更亮,但会使擦鞋的体验更吸引人。

(六)网络客户体验平台

微软公司将它的操作系统命名为 XP,意指驱动所有现象出现的原因就是 XP(experience),即体验。网络客户的体验平台的应用范围包括以下几个方面。

1. 创作富有表现力的内容

人们对高速宽带下更好的用户体验设计需求迅速增加,不再仅仅满足于文字配图片的展示,越来越多的网络视频和动画的出现也证实了这一点。

2. 网络购物的体验设计

网络购物系统在查找商品、比较商品、结账等用户体验方面会有不足,这也使我们有机会在各个环节上创造更好的网络购物交互体验。

3. 信息或数据视觉化分析的设计

在日常工作学习中,大量的信息使人们难以辨别和筛选。此时,信息视觉化、信息体验化通过特别的信息导航,使用户从中得到更深层次的理解,更快地做出决定。

4. 企业内部培训和交流的应用

好的用户体验设计不仅仅是在 Internet 上重要,在企业内网上也很重要,可以大幅提高工作效率并降低成本。

信息速递 5-2 喜茶,不只是一杯茶

买茶因为"黄牛"太多要凭身份证?买茶比抢演唱会门票还难?2016 年,广东、深圳买喜茶排长队的相关消息不胫而走,但是网络消息限于微博和朋友圈等社交平台,媒体报道较少。发微博的大多是粉丝量少的普通博主,且数量只有百条左右。

2017 年,喜茶宣布进军上海。在 2 月 11 日正式开业之前,"上海美食攻略""魔都吃货小分队"等本地微信公众号以及多个微博大号都开始为喜茶预热。而大众点评上也出现了众多网友留言,为喜茶"站台"。2 月 15 日,网上开始陆续出现上海喜茶分店排长龙的报道,据说买一杯饮品可能要等 3 个小时。2 月 28 日等候时间变成 7 个小时,"黄牛"加价的消息也传开了,一杯十几元的茶炒到一两百,日销 4000 杯。喜茶到底是一杯什么茶?为什么令年轻人如此着迷与疯狂?究其原因是喜茶与客户建立了情感互动桥梁,让客户获得较好的消费体验。

资料来源:https://www.sohu.com/a/195756309_99951575.

品牌体验与渠道接触

设计品牌体验

(七) 客户体验模式推荐

1. 情感模式

台湾有一则水饺广告：北京最为人称道的，除了天坛、圆明园外，就该是那操一口标准京片子的老北京人，还有那热腾腾、皮薄馅多味鲜的象征团圆的水饺了。今天，在宝岛台湾，怀念老北京风味，只有"北方水饺"令人回味十足，十足回味！这则广告比较生动形象地体现出"北方水饺"皮薄馅多味美的特征，还将水饺和人情味联结在一起，品尝了水饺就如同"品尝"了那令人陶醉的人情味一样，寓意着"美的水饺和美的人情一样，都是最美的美味"。这就使消费者在求美心理上和故乡情结上得到了一种满足，那就不能不引发消费的欲望了。

2. 节日模式

每个民族都有自己的传统，传统的观念对人们的消费行为产生了无形的影响。北京一家计算机专卖店，在母亲节当天举行了一项计算机贺卡表心意活动，免费提供计算机、打印机和可将各种图案、文字组合的软件，由参加者自行发挥创意，绘出各式各样的母亲节贺卡，以表达对母亲的敬爱。

3. 文化模式

可口可乐公司推出的新春广告片，可谓中国味儿十足。泥娃娃、春联、四合院、红灯笼、鞭炮……一切充满传统节日色彩的元素以木偶动画片的形式表现出来，极具观赏性。片中的大塑料瓶装可口可乐自然融入其中，恰到好处。对联、红包、泥娃娃抱大鱼都是春节的吉祥物，因此泥娃娃阿福成为新春广告片的主角，而泥娃娃手中的大鱼被可口可乐所取代。由此可见，可口可乐对中国市场的重视已经从内到外全方位展现，它充分利用本土文化，使它的产品深深地扎根于中国的消费者心中。因此，可口可乐在中国的传统节日——春节里成为深受人们欢迎的饮料产品，该广告有力地促进了其产品在中国的销售。

4. 美化模式

消费行为中求美的动机主要表现：是因为商品本身存在客观的美的价值，如商品外包装漂亮精美、商品造型与质感具有美感等。

5. 个性模式

为了满足个性化需求，富有创意的销售者开辟出一条双向沟通的销售渠道，在掌握消费者忠诚度之余，满足了消费大众参与的成就感，同时也促进了产品的销售。"心情放事"就是最成功的例子之一，统一公司将产品的消费群定位在13～18岁的青少年，并进一步采用直接而个性化的诉求——心情饮料。"心情放事"灵活地预留了一块征文园地，鼓励消费者勾勒自己的心情故事，一反常态地使消费者成为包装上以及广告影片中真正的主角。

6. 多角化经营模式

许多新建的大型零售企业，吃的、用的、穿的、行的商品齐备，会设餐馆、卡拉OK、歌舞厅、冷热饮厅、录像厅、电影馆、儿童乐园等，使消费者在购物过程中也可娱乐休息。这种多元化经营战略符合"开放经营"政策，显然有利于延长消费者在商店内的滞留时间，创造更多的销售机会，同时也使消费者自然而然地进行心理调节，感到去商店是一桩美事。

7. 义工法则

现实世界里每一个人都有自我的防御体系，所以人们往往相信第三者，即那些与自己没有利益关系的人。销售人员往往不亲自过多介绍产品的功能,而让新客户与在店中使用产品效果非常好,又善于表达的客户沟通,达到影响新客户的目的。有时也通过与客户聊天,有意识地引导其说话,比如对产品功效的称赞、获得好处的喜悦等,其目的当然是让新客户听到,进而影响新客户,此为义工法则。

8. 造神法则

榜样的力量是无穷的,人们对于身上罩着光环的人物,都有一种崇拜的心理,并愿意跟随与效仿。有时还有好胜心告诉自己,他行我也行。

四、设计品牌体验

(一) 学会与客户的"心"对话

要学会与客户的"心"对话,了解、寻找、定位情感需求,并给予满足,强化客户对品牌的体验,可以从以下四个层次入手。

(1) 物质层次:追求产品质量与功能、质感,在质量和功能的满足中感受体验的满足。

(2) 形象层次:追求产品的外观与设计,从外形上寻找体验的满足。

(3) 服务层次:脱离产品具体的形与质的束缚,追求消费内在功能,通过服务完成消费过程,在享受服务中实现体验的满足。

(4) 象征层次:追求消费的形与质以及具体的功能,直接实现消费的本质,或者说是一种心理体验。

以下典型的成功案例可验证企业是如何通过改善消费者的体验来加强用户对品牌的认知和好感度的。

信息速递 5-3　宜家家居品味"家的感觉"

瑞典的宜家家居是一家有50多年历史的家居用品连锁集团,在全世界30多个国家的各大城市,如纽约、巴黎、悉尼、上海等拥有大约160家商场,它因多达11 000种的商品、出色的服务和营销成为世界上最大的家居用品公司。

宜家已经不只是一家家具制造商和经销商,而是"家的感觉"的出品人。为了让消费者切实体验到这种感觉,宜家对商场环境进行了精心的设计,舒缓的音乐、蜿蜒的过道、不同风格的家具组合,削好的木质铅笔和便笺摆放在货品旁边,方便客户随时记录看中的商品。在终端销售上,宜家不允许店员直接向客户推销,而是鼓励客户亲自体验,然后作决定。宜家认为,宜家倡导的是消费者的"娱乐购物","宜家是一个充满娱乐氛围的商店,我们不希望让来这里的人们失望"。实际上,很多来宜家的人都不是纯粹来购物的,他们已经习惯性地把它当作一个休闲的地方,客户在这个环境中会不知不觉地被"宜家文化"所感染。这与一般家具商店的"仓库"式环境和毫无情感的体验形成了鲜明的对比。

(二) 以客户需求为主线强化品牌体验

体验就是企业以服务为舞台、以商品为道具、以消费者为中心,创造能够使消费者参与并值得消费者回忆的活动。体验和互动是策划重点。

信息速递 5-4 白酒消费者的体验需求

酒是人性化和高度情感化的消费品,其整个消费过程都是充满情感的。更多的时候,酒又是群体消费品,极容易产生各种丰富的体验。在消费过程中,主要担当的角色是情感表达、沟通交流乃至情感宣泄,而多数时候大家饮酒追求的是一种尊重、快乐、和谐的氛围。

白酒的目标消费者所追求的和所期望的具体感觉有哪些呢?

第一位是尊重、够面子,上档次。

第二位是既能促进友谊,又具有品位、时尚气息、身份地位和成就感。

第三位是快乐、放松、休闲、和谐、消愁遣兴、自由自在。

第四位是自然、健康,能体现人性的复归、人文的关怀。

综合表现为崇尚自我实现,渴望尊重;崇尚个性张扬,追求放松与快乐;崇尚健康自然,自我找回;崇尚友谊,似酒情感,醇化交际。

白酒品牌的体验主题创设:体验通常不是自发的,而是诱发的。体验策划者要先为品牌创设一个能引导消费者产生美好体验的情感诱因,即体验主题,品牌体验营销的所有工作,特别是产品的设计、品牌的传播与市场营销都要围绕这一主题进行。

主题彰显:人性化、个性化、差异化。

体验经济是人性经济或更人性化的经济。品牌体验营销,其主题定位应是人性化的、个性化的,突出差异化,提供独特的体验诱因,使消费者获得美好体验为最高目标。

就白酒这一情感化消费品来说,感性远远大于理性,更适宜于品牌体验。如果品牌体验式营销运用到位,能持续长久、立体化的展开,其品牌下的产品销售不仅可以得到质的提升和飞跃,而且其品牌美誉度和忠诚度也会大幅提高,品牌将会更具活力。

(三)设计品牌体验步骤

以电信客户体验为例,分析客户体验与业务特色的策略。

企业要想通过创新为客户带来特殊的心理体验,应注重以下几个方面的设计。

(1) 新业务的命名要适应客户的心理要求,激发客户联想,使其产生良好的感受。例如,中国网通在全国范围内推出"中国网,宽天下"宽带接入业务,为互联网用户提供了丰富多彩的教育、娱乐、咨询等各项服务。其命名使客户联想翩翩,产生强烈的购买愿望。

(2) 品牌业务要通过恰当的定位,以显示其独特的个性;更要赋予它特定的文化内涵,使客户产生特殊的体验。

(3) 广告包装要和业务定位相适应,并能引起客户的消费欲望。例如,中国移动推出"动感地带"品牌业务,其广告包装宣传的最大卖点在于"短信套餐"业务,定位在青少年客户市场细分群体。

(4) 关注售前服务。对于潜在客户,可以建立社区服务档案,把握客户心理需要,然后每逢这些潜在客户过生日或喜庆之日,送上小礼品或打电话祝贺,让他们产生一种意外惊喜的感觉,从而促使其产生购买欲望。

(5) 做好售中服务。售中服务在整个服务过程中只占 20% 的时间,但 80% 的客户对这一环节的期望值较高。因此,企业营销服务部门要拿出 80% 的精力和费用,为客户提供周到的售中服务。

(6) 完善售后服务。业务办理之后,要继续和客户保持联系。例如,在业务办理后几日内打电话致谢,询问产品使用情况、对业务服务的意见,寄上感谢函等,这样可以进一步加深客户对企业的印象,提高客户的满意度。

(四)建立深度品牌体验

产生深度体验要求策划人员和创意人员掌握好以下四个要点。

(1) 让客户愿意在你这里花时间。卖东西和提供体验的不同之处是客户是否想在你的服务上花时间。面临的挑战不仅仅是提供便利,提供便利是必不可少的,挑战在于要将那些便利变成更有价值的时间。

(2) 确定品牌真实性。品牌基本上是通过广告向消费者做出承诺。下一步是要证明一些你的项目是独一无二的,这关系到你的组织构成以及你们的服务是否可以持续。

(3) 让消费者创造他们自己的深度体验。

(4) 让消费者对品牌产生切实的关注。

案例分析

星巴克公司体验式营销

星巴克认为他们的产品不单是咖啡,咖啡只是一种载体,他们要做的是,通过这种载体把一种独特的体验传递给顾客。为体现品牌定位,星巴克店铺进行了特别的设计,店内独特的环境布置和装饰、器具、音乐、优雅的氛围等,无不使人流连忘返。顾客一旦步入门店,从选购产品到消费整个过程无不感受到深刻的品牌内涵,这些会使消费者从内心认可品牌,并开始向熟识的家人、同事和朋友推荐和宣传,这使得星巴克的影响范围得以迅速扩大。

1. 感官体验

感官营销策略的诉求及目标是创造知觉体验:它是通过视觉、听觉、触觉、味觉与嗅觉等人的直接感官建立的感官体验。感官式营销可以增加公司和产品的辨识度,引发消费者购买动机并增加产品的附加值。

在视觉体验上,星巴克公司通过准确的选址定位,辅以高级设计团队的精美打造,将星巴克咖啡店与周围环境恰当地融合在一起,既凸显了自己独有的咖啡文化,又和谐融入了周边环境。

在听觉体验上,利用音乐效果烘托是常采用的战略手段。星巴克经常播放一些爵士乐、美国乡村音乐以及钢琴独奏等。这些正好迎合了那些追求时尚、新潮、前卫的白领阶层的需求。他们天天面临着强大的生存压力,十分需要精神安慰,此时的音乐正好起到了这种作用,让你在消费一种文化时,被唤醒内心某种也许已经消失的情感。

在触觉体验上,选择符合品牌特征的装饰,比如星巴克的桌椅、柜子甚至地板都倾向使用木质材料,让消费者感受到高雅、稳重及温馨的感觉,星巴克的沙发坐起来很舒服,更是让人爱不释手。

在味觉上,星巴克咖啡有一流的纯正口味。星巴克设有专门的采购系统,他们常年与印度尼西亚、东非和拉丁美洲一带的咖啡种植者、出口商交流沟通,为的是能够购买到世界上最好的咖啡豆。他们的最终目的是让所有热爱星巴克的人都能体验到:星巴克所使用的咖啡豆都是来自世界主要的咖啡豆产地的极品。所有咖啡豆都是在西雅图烘焙,那里的人对产品质量的追求达到了发狂的程度。从原料豆运输、烘焙、配制、配料的添加、水的滤除、到员工把咖啡端给顾客,一切都必须符合最严格的标准,都要恰到好处。星巴克还将咖啡豆按照风味分类,让顾客按照自己的口味挑选喜爱的咖啡。口感较轻且活泼,香味诱人,并且能让人精神振奋的是"活泼的风味";口感圆润、香味均衡、质地顺滑、醇度饱满的是"浓郁的风味";具有独特的香味,吸引力强的是"粗犷的风格"。这种对产品的"深加工",从根本上提高了产品的附加值,优化了顾客喝咖啡的体验。

2. 情境体验

情境体验是指在营销活动中,通过各种手段为顾客创造一个全新的、真情实景的体验。

为什么人们不在自己家里喝咖啡,而是花钱去诸如星巴克之类的咖啡厅享受?这是因为它们为消费者提供了"情境体验"。星巴克通过情境尽力去营造一种温馨和谐的家的氛围。在环境布置上,星巴克给自己的定位是第三空间,即在你的办公室和家庭之外,给你另外一个享受生活的地方,一个舒服的社交聚会场所。

星巴克属于美国式消费文化,顾客在店内可以随意挪动桌椅,自在谈笑,并提供数据介绍咖啡的调制和喝法。除了卖咖啡以外,更重要的是让顾客感受到消费时的气氛,因此他们打造周边的环境,从店内的装潢设计到播放的音乐,都让消费者觉得这是一个舒适的空间。

煮咖啡时的"嘶嘶"声;将咖啡粉末从过滤器敲击下来时发出的"啪啪"声;用金属勺子铲出咖啡豆时发出的"沙沙"声,都是顾客熟悉的、感到舒服的声音,都烘托出一种"星巴克情调"。这是其他场所没有的。

3. 服务体验

"认真对待每一位顾客,一次只烹调顾客那一杯咖啡。"这句取自意大利老咖啡馆工艺精神的企业理念,贯穿了星巴克的服务。为了保证服务的质量,星巴克咖啡店所有的雇员都经过了严格且系统的训练,对于咖啡知识及制作咖啡饮料的方法都有一致的标准。星巴克除了能使顾客品尝到绝对纯正的星巴克咖啡之外,也可与雇员们产生良好的互动。星巴克的成功在于,在这个消费者需求中心由产品转向服务,又由服务转向体验的时代,星巴克成功地创立了一种以创造"星巴克体验"为标准的"咖啡宗教"。也正是通过这种顾客的体验,星巴克无时无刻不在向目标消费群传递着核心的文化价值诉求。

星巴克各分店每周必为顾客开设一次咖啡讲座,主要内容是介绍咖啡的相关知识,即如何选择咖啡豆、冲泡和烘焙咖啡等。讲座形式上十分灵活,一般选在顾客较多时,时间控制在30分钟左右。顾客纷纷提问,讲解员释疑,气氛都很活跃。在上海,星巴克正计划并实施一项"咖啡教室"服务,其内容是:如果三四个人一起去喝咖啡,星巴克就为他们配备一名咖啡师专门服务。

从2002年起,星巴克在北美和欧洲的1200家连锁店里推出高速无线上网服务,携带便携式计算机的顾客可以一边惬意地喝着咖啡,一边在店里上网浏览页面、收发电子邮件及下载信息。无线上网的好处就在于让非高峰时间有更多顾客光顾星巴克,并在高峰期缩短顾客在柜台前感知排队时间。

4. 社会体验

星巴克特别强调它的文化品位,星巴克这个名称暗含了其对顾客的定位:这些顾客不是普通大众,事实上是有社会地位、有较高收入、有一定生活情调的人群。因此,出入星巴克,也给人们打上了地位、身份的标记,满足了顾客的社会性需求和体验。星巴克一般选址在商场、写字楼。星巴克让人想起了东方的茶道和茶艺,他们的价值诉求不是解渴,而是获得某种独特的文化体验,星巴克同时也是时尚的代表,星巴克内有很多特别的设计,店里许多东西的包装都像小礼品一样精致,杯子、杯垫、咖啡壶的图案与包装都独其匠心,顾客还会把这些带回家做纪念。而现场钢琴演奏+欧美经典音乐背景+流行时尚报刊+精美欧式饰品等配套设施,力求给消费者一种洋气的感觉,让喝咖啡变成一种生活体验,让喝咖啡的人自觉十分时尚。去星巴克虽然也是一种放松,但不同于别处,这里的放松更显得有品位。

资料来源:杨莉惠.客户关系管理[M].南京:南京大学出版社,2012.

思考:

从体验式营销角度分析,星巴克还能在哪些方面改善客户体验?

任务二 客户互动及记录

一、客户互动的内涵

为了在市场上给客户提供有附加值的产品和服务,企业需要充分利用信息的潜在内涵和各种互动技巧,努力在客户的购买流程中发展与客户的合作关系。在实践中,除了向客户提供定制化的产品和服务以外,"以客户为中心"的观念还应包括与客户互动的类型和风格。通过互动、对话来加深对客户的了解,知道什么时候该提供什么东西,才能让客户心甘情愿地与企业合作。相关资料积累得越多,对客户的掌握就越准,应对不同挑战所提出对策的有效性也就会越高,从而降低风险,增加企业利润。

实际上,客户互动的概念十分广泛,客户与企业双方的任何接触都可以视为互动。例如,产品和服务的交换、信息的交流和业务流程的了解等都包含于其中。互动并非是当前网络经济时代的产物,在社会学领域中,互动是指人类特有的一种有意识的行为。例如,可以把互动细分成交换、竞争、合作、冲突和强制。互动一般都具有双向沟通和共同利益的特征。

客户互动对企业的客户关系管理有着重要影响,这主要体现在如下几个方面。

(1)企业通过与客户的互动将自己的产品介绍给客户,扩大客户群体。例如,加多宝公司在推出红罐王老吉时,就通过电视台、饭店等渠道宣传,将"怕上火就喝王老吉"的理念传递给公司未来的客户,由此开辟了新的饮料市场。

(2)企业通过与客户的互动来了解客户的需求。企业所提供的产品和服务都必须能够满足客户的需求,否则企业就难以在市场上立足。因此,现代市场营销都认为客户需求是企业开发新产品的起点。企业通过与客户之间的沟通和交流,不断更新客户需求信息,才能生产出符合客户期望的产品。

(3)企业与客户之间的互动是提高客户满意度、维系与客户关系的重要途径。根据美国营销协会(AMA)的研究,不满意的客户有三分之一是因为产品或者服务本身存在问题,而其余三分之二的问题都来自企业与客户之间的沟通不畅。因此,企业与客户之间加强互动与交流,才能建立良好的客户关系。

 案例链接 5-1　窗子和镜子

有一个生性吝啬的富翁,富得只剩下钱了,于是他专程去请教禅师,他说:"我有这么多钱,可是为什么感觉自己一无所有,而且不快乐呢?"

禅师请他站在窗子前面,问他看到了什么。

富翁回答:"我看到了热闹的人群,还有快乐的顽童。"

禅师又请他站在镜子前面,再问他看到了什么。

富翁不解地回答说:"看到我自己。"

禅师说:"窗子是玻璃做的,镜子也是玻璃做的。透过窗子可以看到他人,而镜子因为涂抹了一层水银,所以只能看见自己。当你慢慢擦拭掉你身上的那层水银,可以看到别人时,你就会拥有快乐了。"

禅师的意思是说,打开自己的心灵之门,你就能透过窗子看到外面的世界;否则,窗子就会变成镜子。

对企业来说,最重要的应该是用客户的视角重建公司的文化。所以,问题虽在城中,答案却在城外。城中是自己,城外则是客户。企业应该确定"消费者就是老板"的指导原则。

资料来源:陈小刚,等.客户关系管理[M].北京:北京邮电大学出版社,2017.

二、客户互动的内容

客户互动的内容包括信息、情感、意见或建议。

(一) 信息

信息方面不仅包括企业的信息,同时也包括客户的信息。对企业而言,信息包括企业的文化、经营理念与政策、产品或者服务信息等。例如,在生活中,我们能见到各种类型的广告,这些广告中包括了许多有关产品或者服务的资料。还有一些公司在广告中并不涉及公司的产品或者服务,而是传递公司的经营理念和价值观。例如,BP 公司在其广告中宣传其立足开发新型能源的战略方向。当面对经销商等组织客户时,企业还会告知这些客户有关公司回款、发货等方面的政策与制度。客户向企业传递的信息主要是需求信息。例如,经销商在向上游供应商订货的时候,会告知其需要的数量、规格、型号等。客户向公司反映的是有关产品和服务的使用体验,或者是改进意见和建议等。

(二) 情感

企业与客户拉近情感距离。例如,许多公司都要求营销人员定期拜访其组织客户,并在年终举行客户答谢会,通过双方之间的交流来拉近彼此间的距离。例如,不少汽车企业都组织了俱乐部,这些汽车俱乐部的成员会定期组织自驾游等活动,这些活动的目的并不在于继续向这些客户销售汽车,而是期望通过这些活动拉近企业与客户之间的距离,让客户与企业建立如同朋友般深厚的情谊。

案例链接 5-2　寻找沟通点

当某保健品公司的销售员李小姐进入一个住宅小区推销时,她看到小区绿地的长椅上坐着一位孕妇和一位老妇人。她走到小区保安那里假装不经意地问:"那好像是一对母女吧?她们长得可真像。"小区保安回答:"就是一对母女,女儿马上就要生了,母亲从老家来照顾她,父亲一个人在家里……"

李小姐来到了绿地旁,亲切地提醒孕妇:"不要在椅子上坐得时间太长,外面有点凉,你可能现在没什么感觉,等到以后会感觉不舒服的,等生下小孩以后就更要注意了。"然后她又转向那位老妇人:"现在的年轻人不太讲究这些,有了您的提醒和照顾就好多了……"

当她们把话题从怀孕和生产后的注意事项讲到生产后身体的恢复,再讲到老年人要增加营养时,李小姐已经和那对母女谈得十分开心了。接下来,那对母女就开始看李小姐手中的产品资料和样品了……

资料来源:客户维护技巧:寻找共同话题[EB/OL].(2011-03-31)[2020-03-24].http://www.alibado.com/course/detail-imageTextPlay-38907-1.htm.

(三)意见或建议

意见和建议包括企业主动向客户征求对其产品或者服务的意见及建议,同时也包括了客户向企业提出有关产品或者服务的意见、投诉和建议。

需要注意的是,上述三个方面的内容并不是完全独立的,在企业与客户互动时,很有可能涉及了不止一个方面的内容。例如,公司在年终举行客户答谢会时,一方面是公司与客户之间拉近情感距离的时刻,同时也是公司向客户征求意见、客户反馈意见的时机。此外,公司还有可能在答谢会上向客户介绍公司的新产品或者新政策。

三、客户互动的类型

(一)按照互动的发起者

(1)由企业发起的互动。由企业发起的互动包括:企业向客户邮寄商品目录、在各种媒体上播放广告、组织各种营销活动、组织客户俱乐部等。

(2)由客户发起的互动。包括向企业下订单、反馈对产品或者品牌的体验感受、对产品或者服务提出意见和建议。

(二)按照互动的距离

(1)面对面互动。面对面互动是指客户与企业的员工进行面对面的接触与交流,主要包括如下两种形式。

① 客户直接到企业的办公场所与相关员工进行接触与交流,这些相关人员包括了企业的前台接待人员、大堂经理等。例如,客户去理发店理发、去银行办理业务等都属于此类互动。工作场所互动是最原始的交流方式之一,也是许多企业与客户进行互动经常采用的形式之一,尤其是对银行、饭店、旅馆等服务性企业而言更是主要的互动方式。

② 企业员工主动去客户的公司、住址拜访客户。例如,企业的营销人员拜访经销商、大

客户等。此外,保险、银行等企业都要求营销人员主动登门拜访客户,一方面向客户推荐公司的产品,另一方面了解客户的需求,为公司下一步的营销计划做准备。

除了上述两种方式之外,现在许多企业在除了上述两个地点之外的第三地开展互动。例如,许多汽车厂家组建了车友会,房地产公司组建业主会,在企业办公场所、客户公司或者住址之外的地方举行活动。

在面对面互动中,一线员工的素质与表现极为重要,他们的形象及言语都会对客户产生重要影响。

(2)间接人员互动。这种互动方式是指企业的员工虽然与客户直接交流但并不碰面。在此类互动方式中,电话交流是典型的互动方式。许多公司都设立了热线电话或者维修电话,接受客户的投诉,这是传统的间接人员互动。最近,随着通信技术的发展,许多公司开始设立客户服务中心或者电话中心,通过电话来直接与客户交流,向客户宣传公司的产品或者服务,或者帮助客户办理各种业务。如保险公司通过电话中心向可能的客户推荐公司的产品;银行开通电话银行,方便客户办理转账、挂失等业务;证券公司可以让顾客通过电话向经纪人发出买入、卖出的要求;航空公司让顾客通过电话订票等。

(3)非人员互动。非人员互动不涉及人员之间的交流,在整个互动过程中,并不会出现客户或者企业员工的声音,更没有企业员工与客户之间的面谈。在非人员接触中,邮件是一种古老的方式。

企业通过邮寄商品目录、产品介绍等方式向客户推荐他们的产品。客户也可以通过信件的方式提出他们对产品或者服务的意见和建议。随着技术的发展,又陆续出现了自动取款机、自动售货机等方式,这些都是非人员互动的例子。在互联网出现之后,电子邮件、公司网站、网上社区等都成了新兴的非人员互动方式。例如,生产计算机路由器和主机开关的思科公司,开设了"思科联系在线"网站,通过这个网站,客户可以更方便地接收思科公司的产品和系统信息。

信息速递5-5　与不同类型客户互动

每个公司的经营都离不开和客户互动,有些是非常通情达理的客户,有些则需要付出更多的耐心,每个客户都各不相同,但如果你掌握了对待他们的诀窍,就能和每个客户愉快相处。了解客户属于什么类型,这样才能基于对客户的了解提供客户服务,找到行之有效的方法与他们沟通。

1. "挑衅"型客户

那些麻烦不断的客户总是夸大其词并无休止地抱怨。只要任何一个小细节上存在缺陷,都会使得他们充满优越感甚至变得咄咄逼人。你唯一需要明白的是不应该陷入客户的"挑衅"中,在谨慎地维护自己利益的同时,应该表现出对客户意见的赞同和感兴趣。例如,可以这么说:"我理解您的意思,但……"你可以对这类客户做出一些让步,但切不可倾向过分明显,随着时间的推移,通过不断地提供给该客户优质的服务及人性化的倾听与关心客户会渐渐感到满意。

2. 害羞型客户

这类客户性格内向、沉默寡言、犹豫不决,往往举棋不定,因此最后常常会决定不购买。对于这类客户,应当找机会多与其谈话沟通,有时也可以帮他做决定。应当激发他的自信心以表达他的需要,有时可以通过提问的形式来帮助他做决定,以及在他差不多快下决定的最后一刻,巧妙地顺水推舟,帮他一把。让这类客户下订单是轻而易举的事,但不应该滥用这一点,理想的做法是与其沟通,让他决定他真正感兴趣的产品或服务,因为如果最终他购买到的并不是他真正感兴趣的,他是不会为此感到满意的。绝不能利用这类客户的特性,而是应该更尽心地帮助客户对其采购的订单做选择,以达到百分百的满意度。

3. 急躁型客户

这类客户总是在赶时间,想要速战速决地做生意。对这类客户应当给予迅速地回应,甚至可以采取"抄近路"的方法,使其优先于那些使用其他不同方式即可满足的客户,当然还要考虑到不能让其他客户等待太久。不要让这类客户等待太久,要给予他及时的关心、回馈,并提供他一直在寻找的信息。

4. 无所不知型客户

这类客户认为自己知道一切并且总想使自己的决定占上风。这是最难应对的一类客户,需要非常小心。和这类客户不应该争论,而是要在考虑公司自身利益的前提下和他讲道理,当客户犯错时,不要让他感觉受到了人身攻击。必须心平气和地与之相处,不要挑起争端,并提供让客户百分百满意的解决方案。有趣的妙招是要让他觉得提供给他的解决方案看起来像是他自己的主意。

5. 友好或健谈型客户

这类客户友善亲切,而且对公司的事非常关心。唯一的问题是,这类客户有时说得太多,让人没时间去做其他事。应当友善地对待这类客户,因为他们是所有人都想要的客户,但是沟通时也应当保持一定的距离,不要提供比其他客户更多的特别优待。面对他们时应当保持主动,并向其提出需要明确答复的问题。

6. 粗鲁型客户

这类客户说话随便而且常常心情不好,很多情况下会变得具有进攻性。这种状况下只能忽视他的冒犯,尽量礼貌地忍让,无论他说什么,都要无视他的挑衅,并尽可能地提供良好的服务。

7. 冲动型客户

这类客户往往是冲动型购买,时不时地改主意。和这类客户打交道必须明确、坚定、简练、迅速地操作,从而使他没法轻易地改变主意,尤其是不要提供会导致决策改变的信息。

8. 疑心重型客户

这类客户怀疑一切,不易妥协,往往不加考虑地戏弄他人。面对这类客户应当通过解决共同的问题来表示对他的信任,不应当让他坚持怀疑或陷入挑衅之中。必须尊重这类客户的决定,并向其提出问题以表现出感兴趣。所有提供给他的信息都必须是真实可靠的,如他需要,应当提供给他测试证明。对这类客户应当给予赞同,同时要坚定我们自己的立场。

9. 细心型客户

这类客户了解自己在寻找什么和需要什么,目标非常明确。他们寻找准确的信息和正确的答案。应当提供他们完整且准确的答复、良好的处理,在感兴趣的同时表现出严肃性。不能在答复和处理时表现出不确定,并且应当在整个客户接待服务过程中保持高效。

客户类型多种多样,客户服务就是和每个客户打好交道,无论他是不是麻烦客户。

客户关系管理

四、客户互动的渠道

在企业与客户的互动过程中,可以利用多种渠道。按照互动渠道中是否涉及企业员工与客户的直接沟通,可以将互动渠道划分为人员互动渠道和非人员互动渠道。

(一)人员互动渠道

人员互动渠道涉及企业员工与客户之间的直接交流与沟通,这种交流与沟通可能是面对面交谈,也可能借助于某些工具,如电话、邮件或网上交谈。

(1)面对面交流。这种方式需要员工与客户直接交流。其优势在于员工与客户之间可以进行生动的交流,可以根据双方的需求来进行安排。同时,面谈中不仅涉及了声音,还涉及了形体、环境等方面的信息,内容丰富。其劣势在于成本很高,面谈的结果在很大程度上也会受到员工以及客户自身特征的影响。一般而言,这种渠道适合企业员工与客户之间对一般信息或深度问题的咨询、交流。

(2)信函。信函这一渠道的优势在于比较正式,由于是书面传递的,可以包含较多的内容,对相关信息可以进行充分的介绍、解释和交流。其劣势在于比较生硬,偏大众化,致使企业与客户之间的互动性不强。

(3)电子邮件。电子邮件的优势在于传递迅速,同时可以在邮件中包含较多的通不畅的原因内容。因此,在向客户传递更具体、更详细的信息方面更有效率。

(4)网站。网站的优势在于可以非常快捷地与客户进行交流和沟通。例如,思科就通过网站改进了它的销售流程,在网站设立了网上销售代表,让客户可以更为便捷地了解思科的产品,也能让客户更为方便地接收思科公司的产品和系统信息。因此,网站的优势在于有快速互动的能力,可以节省企业成本。

(5)电话。电话的优势在于非常快速,能够实现实时交流,企业与客户之间能进行很好的交流。其劣势在于只传递声音信息,内容较为单一,同时无法进行深入的交流,只限于一般信息的咨询和沟通。

(二)非人员互动渠道

非人员互动渠道是指那些不需要企业与客户之间的接触和反馈就可以传递信息的渠道,主要包括媒体、环境和事件。

(1)媒体。媒体主要包括了报纸、杂志、广播、电视、广告牌等。企业选择媒体渠道一般出于以下三种目的:第一,告知客户有关企业产品的信息,比如新推出的产品,产品价格的变化等;第二,说服潜在客户购买,主要是通过强调产品的独特性,来说服客户购买;第三,鼓励现有客户多次购买,例如可口可乐已经家喻户晓,但在电视中依然会见到它的广告,其目的主要在于提醒、推动客户购买更多的可口可乐。

(2)环境。环境能够加强客户对企业的了解、创造一种氛围。例如,快餐店希望给客户营造一种温馨、愉悦的感觉,因此快餐店一般都喜欢采用暖色调,并且布置暖色的灯光。

(3)事件。事件是指企业为了向客户传递信息而设计的一系列活动,如新闻发布会、盛大的开幕式、公众参观等。

五、客户互动设计

客户互动的步骤包括以下几个。

(一)确定互动对象

客户互动中企业互动的对象是客户。但是企业面临的客户包含了多种类型,这些不同类型的客户各自有不同的需求。例如,按照客户是组织还是个人,可以划分为组织客户与个人客户。例如,同样是购买计算机,组织客户购买计算机,希望获得更好的安装、配送以及售后服务,对价格并不是很敏感;相反,个人客户则对配送没有要求,更多期望在保证一定质量的情况下有更低的价格。

根据客户生命周期的不同发展阶段,客户对企业有不同的期望,这种期望既包括了客户对企业的基本要求,同时也包括了更高的潜在期望。表 5-1 列出了处于不同客户生命周期阶段客户的基本期望和潜在期望。从表中可以看出,处于潜在获取期、成长期和成熟期的客户,对企业的基本期望和潜在期望都存在显著性差异。随着客户生命周期由潜在获取期进入成熟期,客户对企业的期望也在不断提高。

表 5-1 不同客户生命周期阶段客户的基本和潜在期望

客户关系生命周期阶段	基 本 期 望	潜 在 期 望
潜在获取期	优质的有形产品,配套的附加产品	更多的物质利益,企业的关心
客户成长期	潜在获取期提供的一切价值	受到企业非同一般的重视
客户成熟期	成长期提供的一切价值,企业和自己得到的价值对等	成为企业的一部分,自我对企业的重要价值得到认同

可见,这些不同类型的客户各自有不同的需求和行为特征,因此,企业需要确定跟哪些客户进行互动,因为这将在很大程度上决定企业互动内容的设计、互动渠道的选择和花销等。

(二)确定互动目标

在明确互动对象之后,企业就需要考虑与客户互动的目标。一般而言,企业与客户互动的目标包括以下两个方面。

1. 加深与现有客户的联系

企业与现有客户的联系包括两个方面:一方面是经济联系,主要是客户从企业采购商品的金额以及数量,或所需服务的价格;另一方面是情感联系,主要体现为客户对企业的信任、企业对客户的关怀。在设定互动目标时,上述两个方面并不冲突,企业可以期望客户不仅增加采购量,同时也增进相互间的感情。当然,也可以只关注其中的某一个方面。

2. 吸引潜在的客户

潜在客户是指那些有希望成为企业产品或者服务购买者的客户。潜在客户包括两个部分:一个是同一市场中所有企业都面临的未来可能的购买者;另一个是企业竞争对手的客户。吸引潜在客户意味着企业希望扩大自身的客户群体。相比较而言,吸引竞争对手的客户更为困难,因为这需要企业付出更多的努力。

吸引潜在客户包括了不同的方面,可以进一步细分为:扩大企业在潜在客户中的知名度;增强潜在客户对企业产品或者服务的认同感;鼓励潜在客户购买等。

在企业设定互动目标时,需要注意以下几个方面。

(1) 互动目标的具体性。互动的目标必须是具体的,而不是空泛的。比如,在吸引潜在客户、提升企业知名度时,不能将目标简单地确定为"在全国范围内扩大公司知名度",而是应当确定为"将公司的知名度提升50%"。一个空洞的目标将让企业的员工无所适从,从而弱化企业与客户互动的效果。

(2) 互动目标的可实现性。企业在指定互动目标时,需要考虑自身的资源和实力,设定的目标应当是能够实现的,而不是好高骛远的。例如,对于许多中小企业而言,将互动目标设定为"吸引行业领导者20%的客户",这一目标就显得过高,难以实现。

(3) 实现互动目标的时间期限。当企业设定互动目标之后,就需要制定实现目标的期限。目标的实现不能无限期拖延,要便于企业检查互动目标实现的状况。

(4) 互动目标的多样性。当企业设定互动目标时,可以设立多个目标。例如,在吸引潜在客户购买时,还可以提升产品或者品牌的知名度,增加客户对企业的好感,提升现有客户的重复购买率等。需要注意的是,当设立多个互动目标时,需要注意这些目标之间是具有联系的、相互兼容的,而不是相互矛盾的目标。

(三) 设计互动内容

企业与客户之间的互动涉及了产品或者服务信息、情感、建议等方面。在企业确定互动内容时,需要考虑以下几个方面。

1. 主题

对企业而言,需要设计一个能够实现互动目标的主题,这将关系到互动目标能否实现。在设计互动内容时,企业首先需要考虑互动目标客户的需求与行为特征。换言之,企业首先需要弄清楚目标客户有哪些要求?他们希望获得什么样的信息?企业必须在弄清互动目标客户需求的基础上,再设计相应的主题。

2. 结构

在内容结构方面,需要关注的是:第一,最重要的信息是放在最后还是开始。如果放在开始,优势是让客户在第一时间明白,留下深刻的印象,但有可能会造成虎头蛇尾;如果放在最后,可以起到总结的效果,但也有可能被客户忽略。第二,是否需要给客户一个明确的结论。换言之,企业是否需要在互动的时候就告知客户关于产品或者服务的结论,例如"我们的产品在性能上比竞争对手高20%"。如果告知客户,优势在于让客户清楚知道产品的特点,劣势在于可能会引起客户的反感。因此,目前许多企业都认为不应当告诉客户结论,而是通过互动的内容,让客户自己判断,这样可以增加客户对企业的信任。

3. 格式

企业同样需要为客户互动设计合适的格式。在设计格式时,需要考虑不同互动渠道的特点。如果是利用印刷广告或者商品目录的方式,需要注意使用的纸张、标题、图片等,以便引起人们的注意;如果是通过广播,则需要注意词语、背景音乐以及人的声音;如果是企业派遣员工与客户直接面对面接触的方式,那么就需要注意互动的时间、地点,员工需要注意穿着、神态、语气以及措辞等。

(四) 确定互动预算

企业在确定互动预算时,有多种方法可以选择。例如,根据企业目前的状况,将所有可能的资源都用于客户互动;还可以根据企业的销售额或利润,确定一个固定的比例,据此来设定用于客户互动的资金;或者根据竞争对手用于客户互动的资源来确定本企业用于互动的费用。

除了上述办法之外,比较符合企业实际的方法是根据客户互动目标来确定预算。这种预算方法的步骤是:首先,将互动目标进行细分,确定具体的目标;其次,分析达到这一目标所需要完成的任务;最后,估计完成这些任务所需要花费的成本,这些成本的总和即为企业互动预算。该方法的优势在于能够让企业清楚知道所花费的资源与取得的成果之间的关系。

(五) 确定互动渠道与频率

企业与客户的互动有很多渠道,在具体的互动过程中,企业不可能选择所有的渠道,只能选择其中的某些渠道进行互动。同时,企业必须确定在选定的渠道中与客户互动的频率。因此,在这一步骤中,企业需要弄清以下两个问题。

1. 如何选择互动渠道

在确定具体的渠道时,首先,企业需要弄清客户期望通过什么方式与企业互动。这是企业选择互动渠道首先需要考虑的因素。因为如果企业选择的渠道并不符合客户的预期,当企业选择这些渠道的时候,就会受到客户的抵制,无法实现预期的目标。

其次,分析不同渠道的优势和劣势,根据客户的期望和企业的目标确定合适的渠道。正如前文所述,不同渠道各有优点和缺点。因此,需要综合考虑客户需求、企业互动目标和渠道特征来最终确定选择哪些渠道进行互动。

最后,企业需要注意不同类型渠道的组合使用。在日新月异的市场上,单纯依靠一种互动渠道已经难以实现既定目标,因此企业需要综合运用多种渠道,通过"组合拳"来实现目标。那么,在选择渠道类型的时候,就需要注意不同渠道的组合方式,是各种渠道平均使用,还是以某一种渠道为主,其他渠道为辅?这些都是企业需要考虑和决策的内容。

2. 如何确定互动频率

确定互动频率包括两个小问题:其一,企业在什么时间与客户互动;其二,企业与客户互动间隔多长时间。回答上述两个问题的基础,依然是客户需求。例如,有些企业通过电视广告与客户互动时,并没有考虑到客户的期望,而是希望借助高密度的广告来迅速增加客户对企业产品的认知。这种方式尽管能够让客户加深对企业产品的熟悉程度,但同时也会消损客户对企业产品的良好印象。在考虑客户需求的同时,也需要顾及企业的互动目标。在综合考虑的基础上,确定合适的时间与频率。

(六) 评估互动效果

当企业完成一个阶段的客户互动之后,就需要对客户互动的结果进行评价。在对互动效果的评价中,必须结合互动目标,回答以下几个问题。

(1) 互动效果是否实现了既定的目标?
(2) 在与客户的互动过程中,存在哪些问题?
(3) 在与客户的互动过程中,发现了哪些新问题或者新现象?

远洋地产借京津冀"购房节"与客户有效互动

在互联网、金融与房地产行业加速融合的背景下,每次都能快速踩准营销转型节奏的远洋地产,这一次又欲刷新房地产市场的兴奋点。继携手京东首次触电"互联网"、与58同城合作探索新的服务模式之后,2016年5月21日至30日,远洋地产事业一部(主要面向京津冀市场)将联动旗下的九个住宅项目,举行了为期10天的"欢乐远洋购房节"活动。

背后的主要推手之一是业内颇有名气的"80后"营销总监——远洋地产事业一部营销总监牛牧远。牛牧远将此次活动定位为"不是促销,而是一次与业主的沟通"。他表示,此营销思路在很大程度上是受快消品、奢侈品与北京SKP商场店庆的启发,"希望通过嫁接更多产业链条资源提供增值服务,来换取客户效益最大化"。

"2015年压力很大,因为处于一个调整时期,事业一部在调整,集团在调整,同时营销理念也在转变。我们做了很多尝试,而其中最大的收获在于我们找到了可以称为本质的东西。"牛牧远认为,去年9月的"万人远洋范儿"活动不仅创纪录地举办了200余场,吸引了近万人到访,更重要的是让集团的营销有了明确的方向——让业主感到欢乐。

今年的远洋事业一部有着更熟练的运作和更完善的体系,同时在对市场节奏的把握上也更加从容不迫。在5月举办的"远洋购房节"活动则是让业主感受到欢乐的第一步。

1. 与业主的约谈传统

相比快消品市场"都是洋气的套路",牛牧远深感房地产市场可灵活玩转并快速见效的营销种类甚少,只能从挖掘需求入手,在远洋地产事业一部形成约谈业主和客户的传统:每月至少见两组客户,在下班之余同客户吃饭或喝茶,经常跟客户交流,了解客户新的需求和新的变化,寻找产品改进与营销的灵感。久而久之,这一传统制度化,各项目总监也被要求每周至少拜访一次客户。"通过春节期间拜访客户、给客户送年货等举动,我们表示出诚心诚意地要跟客户拉近距离的心愿。"牛牧远表示,此次针对京津冀地区举办的购房节活动正是这一心愿的深层次延续。

据悉,此次"远洋购房节"活动意在从住宅的精装修菜单、家具定制、车位让利等服务中体现增值。

2. "购房节"不套路,走心

"与其他开发商或商场店庆不同,我们的购房节并非是降价大促销,没有设置一次兑换多少亿的销售额。"牛牧远向记者表示,"它是一种业主特权,主要针对推荐朋友买房以及再次购买的业主客群,所以更多的是一个跟大家沟通的机会。"

而关于回馈业主的方式,远洋拿出了撒手锏。在2015年,远洋地产四元业务的"客户服务业务"展开,推出了为客户一站式解决家装问题的增值服务——"远洋优家"。远洋优家为业主提前进行个性化硬装升级和软装定制,并利用与施工同步的优势节省大量时间。这一服务首先在亚奥万和四季进行尝试,受到热烈欢迎,90%的亚奥万和四季业主都选择了这一服务。而此次"远洋购房节"活动中,许多项目将首次享受到远洋优家的服务,还能享有极大优惠。"我们不是简单粗暴地给客户砍掉500元钱或1000元钱,"牛牧远表示,"而是根据客户的访谈了解他的需求,无限可能地使服务贴近他的需求,这是一件特别走心的事。"

3. 转型调整期练好基本功

正处于事业部变化和组织架构调整的关键期,牛牧远强调开发商最应该做的是一步一个脚印地练好基本功。"开发商的基本功就是研发好产品和提供好体验,如果盯着业绩看,就肯定做不好。比如我们六七月要面世的远洋天著春秋二期,这个别墅在八大处,产品本身就很好,去年11月开盘,到现在一期已经要清盘了。如果盯着业绩,那么就应该立马开二期,立马卖,但我们没有。我们从去年年底就开始优化升级二期产品,包括规划、户型、园林等,到现在改了不知道多少版方案,拿出来的确实是能真正震撼全北京的房子。正因为我们花了这么长时间,用这么多精力来打造产品,我们才能有自信,客户也才会认我们。"

据牛牧远了解,目前参与"购房节"活动的九大项目都将成为这一理念的实施者。这九个项目包括北京地区的远洋天著春秋、万和8号、远洋新天地、远洋傲北、远洋天著,位于天津的远洋城、远洋心里、远洋红熙郡及秦皇岛的远洋海世纪,既涵盖刚需、商业LOFT,又囊括口碑不错的高端产品。

值得一提的是,针对部分毛坯交付的项目,这次"购房节"活动将免费赠送精装设计名额,由远洋优家出设计方案,直至客户满意为止。除此之外,各区域项目在"购房节"期间还有因地制宜的优惠举措,以天津为例,"购房节"推出的车位销售将通过车位一口价来引导业主需求。"这次购房节只是我们今年与客户的第一次沟通,接下来还将有更多更精彩的活动。"显然,牛牧远对远洋在京津冀区域的未来充满了自信。

资料来源:新华房产网,http://www.taizhou.com.cn。(有删改)

思考:
除了上述与客户互动策略外,远洋地产还可以采取哪些策略?

任务三 客户沟通及记录

一、客户沟通概述

沟通就是信息的交流与互换。客户沟通就是企业通过与客户建立相互联系的桥梁或纽带,拉近与客户的距离,加深与客户的感情,从而赢得客户信赖与客户忠诚所采取的行动。

(一)客户沟通的作用

(1)客户沟通是让客户满意的基础。客户沟通是使客户满意的一个重要环节,企业只有加强与客户的联系和沟通,才能了解客户的实际需求、理解他们的期望。特别是企业出现失误时,有效沟通有助于获得客户谅解,减少或消除客户不满。

(2)客户沟通是维护客户关系的基础。企业经常与客户沟通,才能向客户灌输双方长远合作的意义、描绘合作远景,才能在沟通中加深与客户的感情、稳定客户关系,从而使客户购买次数增多。因此企业要及时、主动地与客户进行沟通,并且要建立顺畅的沟通渠道,这样才能继续维护好客户关系,保持一大批稳定的老客户,并由此扩大对他们的业务。

(二) 客户沟通的内容

客户沟通的内容包括信息沟通、情感沟通、理念沟通、意见沟通,有时还要有政策沟通。信息沟通就是企业把产品或者服务信息传递给客户,也包括客户将需求或者要求的信息传递给企业;情感沟通主要是指企业主动采取相关措施,增加与客户的情感交流,加深客户对企业的感情信赖;理念沟通主要是指企业把宗旨、理念介绍给客户,并使客户认同和接受;意见沟通主要是指企业主动向客户征求意见,或者客户主动将对企业的意见(包括投诉)反映给企业;政策沟通主要是指企业向客户传达、宣传有关政策。

案例链接 5-3　科大讯飞 RAIBOO,人工智能开启创新营销布局

科大讯飞智能服务机器人(RAIBOO)作为线下连接用户的新互动式媒介平台,将线下数据和线上数据融合,给营销领域带来营销主动化、目标精准化、品牌人格化及效果可量化四大突破。科大讯飞智能服务机器人通过人脸识别、语音语义、肢体动作、触屏互动、券码打印、视频影音等多重功能,能够实现商家与消费者的实时互动并进行品牌传播。

智能服务机器人无须经过专业培训,业务知识储备充足,比纯人力商超服务质量更高,效果更好。依托科大讯飞独有的 AIUI 语音技术优势,智能服务机器人拥有远场降噪、方言识别、自动纠错等功能,更有丰富的资源库可提供音乐、导航、闲聊等 100 多个深度定制的通用场景,支持自定义功能,多方面保障消费者的互动体验,准确获取用户诉求。基于科大讯飞领先的人工智能技术,以线下机器人互动及数据采集能力做出为用户连接的入口,整合科大讯飞大数据能力,实现全场景营销。在具体的执行中,可以分为以下四个步骤。

(1) 消费者进店后,智能服务机器人主动迎宾,吸引消费者注意力并引导对话互动,同时进行 Wi-Fi 信号扫描,并对消费者 ID 进行跟踪与分析。

(2) 当消费者开始与机器人进行互动时,机器人会利用科大讯飞独有的 AIUI 语音技术和丰富的资源库主动与消费者展开多轮对话,精准识别并理解消费者的方言,即使人多嘈杂也能有效获取声音信息,还能通过引导消费者进行触屏操作,让消费者主动了解品牌和最新活动。与此同时,机器人会提取消费者在对话中的有效信息,准确获取消费者的核心诉求。

(3) 在特别定制的问卷调查环节,问卷根据人流量自动下发,通过机器人的引导,用户在不知不觉中完成问卷调查并获得特定奖励。

(4) 在机器人与消费者的交互过程中,机器人会根据消费者的交互信息及购买意向产生会员注册页面并引导消费者提交手机号码完成会员注册,注册完成后通过券码打印功能,给消费者提供促销活动的优惠券,刺激消费者完成购买。同时,通过机器人交互注册的会员信息将为线上渠道导流,并完善企业客户关系管理系统。

资料来源: http://www.sohu.com/a/191822051_648778.

(三) 客户沟通的原则

1. 向客户表明诚意

沟通的成功有赖于双方共同努力,因此企业与客户沟通时,要首先向客户表明自己是很有诚意的。如果企业没有诚意,就不要指望得到客户响应,也不要指望与客户的沟通能够获得成功。

2. 站在客户的立场与客户沟通

客户通常关注的是自己的切身利益。从某种意义上来说,客户购买的不仅是产品或者服务,还应包括企业对客户的关心以及客户对企业的信任。因此,企业只有站在客户的立场,充分考虑客户的利益,把客户放在合作伙伴的角色上,才能获得沟通的成功。

二、有效客户沟通

(一) 企业与客户的沟通

如果企业与客户缺少主动沟通,好不容易建立起来的客户关系就可能会因为一些不必要的误会而土崩瓦解。所以企业应多与客户主动沟通,而沟通的途径主要包括以下几种。

(1) 通过业务人员进行沟通。

(2) 通过举办活动进行沟通。

(3) 通过广告进行沟通。

(4) 通过包装进行沟通。

(5) 通过信函、电话、网络、电邮、呼叫中心等方式进行沟通。

总之,企业与客户沟通的形式多样,但目的都是通过经常性的沟通让客户清楚企业理念与宗旨,让客户知道企业是他们的好朋友、企业很关心他们,为了满足他们的需要,企业愿意不断提升产品或者服务的品质及改进其他一切方面。

约见大客户

(二) 客户与企业的沟通

为了确保客户与企业的沟通畅通,企业必须鼓励不满意的客户提出自己的意见。企业要为客户提供各种渠道,使客户可以随时随地与企业进行沟通,包括向企业提出的意见、建议和投诉。客户与企业的沟通途径包括来人、来函、电话、网络、电邮等。例如,开通免费投诉电话、24小时服务热线或在线服务,设置意见箱、意见簿和信息反馈卡等。同时,应在企业内部建立有利于客户与企业沟通的制度,企业要积极建立客户投诉制度和建议制度,清楚、明白地告诉客户企业接受投诉的部门及其联系方式和工作程序。此外,企业还可设立奖励制度鼓励客户投诉。如联邦快递就保证,如果客户在递交邮件的次日上午10:30前没有收到邮件,只要客户投诉,邮递费用全免。总之,企业要方便客户与企业沟通,方便客户投诉和提意见,并且尽可能降低客户投诉成本,减少其花在投诉上的时间、精力和金钱等。考虑到客户关系管理中企业要面对不同类型的客户,这就要求企业与客户的双向沟通应是针对不同特点的客户进行的有针对性的、个性化的沟通。因此,考虑到此种要求,企业应建立起完善的客户沟通策略。

值得注意的是,在与大客户的沟通过程中,企业应该做到:首先,可安排企业高层进行拜访,通过真诚交流和情感沟通彼此了解,使其认识到"一荣俱荣,一损俱损"的利害关系,进而向大客户表明诚意。其次,企业要站在大客户的立场,为大客户提供富有个性的、与时俱进的产品或服务,使大客户离不开企业,甚至产生对企业的依赖。这样,当发生利益冲突时,大客户就会理智些,甚至有所顾忌,不敢轻易损害双方的关系。最后,讲究策略和技巧,使大客户能以情为重,以双方关系的稳定为重。良好的沟通对合作双方来说是双赢的,所以对企业来说,加强客户沟通是建立完善的客户关系管理的不二法则。

案例链接 5-4　戴尔与客户的沟通

戴尔公司自创建以来,市值一直以两位数的百分比增长,在不足 20 年的时间里,以 1000 美元起家的戴尔已发展成为年销售额达 320 亿美元以上的公司,股票上市 10 年就增值了 300 倍!戴尔公司带给世人的经验和启迪是不可忽视的,其中在与客户沟通方面的成功经验就值得许多企业借鉴。

戴尔公司采用独特的"按需配置、直线订购"销售模式,允许客户自定义设计喜欢的产品,自由选择和配置计算机的各种功能、型号和参数。同时,戴尔公司还根据客户的性质(企业或个人)、用途、资金预算等信息推荐合适的机型和配置,再与客户进行进一步的沟通和商讨,最后按客户确认的配置订单通知生产线。由于从产品的最初设计开始就是和客户互动的过程,因此这种灵活的定制方式真正实现了个性化需求的满足。

戴尔公司的客户可以通过 800 免费销售热线订购自己所需的计算机,在使用过程中遇到任何问题也只需拨打全国统一免费电话,就会得到厂家专业化的服务。戴尔公司也因此能及时、准确地了解客户的使用体验和反馈意见,而这正是其他厂商花大力气也难以获取的信息。为确保服务的及时、周到,戴尔在全球各个客户服务中心都建立了一个服务电话网络,以中国为例,有 100 多个免付费电话可以直接打到厦门工厂。

戴尔公司通过计算机电话集成系统对打入的电话进行整理,并建立了一个客户信息数据库,开展售后服务时,客户只需把计算机序列号告诉服务的工程师,他们便能准确地查出客户所购计算机的所有配置和当地采购信息,并据此提供及时、有效的解决方案。

在按照客户的要求设计、生产并交付产品后,戴尔公司还会想方设法了解客户使用产品的体验以获得修改设计或制造程序的灵感,直接根据客户的反馈改进产品。例如,公司技术支持工程师通过拜访重要客户、接听客户打入的免费技术咨询电话获得相关信息,经过归纳整理后提交给公司研发部门进行进一步的分析和研究。因而,戴尔公司的主导产品始终能够为客户有完美的使用体验而不断地改进,新产品的开发也始终适应着客户需求的发展趋势。

对于一些全球范围内的大客户,戴尔对个性化需求的满足更是做到了极致,专门派驻小组,针对每位客户的特殊需要提供"专一整合服务",为客户提供终生的技术支持和服务,以维持终身制的客户关系。

1995 年,戴尔公司建立了戴尔在线网站 www.dell.com,客户可以直接登录网站,通过界面的人机对话,让客户在网上获得信息并进行交易,完成从配置到价格、从定购到交付及售后服务的全过程。

戴尔在线网站帮助戴尔公司更准确、快捷地了解客户需求,有计划地组织生产,提供直销服务、网上查询和预订,根据客户订货组织生产,最大限度地满足了客户的需要。网站主要包括客户产品信息自助查询、客户订货数据自助查询、支付或账单调整、网上故障诊断和技术支持等。戴尔公司还建立了一个全面的知识数据库,包含戴尔公司提供的硬件和软件中可能出现的问题和解决方法。

总之,戴尔公司坚持以客户为中心,利用先进的计算机技术、便捷的现代通信手段和蓬勃发展的互联网与客户进行完美的沟通,使大规模定制生产得以完美实现,最大限度地满足了客户个性化的需求。

资料来源:林牛国.战略管理会计应用探析——以戴尔公司为例[J].北方经济,2004(2).

三、客户投诉

(一)客户投诉产生的原因

1. 产品或服务的质量问题

客户投诉质量没有达到标准,或者经常出现故障。例如,当其他通信企业给客户提供了越来越多的服务,网络覆盖面不断扩大,接通率提高,掉线率下降时,本企业提供的通信服务却在很多地方打不通,或者经常掉线,那么客户的不满就会产生,甚至会投诉。

2. 服务态度或服务方式问题

如对客户冷漠、粗鲁,表情僵硬,或者表示出不屑;不尊重客户,不礼貌,缺乏耐心,对客户的提问和要求表示烦躁;服务僵化、被动,没有迅速、准确处理客户的问题;措辞不当,引起客户的误解。

微课:客户投诉

3. 受骗上当

企业在广告中过分夸大宣传产品的某些性能,引诱客户上当,造成客户预期的落空;或者企业对客户做了某种承诺而没有兑现,使客户的期望没有得到满足。

(二)处理客户投诉的四步骤

1. 让客户发泄

客户是给企业带来利润的人,是企业的衣食父母,是能够给企业造成损失的人,也是怀有偏爱和偏见的人。因此,客户不应是企业争辩或斗智的对象,当企业在一对一占了上风,那就是他们失去客户的时刻。

因此,客户来投诉时,应该热情地招呼对方,真诚地对待每一位前来投诉的客户,并且体谅对方的语气(客户投诉时情绪难免会过于激动)。

心理专家说,人在愤怒时,最需要的是情绪的宣泄,只要将心中的怨气宣泄出来,便会平静,所以,企业要让投诉的客户充分发泄心中的不满和愤怒。

在让客户发泄时要注意聆听和认同两个环节。

(1)聆听。要做一个好的聆听者,认真聆听,不无礼、不轻易打断客户说话,不贬损客户的自尊心和价值观。聆听时要注意用眼神关注客户,使他感觉到自己被重视,从而鼓励他说出心里话,同时还要协助客户表达清楚。

(2)认同。客户投诉时,最希望的就是自己能得到同情、尊重和理解,因此这时候要积极地回应客户所说的话,如果你没有反应,客户就会觉得自己不被关注,还可能会被激怒。

所以,我们可以在客户讲述的过程中不时点头,用"是的""我明白""我理解""您说的话有道理""是的,我也这么认为""碰到这种状况我也会像您那样"等话语表示对投诉问题的理解。

此外,还可以复述客户说过的话,以澄清一些复杂的细节,更准确地理解客户所说的话。当客户在长篇大论时,复述还是一个总结谈话的技巧。

影响投诉问题解决的原因可能是多方面的,即使因为政策或其他方面的原因根本无法解决,只要我们在与客户沟通的过程中始终抱着积极、诚恳的态度,就会使客户的不满情绪消减很多。

2. 记录投诉要点,判断投诉是否成立

要记录的方面有:投诉人、投诉对象、投诉内容、何时投诉、客户购买产品的时间、客户的使用方法、投诉要求、客户希望以何种方式解决问题、客户的联系方式……

在记录的同时,要判断投诉是否成立、投诉的理由是否充分、投诉的要求是否合理。如果投诉不能成立,要用婉转的方式使客户认清是非曲直,经过耐心解释来消除误会。

如果投诉成立,企业的确有责任的话,应当首先感谢客户,可以说"谢谢您对我说这件事……非常感谢,您使我有机会为您弥补损失……"要让客户感到他是受重视的,他的意见很宝贵。一旦客户受到鼓励,往往还会提出其他的意见和建议,从而给企业带来更多有益的信息。感谢之后要道歉,道歉时要注意称谓,尽量用"我",而不用"我们",因为"我们很抱歉"听起来毫无诚意,像是在敷衍塞责。俗话说"一语暖人心",话说得悦耳动听,紧张的气氛自然也就缓和了。

3. 提出可以令客户接受的方案并实施

道歉之后,就要着手为客户解决问题,要站在客户的立场来寻找解决问题的方案并迅速采取行动,否则就会显得虚情假意。

首先,要马上纠正引起客户投诉的错误。反应快表示你在严肃、认真地处理这件事,客户对此一定会很欣赏,拖延时间只会使客户感到自己没有被重视,会使客户的不满情绪变得越来越强烈。

其次,可以根据实际情况,参照客户的处理要求,提出解决投诉的具体方案,如退货、换货、维修赔偿等。提出解决方案时,要注意用建议的口吻,然后向客户说明它的好处。

如果客户对方案不满意,可以问问他的意见。从根本上来说,投诉的客户不是简单地要企业平息问题,而是要企业实质性地解决问题。所以,如果客户觉得处理方案不是最好的解决办法时,一定要向客户讨教如何解决。

最后,抓紧实施客户认可的解决方案。

4. 跟踪服务

即对投诉处理后的情况进行追踪,可以通过打电话或写信,甚至登门拜访的方式了解事情的进展是否如客户所愿,调查客户对投诉处理方案实施后的意见,如果客户仍然不满意,就要对处理方案再进行修正,重新提出令客户可以接受的方案。跟踪服务体现了企业对客户的诚意,会给客户留下很深、很好的印象,客户会觉得企业很重视他提出的问题,是真心实意地帮他解决问题,这样就可以打动客户。

此外,通过跟踪服务对投诉者进行回访,并告诉他,基于他的意见,企业已经对有关工作进行了整改,以避免类似的投诉再次发生,这样不仅有助于提升企业形象,还可以把客户与企业的发展密切联系在一起,从而提高其忠诚度。

(三)提高客户投诉处理方案质量的方法

1. 建立完善的投诉系统

企业应建立完善的客户投诉系统,对每一位客户的投诉及处理都要做出详细的记录,包括客户投诉的内容、处理投诉的过程及结果、客户是否满意等。这样做的目的是全面收集、统计和分析客户的意见，不断改进客户投诉的处理方案，并将获得的信息整理后传达给其他部门，以便及时总结经验和教训，为将来更好地处理客户投诉提供参考。

此外，要对投诉的处理过程进行总结与综合评价，提出改进对策，不断完善企业的客户投诉系统。

2．提高一线员工处理投诉的水平

一线员工往往是客户投诉的直接对象，然而目前许多企业不注重这方面的训练，员工处理客户投诉凭的是经验和临场发挥，缺少平息客户怒气的技巧。

企业应当利用各种形式对一线员工进行培训，教会他们掌握处理客户投诉的技巧，使一线员工成为及时处理客户投诉的重要力量。

此外，要赋予一线员工一定的权力，使他们在处理一些无法预见的问题时有相对大的自主权，以便对客户提出的意见和建议做出迅速的反应，从而保证为客户提供迅速、及时、出色的服务。

案例链接 5-5　海尔的"手搓式"洗衣机

在经过大量的市场调研、分析及模拟对比实验后，海尔第三代"手搓式"洗衣机问世了。该款洗衣机独有的"三维水流"，即回旋水流、全瀑布水流、偏心波轮万层水流，实现了搓洗衣物更干净，冲洗衣物更彻底，洗涤衣物防缠绕，真正形成了对衣物的全方位立体洗涤。同时，海尔第三代"手搓式"洗衣机还拥有包括手搓技术、健康技术、节水技术、透明技术在内的五大技术，达到更净、更省的效果。"波轮与内桶同时双向旋转，双倍搓洗，内桶与波轮采用抗菌材料，防霉抗菌"，使衣物不仅洗得更干净，而且更健康。"10 分钟速洗和 10 种水位选择"与"脱水孔自上而下，由大变小，利于脱水节水"，使得海尔第三代"手搓式"洗衣机比普通洗衣机更省时、更节水。另外，引领国际潮流的透明设计还可满足用户追求时尚的个性化需求。

资料来源：https://baike.so.com/doc/1810101-1914286.html。

3．警钟长鸣，防患于未然

首先，分析客户投诉的原因，查明造成客户投诉的具体责任人，并对直接负责人和部门主管按照有关规定进行处罚，必要时将客户投诉及相关处理结果在企业内部进行通报，让每一个员工都知道这件事，避免这类错误再度发生。

其次，提出"对症下药"的防止投诉问题再次发生的措施，不断弥补企业工作中的缺陷。

奥利奥的新口味由你定

奥利奥曾推出前所未有的芥末味和辣鸡翅味奥利奥饼干，上线 9 小时就被抢购一空，后来邀请网友一起共创新口味的奥利奥，不过，看看那些原材料，估计大家的味蕾又要迎来新挑战了：咸鱼、小龙虾、蒜末、鸡翅、芥蓝、韭菜……

2017 年，奥利奥和消费者共创新口味的活动——My Oreo Creation 已经在国外上线，该活动和国内的玩法略有不同,国外没有限制食材,你可以尽情地发挥想象力,也因此出现了很多"惊世骇俗"的口味,比如银河味、独角兽味等。活动最终选出了三种口味:牛油果味、爆米花味、胡萝卜蛋糕味,这三种口味已经在国外开始销售,成为奥利奥48种口味中的新成员。

看到这些新奇的搭配,你是不是也有点儿坐不住了?奥利奥推出了奥利奥奥次元小程序,将甜品店、DJ台、AR游戏机都纳入其中,还推出"玩味计划",让用户来决定奥利奥的新口味。用户可在小程序中选择搭配20种食材口味、210种夹心,合成属于自己的新口味,通过用户投票,最终得票数第一的口味将会被生产出来并作为奥利奥的新口味进行发售,你也会收到奥利奥的定制新品。

官方数据显示:截至2018年8月27日,参与活动的人数已经高达183万人,新口味创造量已经高达72 534种!目前票数最高的是辣鸡翅味,其次是小龙虾蒜末味和酸奶蓝莓味,当然在排行榜里也有不少奇怪的搭配出现,比如鸡翅配小龙虾味,估计是肉食爱好者想出的创意。

"玩在一起"是奥利奥近几年的营销主题,通过价值共创的方式,让消费者参与其中,也就是和消费者玩在一起,这不仅提升了消费者的体验感,还让奥利奥"玩在一起"的概念深入人心。通过品牌和消费者的共创,消费者成了整个产品生态链中的一部分,这种方式不仅满足了消费者的需求,还让奥利奥成为更懂消费者的品牌,真正地将吃奥利奥变成一项全民运动。这样的产品体验,比单纯的场景体验、传播体验更有效。

资料来源:https://mp.weixin.qq.com/s/xUZCvLjMqJLdXkDmWp3JYw.

思考:
除了上述措施,还有哪些措施可以提高客户的参与感?

实训一 根据市场调研提出某一产品的体验设计方案

茶叶包装颜色的选择就是一种艺术体验活动,有人曾把四份同样品质的绿茶分别倒入红、绿、蓝、棕色的茶罐中,然后请人饮用四个茶罐中的茶水,结果表明:80%的人认为,红色茶罐里的茶气味较浓郁,回味持久,茶叶档次较高;96%的人认为,绿色茶罐里的茶气味清新、香醇,品质纯正,茶水颜色清澈,是新茶;87%的人认为,蓝色茶罐里的茶有酸涩感,风味不佳;92%的人认为,棕色茶罐里的茶气味浓郁、醇厚,回味持久,品质纯正,是陈茶。

为寻找给人印象更直观的茶叶包装颜色,设计师可以用感性的词语对包装颜色和印象进行直接描述:刺激的/平淡的;新鲜的/陈旧的;现代的/怀旧的;都市的/乡土的;简洁的/繁琐的;明朗的/模糊的;高档的/经济的等。这些看似简单的描述可能成为茶叶包装颜色设计最基本的色彩定位。

对茶叶包装颜色设计的市场考察要使以下信息更加明确:竞争对象;相同或相似定位的产品种类及其包装的颜色设计状况;包装的颜色特点;消费群体的口味偏好和颜色偏好;市场对现有茶叶包装的反馈等。专业、准确的调查结果会使设计师在调查分析的基础上寻找到合适的颜色设计方案。

思考：

请根据市场调研提出某一产品的体验设计方案。

实训二　将体验营销进行到底

来自于瑞典的宜家家居主张并引导消费者进行随意、全方位的体验，以至于刚进入中国市场没多久，就吸引了众多消费者的眼球。其体验营销的操作方法，给其他企业提供了成功的范例。

1. 通过销售现场的精心布置刺激消费者感官

宜家鼓励消费者在卖场进行全方位的亲身体验，比如拉开抽屉、打开柜门、在地毯上走走、试一试床和沙发是否坚固等。宜家出售的一些沙发、餐椅的展示处还特意提示顾客："请坐上去！感觉一下它是多么舒服！"宜家的店员不会像其他家具店的店员一样，你一进门就对你喋喋不休，你到哪里她们跟到哪里，而是非常安静地站在一边，除非你主动要求店员帮助，否则店员不会轻易打扰你，以便让你静心浏览，在一种轻松、自由的气氛中做出购买的决定。

点评：宜家所采用的现场体验方式，其实是通过对人们感官的刺激，改变了人们的行为过程。因为在人们日常的购物中，很多消费者都会被现场的感性信息所吸引，因此现场的体验会影响到人们的购物决策。

2. 从用户的角度出发做产品

仅仅有好的场景设置，没有好的产品，带来的体验也不会是好的。宜家不仅把工夫花在现场的氛围体验上，在产品的设计方面也做了很多努力。宜家的产品设计充分考虑了消费者日常的使用习惯，一个产品是否适合消费者使用，宜家的开发人员、设计人员都和供应商之间进行了深入的交流，做了非常严谨的市场调查。宜家通过卖场深入了解消费者需求，并及时将信息反馈给产品设计人员，设计人员就会根据消费者的需求对产品进行改进和设计。

点评：在这个以消费者为导向的时代，谁为消费者想得多，谁就能够成为市场的赢家。因此，根据消费者的使用需要和习惯来设计人性化的产品，是体验营销的前提和有力的保障。

3. 通过产品体现消费者的生活阶级们提供了一个温暖的支撑

宜家的家具是为生活中的变动而设计的，一个新公寓，一段新恋情……只是随意地逛逛宜家商场都会让许多人振奋起来。宜家的许多空间都被隔成小块，每一处都展现了一个家庭的角落，而且都拥有自己的照明系统，向人充分展示了那可能的未来温馨的家。几年的运作，宜家成了一个文化符号，让长久以来渴望消费自由的中国新兴中产阶级心驰神往。

点评：当消费者将自己的人生主张、价值观、生活态度借由某种商品传达时，就表明他对该品牌的感官享受超过了临界点，开始形成对这一品牌的价值主张，这是品牌体验的最高

境界。这给我们带来的启示是:能不能挖掘出符合目标消费阶层的文化符号,并创造出品牌体验的氛围,是建立强势品牌的重要工作。就像星巴克咖啡一样,你无论置身在哪一家星巴克咖啡馆,都会体验到一种新的生活形态,这就是体验营销发挥了真正的作用。

4. 全程体验加深顾客印象

消费者购买家居时会有一些疑虑,那就是害怕不同的产品组合买到家之后搭配不协调,到时候后悔莫及。宜家在这一点上也给予了充分的考虑,它把各种配套产品进行家居组合并设立了不同风格的样板间,充分展现了每种产品的现场效果,甚至连灯光都展示出来,这样可以让消费者体验出这些家居组合的感觉以及体现出的格调。而且宜家的大部分产品都是可以拆分的,消费者可以将部件带回家自己组装,为此宜家还配备有安装的指导手册、宣传片和安装工具等。

点评:随着消费者消费意识的成熟,消费者对于消费过程的体验需求越来越强烈,宜家提供的正是一套全程体验参与的流程,让消费者不仅仅在现场体验,回到家后还可以自己动手安装体验,加深了消费者对产品和品牌的印象。

总评:从宜家的体验营销可以看出,客户体验是一切都围绕着消费者这个中心点来进行设计的,从产品设计一直到营销推广整个过程中的每一个环节,企业都必须始终站在消费者的体验角度来构思,不能像过去一样仅仅满足于把它做好,而是要考虑消费者在看到它、使用它时会产生什么样的感受,通过对消费者购买前、中、后的信息掌控,与消费者建立长久的顾客关系,以提高目标消费群体的忠诚度。

讨论:

请结合宜家的经验,讨论建立一个系统的客户体验营销需要开展哪些工作?

项目六

客户服务

项目概要

本项目从与客户初步接触讲起,介绍了与客户建立关系的步骤以及如何为客户开展服务。阐述了客户流失及其管理,包括客户流失分类、流失原因以及采取的措施;探讨了客户关系如何进行保持,详细地介绍了客户保持效果的评价指标以及客户保持的方法论。

学习目标

- 了解与客户建立关系的步骤;
- 理解客户流失及其管理;
- 掌握客户保持的方法论。

重点与难点

重点:客户流失采取的措施。

难点:客户保持效果的评价指标。

关键术语

客户服务　客户流失与管理　客户保持　优质服务

案例导入

六个核桃的客户关系管理之路

大健康时代,绿色、营养、健康将成为饮料行业的发展趋势。河北养元公司敏锐地意识到全面出击和模仿跟随没有未来,一定要集中自己的优势资源,打造独特的"亮点"才能撬动市场。在当时的植物蛋白饮料市场上,杏仁露和椰汁两个细分品类的市场格局已基本稳定,上行空间不大。核桃作为四大干果之王,其营养价值是大豆的8.5倍,花生的6倍,牛奶的25倍,肉类的10倍。但其饮品市场则近乎空白,因此公司选择核桃饮品的消费者群体作为目标市场,确立了目标集聚的客户关系管理创新战略。

河北养元在短时间内得以飞速发展成为行业黑马,除了成功的品类聚焦之外,品牌命名是其实现跨越的另一个助推器。好的品牌名称要简单易记,有亲和力,准确地向消费者传达其主张和内涵,才能赢得消费者的共鸣,获得持久的市场优势。养元从产品定位战略考虑将其主打产品命名为"六个核桃"。品牌名称与核桃相关,直接突出了产品的属性特点,也不会让消费者产生误解和反感。"六"在中国传统文化中寓意六六大顺,广为国人接受。这样简

单直接的品牌命名更易于消费者记忆和接受。

作为植物蛋白行业领军企业,河北养元对内加大科研力度提升品牌竞争力,对外则合纵连横,与行业顶级机构合作扩大影响力,让六个核桃在产品研发、加工过程控制、风险评估预测等领域始终居于行业领先。

在客户关系管理创新过程中,河北养元对产品质量的严格管控也成为企业的制胜之道。据悉,为从源头保障进入消费者手中的每一罐六个核桃都是真材实料,河北养元在原料筛选阶段就严格遵照科学、规范的"3·6·36"核桃采购标准,所有原料都来自中国三大核桃黄金产区:太行山、云南、新疆,2018年度六个核桃的原材料采购超过1亿公斤。同时,对这些产区的核桃还要进行水分、色泽、口感、饱满度、粒度、杂质六大检测指标和包括黄曲霉毒素、蛋白质、脂肪等在内的36项理化指标检测,确保每一颗核桃都达到安全、营养的品质标准。

信息时代,如何让消费者在同类产品中选择自己,是很多企业都非常困惑的问题。2009年以前,河北养元是一个区域性品牌,主要市场在河北。后期将广告语更改为"经常用脑,多喝六个核桃",使公司一下子赢得了学生和都市白领的好感和认同。2019年春节期间,六个核桃的营销传播除了加固"健脑补脑"功能诉求外,还联合人气短视频社交平台抖音,将"真材实料"的品牌特点植入受众心智。过年了,就要来点"真材实料",在抖音第一波短视频投放过程中,转评赞等互动超过72.4万条,曝光量近1.7亿。

资料来源:"六个核桃"年采核桃超1亿公斤助农民增收脱贫[EB/OL].[2019-05-15]. http://finance.china.com.cn/roll/20190115/4870661.shtml.

思考:

(1) 六个核桃采取了哪些措施才得以在激烈的市场竞争中不断发展壮大?

(2) 六个核桃的客户服务有哪些成功的关键要素?

任务一 客户服务体系

一、与客户建立关系

(一) 初步接触

包括自我介绍和开始会谈的方法。其实,开场白的好坏和客户接洽的成功与否没有很重要的联系,但也不能轻视,这里需要注意以下四点。

(1) 解决你是谁、你来这里干什么、你的目的是什么三大问题。

(2) 问合理的背景问题(不谈产品)。

(3) 尽快切入正题。在时间比什么都重要的现代社会,谁还有时间在上班的时候和你寒暄?何况说太多无关紧要的话只会让你谈正经生意的时间更少,这是新销售员最容易犯的错误。

(4) 不要在还没有了解你的客户时就拿出你的解决方法。当你还不了解你客户的现状和需求时,就告诉客户"我能帮你做什么",那除了是骗人还是骗人。

（二）了解客户，挖掘明确需求

几乎所有的企业都是通过提问的方式来了解客户的，在所有销售技巧中，了解客户可谓精华中的精华，在大客户的会谈中更是至关重要的。顶级的谈判专家曾做过研究，所有成功的销售都是了解客户的工作占70%，销售签单的工作占30%，而失败的销售刚好相反。了解客户并挖掘明确需求的提问技巧主要有以下四种。

（1）问背景问题。目的是了解客户现况，比如"贵公司有多少人""贵公司的销售（使用）额是多少"。建议事先做好准备工作，剔除不必要的问题。

（2）问难点问题。目的是找出客户现在所面临的困难和存在的不满。比如"贵公司的复印机复印速度会不会太慢""您的打印机是不是经常要维修"。建议以解决客户难题为导向，而不是以推广我们的产品和服务为导向。

（3）问暗示问题。目的是找出客户现在所面临困难可能带来的影响。比如"打印机老是出错会增加您的成本吗""复印机的速度太慢会影响您的工作效率吗""碎纸机的声音会影响你们工作吗"。建议问这样的问题之前先策划好，就不会让人觉得生硬而影响提问效果。

（4）问利益问题。目的是让客户深刻地认识并说出我们提供的产品/服务能帮他做什么。比如"比针式打印机更加安静的激光打印机对你们有什么帮助吗""如果每天可以减少50页的废纸量，能让你们节约多少成本"等。建议问的这些问题要对客户有帮助性、建设性，并一定要让客户自己亲口告诉你提供的产品/服务的利益所在。

（三）证明能力，解决异议

证明你的策略对客户是有帮助的有以下三个方法。

（1）特征说明。描述一个产品/服务的事实，如"我们有40个技术支持人员和5量配送车"。

（2）优点说明。说明一个特征是如何帮助客户的，如"我们的专业维修人员可以降低机器故障的频率"。

（3）利益说明。说明某利益能解决客户前面谈判时被挖掘出来的明确需求，如"我们可以提供像您所说的每周六送一次货"。这个利益说明可以防止异议的出现，而不是必须处理异议，最重要的是能赢得会谈人员对你策略的支持或证实。

（四）找出影响采购的客户类别

（1）从层次上划分，可以把客户分成以下三个层次。

① 操作层，就是指直接使用这些设备或者直接接触服务的客户。

② 管理层，他们可能不一定直接使用这些设备，但是他们负责管理这个部门。比如编辑部的主任。

③ 决策层，在采购过程中，他们参与的时间很短，但是每次他们参与的时候，就是来做决定的。

（2）从职能上划分，可以把客户分成以下三个类别。

① 使用部门，使用这些设备和服务的人。

② 技术部门，负责维护或者负责选型的人。

③ 财务部门,负责审批资金的人。

案例链接 6-1　键盘:以人为本

戴尔公司向一家报社的编辑部销售了一批电脑,编辑们对电脑非常满意,但对键盘的使用有些争议。销售人员决定给该客户定制键盘,客户因此召开了一次会议,参加会议的有编辑部主任、技术部门的工程师、编辑和记者。

编辑部主任:编辑记者每天都要用键盘来工作,我们一定要给他们配上最好的键盘。

记者小王:A 键盘手感非常好,又脆又响。

编辑小李:A 键盘手感是很好,但是声音太大了,编辑室 30 多个人,烦也烦死了。B 键盘不错,很安静。

技术部门:这两个键盘都不好。根据我们的维修报告,C 键盘的故障率是最低的。

谈到最后,谁也不知道到底哪个是最好的键盘。因各方争执不下,编辑部主任就说:"算了,我们不要换了,还是用戴尔的键盘吧。"

同样的产品,每个人的角度不同,对它的判断也不同。像上面的例子,记者希望手感好,编辑希望安静,技术部门关心的是故障率,财务部门关心产品的性价比……每个客户关心的内容都不一样,所以在做产品介绍的时候,就要有针对性地介绍。在大客户销售过程中,因为商业客户的角色分工很复杂,所以首先要把客户进行分类。

(1) 从层次上划分,可以把客户分成以下三个层次。

① 操作层,就是指直接使用这些设备或者直接接触服务的客户。

② 管理层,他们可能不一定直接使用这些设备,但是他们负责管理这个部门。比如编辑部的主任。

③ 决策层,在采购过程中,他们参与的时间很短,但是每次他们参与的时候,就是来做决定的。

(2) 从职能上划分,可以把客户分成以下三个类别。

① 使用部门,使用这些设备和服务的人。

② 技术部门,负责维护或者选型的人。

③ 财务部门,负责审批资金的人。

(五) 建立互信关系

互信关系是销售人员与客户之间的一架桥梁,通过它能够挖掘客户需求,可以介绍和宣传,一旦这种关系断了,那么其他的销售活动就无法进行下去了。

如何与大客户建立互信关系呢? 首先还是要了解客户的利益和兴趣,如果不能满足客户的利益,不能帮助客户得到想要的东西,建立互信关系就是一句空话。这里会涉及两种关系:客户的个人利益和客户的机构利益。

销售人员和客户的关系可分成以下四种类型。

- 不能满足客户的个人利益,也不能满足客户的机构利益的,叫做局外人。
- 能满足客户的个人利益,不能满足客户的机构利益的,叫做朋友。
- 不能尚足客户的个人利益,却能满足客户的机构利益的,称为供应商。
- 既能满足客户的个人利益,又能满足客户的机构利益的,称为合作伙伴。

销售人员与客户刚接触时,自己的公司与客户是相互了解、相互熟悉的过程。公司与客户最终的目标是成为合作伙伴。销售人员有以下两条途径可以选择:
- 局外人—朋友—供应商—合作伙伴。
- 局外人—供应商—朋友—合作伙伴。

(1) 第一条途径是先成为朋友,先跟客户个人建立互信关系,然后再成为它的合作伙伴;

(2) 另一条途径就是先利用产品的性价比赢取这个订单,满足客户机构的利益,再跟客户个人建立互信的关系,然后变成合作伙伴。

这两条途径都可以,但最好的方法是在销售的过程中,两手都要抓,两手都要硬。这样才能击败竞争对手,取得竞争优势。

为什么除了关注客户机构的利益,还要关注客户个人的利益?这个利益包括他的喜好、他的兴趣,因为客户的本质是人,人都愿意和他喜欢的人打交道。如果一见面就让客户产生厌烦的心理,根本就不可能卖出去产品。

建立互信的原则,既关注客户机构的利益,又关注客户个人的利益。与关键客户建立互信的总和,是与机构建立互信的基础。

信息速递 6-1　杜拉拉的全渠道购物体验

杜拉拉,迪卡侬长期会员,常用手机与各种社交工具,近期计划去马尔代夫度假。一个周末,杜拉拉登录了迪卡侬官网,浏览了户外品类商品,并把浮潜面罩与脚蹼放入购物篮。但由于不够确定,她并没有在网上立即下单,而是决定去店内看看。网站显示附近某店有库存及相关交通信息。当进入迪卡侬商店时,杜拉拉被"签到有礼"的广告吸引,她用微信签到,并获得 20 元代金券。店内 Wi-Fi 感应到了杜拉拉的到来,信息通知她购物车商品在 10 号架;店员也拿着显示杜拉拉档案的 iPad 来为她专门介绍。杜拉拉选择了脚蹼,但嫌面罩略贵;店员还根据信息提示推荐了一双户外鞋,杜拉拉开心接受后离开。店员推断面罩的购买激励不够,于是申请了一个 Offer,并短信告知杜拉拉:"如果购买面罩,我们将免费送您浮潜耳机。"回家途中的杜拉拉心动了,确认了购买订单。迪卡侬把物品快递到她家;杜拉拉在朋友圈"种了草",并获得了迪卡侬积分……很快,被"种草"的朋友圈好友也决定到迪卡侬逛逛。

资料来源:张启明,杨龙志.市场营销学[M].北京:机械工业出版社,2020:224.

二、为客户服务

你每天都要不停地接待你的客户,随时和你的竞争对手去进行抗衡。只有那些能给客户提供客户服务的商家,才能在激烈的市场竞争中站稳脚跟。那么客户服务主要表现在哪些方面呢?

(一) 对客户热情、给予尊重和关注

"顾客是上帝",对于服务工作来说更是如此,你只有做到尊重客户,尽力满足客户的每

一项需求,并以热情的工作态度去关注你的客户,客户才有可能对你的服务感到满意,你才能在竞争中占到有利的位置。

(二)帮助客户解决问题

客户能找到你,接受你的服务,他最根本的目的就是要你帮助他完美地解决问题。

 案例链接 6-2　你的第一选择会是什么呢

你去餐厅吃饭时,如果餐厅的服务员对你的服务态度很好,但是餐厅的菜却做得不好吃,价格又很高,你去了一次还会去第二次吗?如果你身体不舒服,要上医院,这时你有两种选择:一是去私人诊所,医生虽然特别热情,但你不会很放心;二是去大医院,可能那里的医生态度很恶劣,但是你会很放心。你的第一选择会是什么呢?去吃饭时,菜好吃是最重要的;去医院看病,能治好病才是最重要的。可见,能帮助客户解决问题,对服务代表来说往往才是最重要的。

资料来源:杨莉惠.客户关系管理[M].南京:南京大学出版社,2012.

(三)迅速响应客户的需求

大客户服务的一个重要环节就是要迅速地响应客户的需求,对于服务工作来说,当你的客户对你表达了他的需求后,你应在第一时间对他的需求做出反应。就上一个案例来说,你去的那家餐厅,菜做得非常好,可排队需要很长的时间,如果你为了吃顿饭,还要花1个小时甚至更长的时间去排队,你势必就会选择另一家餐厅了。

(四)始终以客户为中心

对客户服务代表来讲,你在为客户提供服务的过程中,是否始终都以你的客户为中心,是否始终关注他的心情、需求,这也是非常重要的。

始终以客户为中心不能只是一句口号或是贴在墙上的服务宗旨。始终以客户为中心应是一种具体的实际行动和带给客户的一种直观感受,如:快速地为客户倒上一杯水;真诚地向客户表示歉意;主动地帮助客户解决问题;在客户生日时主动寄上一张贺卡或打电话问候;在客户等候时为客户准备书刊以消磨时间等。

(五)持续提供优质服务

对人来说,做一件好事很容易,难的是做一辈子的好事。对企业来说也是如此,你可以为你的客户提供一次优质的服务,甚至一年,难的是能为你的客户提供长期的、始终如一的高品质服务。但如果你真的做到了这点,你必然会发现,企业逐渐形成了自己的品牌。如果那样,企业在同行业的竞争中就能取得相当大的优势。

当然,这种能力是在整个大客户服务过程中最难获得的一种能力,也是每一家想有所作为的企业都应竭尽全力地培养的一种能力。

(六)设身处地地为客户着想

设身处地地为客户着想是始终以客户为中心的前提,作为一名客户服务代表,能经常换位思考是非常重要的,设身处地地为客户着想意味着你能站在客户的角度去思考问题、理解客户的观点、知道客户最需要的和最不想要的是什么。只有这样,才能为客户提供"大"服务。

(七)提供个性化的服务

每个人都希望获得"优待",如果你能让你的客户享受与众不同的服务和格外的尊重,这会使你的工作更顺利地展开。个性化的服务指对客户的一些特殊的要求,你也依然能及时地去满足。

如果说一家企业或一名服务代表能同时做到以上七点,那么他所提供的服务就是一种货真价实的"大"服务。

如何面对客户的服务挑战?在今天,随着市场竞争的日益激烈,服务工作也相应地面临着更严峻的挑战,人们该怎样去面对这些挑战呢?可以主要从以下三个方面着手。

- 坚持一种以客户为中心的原则,始终如一地关注客户的需求。
- 理解你的客户和他对服务的想法。
- 掌握一种有效的服务技巧,去指导你的服务行为,而不是完全凭借自己的感受去做事情。

如果你做到了以上三点,那你就能很从容地去应对工作中所面临的一些服务挑战。

案例分析

小米手机购买决策

小米手机之所以能在中国市场稳住地位,仰仗的就是价格优势。多年来,小米坚持自己的性价比路线,由此积累了不少铁杆用户。事实上,小米手机的利润非常低,有很多机型的价格接近成本价。

1. 红米 Note 7

这款手机的屏幕采用比较新潮的水滴屏设计,机身采用硬度比较高的玻璃材质,使用者根本不用担心手机掉在地上会摔坏。在处理器上搭载的是骁龙660处理器,跑分能达到14万分以上,整体性能处于中端水平,在多个App运行和日常的应用之间切换非常流畅。这款手机使用了4800万像素+500万像素的摄像头配置,照片成像质量很不错。在电池上配备的是4000毫安的电池容量,达到了旗舰级别的电池水准。总体来讲,这款手机各方面都很不错,而且价格非常低。

2. 小米 8

这款手机是旗舰手机中最具性价比的一款,骁龙845处理器可以让用户在玩大型手机游戏的时候流畅运行,所有的App都能够顺利地切换使用。在相机配置上,这款手机选择的是1200万像素的后置AI双摄,照片均衡度有着不错的表现。外观上是跟随潮流的刘海

屏幕设计,加上红外线的识别功能。整体来说,这款手机在同配置的机型中具有价格优势。

3. 小米MIX3

外观设计采用了滑盖式设计,因为机身结构的变化,手机的重量有些增加,但是手机的机身并不厚,上手的体验感还是很不错的,而且提升了不少的占屏比,全面屏的意义体现得很完美。在处理器上配备的也是主流的骁龙845处理器,性能体现非常强悍,玩游戏的话完全不需要担心会有卡顿的情况出现。这款手机在电池续航上稍微有点不足,3200毫安的电池比起主流的4000毫安的容量还是有一定差距,不过支持10W的无线快充,倒也没有太大的问题。在拍照上这款手机在更新之后,支持960帧的慢动作拍摄,玩法新颖,在夜景模式下也有着出色的表现,对于人们日常的拍照需求可以轻松满足。这款手机与如今的一流旗规手机相比便宜很多。

这三款手机都是性价比非常高的机型。如果追求手机性能的话,后面两款手机更理想,性能表现强大,完美应对所有的游戏,重要的是性价比也很高。

思考:

(1)假如你想购买某款手机,在选择机型时,你将考虑哪些因素?

(2)假如你是手机店的销售人员,你将如何根据顾客决策过程采取相应的策略?

任务二 客户流失及其管理

在企业运行过程中,不可避免地会发生客户流失的现象。客户流失对企业而言,不仅会造成商品的市场份额、销量下降,还会影响企业的信誉、产品的口碑。有效降低客户流失率是每个企业都必须要解决的问题。

一、客户流失的分类

客户流失一般包括两种情况:客户主动选择转移到另外一个供应商使用他们的产品和服务,称为主动流失的客户;而那些由于恶意欠款等原因被企业解除服务合同的客户则是被动流失客户。

(一)主动客户流失

微课:客户流失的原因

现在的用户最关心的已经不单纯是产品和服务的价格了,而是产品和服务能否满足他们的需求。只有在能符合其需求时,他们才可能会考虑价格。据调查,有些用户主动流失的原因是因为他们不能充分理解供应商所提供的产品和服务的特性,比如电信业的各种通话方式及多样组合的收款方式和服务等。他们的疑惑和迷茫使他们去选择了竞争对手。如果供应商的产品服务的说明更加贴切,服务更加周到,并且能帮助客户从通话质量、覆盖率、售后服务、产品特性等多方面了解产品服务的优势,客户也许会改变主意。

还有些客户的主动流失因为他们没有被告知企业有新的产品和服务,或者被给予明晰的关于采用新技术的产品的功能和特性方面的介绍。这使客户无法了解现有供应商所能够提供的产品和服务的最新背景,于是转而选择了其认为技术创新强的竞争对手。

可以说,随着新的服务、应用的出现,用户有了比以往更多的选择空间。这使现有供应商不得不面临更大的挑战。

(二)被动客户流失

由于恶意欠款或者累计债务等原因导致供应商被迫终止其业务的用户称为被动流失的客户。这些问题的发生其实是由于供应商未能有效地监控到那些具有信用风险的客户,并且没有适时采取措施。我们能够发现那些被动流失的用户相对于其他正常用户有着不同的服务使用模式,这都需要供应商采取各种的分析和跟踪手段来加以解决。

按不同的标准分类,客户流失可以是与企业发生一次交易互动关系的新客户的流失和与企业长期发生交易互动关系的老客户的流失;可以是中间客户(代理商、经销商、批发商和零售商)流失,也可以是最终客户流失。不论是哪一类客户,由于种种原因,随时都存在着离开企业的可能性。通常而言,老客户的流失率小于新客户的流失率;中间客户的流失率小于最终客户的流失率;中老年人的流失率小于青年人的流失率;男性的流失率小于女性的流失率。

二、顾客流失率

客户流失率又称顾客流失率,是指客户的流失数量与全部消费产品或服务客户的数量的比例。用公式表示如下:

$$顾客流失率 = 顾客流失数 / 消费人数 \times 100\%$$

这是客户流失的定量表述,也是判断客户流失的主要指标,直接反映了企业经营与管理的现状。

三、客户流失的原因

(一)主动客户流失的原因

客户流失的原因主要有以下三种类型。

1. 自然流失

这种类型的客户流失不是人为因素造成的,比如客户的搬迁或死亡等。自然流失所占的比例很小。企业可以通过广泛建立连锁服务网点和经营分公司,或者提供网上服务等方式,让客户在任何地方、任何时候都能方便快捷地使用企业的产品和服务,减少自然流失的发生。

2. 竞争流失

由于企业竞争对手的影响而造成的流失称为竞争流失。市场上的竞争突出表现在价格和服务上。在当前日益激烈的市场竞争中,企业首先要考虑的是保留住自己现有的客户,在此基础上再去吸引和争取新的客户。

通过市场竞争分析，包括市场占有率分析、竞争对手发展情况分析、供应商行为分析、合作商行为分析等，可以防止部分流失的发生。市场占有率分析使市场人员能够了解不同时间段内、不同业务品牌的产品或服务的市场占有率情况，了解市场中最有价值产品或服务，了解不同产品的主要竞争对手是谁，从而为市场经营提供指导。可以从竞争对手客户发展情况、竞争对手客户收入情况、竞争对手客户呼叫行为、竞争对手营销策略、竞争对手服务质量五个方面，对竞争对手发展情况进行分析预测。

面对激烈的市场竞争，企业一般可以采取以下三种策略。

（1）进攻策略。集中力量，发挥自身优势，主动发起攻势，改进产品和服务质量，提高产品声誉，增加品牌优势。

（2）防守策略。如果企业自身能力有限，就应当努力提高服务水平和质量，实行优惠政策，尽量保持和巩固现有市场。

（3）撤退策略。企业通过市场分析或前景预测，如果感到前景对自己不利，就可以干脆放弃这种产品或服务品种，以节约资源开发新产品、占领新市场。

3. 过失流失

上述两种情况之外的客户流失称为过失流失。这些流失都是由于企业自身工作中的过失引起了客户的不满而造成的，比如企业形象不佳、产品性能不好、服务态度恶劣等。过失流失在客户流失总量中所占的比例最高，但同时也是企业可以通过采取一些有效手段来防止的。

Keaveney 曾经对 45 个领域内的企业进行过一系列的采访和调查，发现导致过失流失的因素主要有以下几种。

（1）产品质量与价格差强人意。产品的质量与价格是导致客户流失的主要因素之一。为客户提供品质优良的产品是企业必须尽到的义务。粗制滥造或性能不达标的产品必然导致客户的流失。所以，企业开展其他商业活动时必须以产品的高质量为基础。产品和服务的个性化也可以有效地降低企业的客户流失率。

（2）对客户不闻不问。客户的抱怨和询问不能得到妥善的处理就会造成他们的流失。企业应当认真倾听客户的意见，及时、妥善地解决，并将处理的结果反馈给客户，让他们感觉到自己受到了尊重。这样做不仅可以提高客户的满意度和忠诚度，而且还能从客户那里收集到免费的建议，以便于不断改善企业的产品和服务。通过多种渠道建立有效的反馈机制能帮助企业有效地与客户进行沟通和交流。

（3）对员工置之不理。为了保留客户，企业必须首先赢得自己的员工的信任，特别是那些直接与客户打交道的人员。企业员工的流失，可能导致和他长期保持联系的重要客户的流失。频繁的员工流动不仅增加了企业培训员工的成本，还会使客户不得不重新认识并熟悉新的接触对象，这可能增加了他们的不适而导致流失发生。为了减少客户流失率，企业必须拥有高素质的、稳定的员工群体。

（4）不注重企业形象。良好的企业形象会增加客户的信赖。企业应该在各方面尽量避免产生负面的社会影响，要以优质的产品和服务、良好的企业文化、完善的售后服务机制和积极进取的企业目标来赢得客户的信赖,从而减少流失的发生。

(5) 思想消极、故步自封。客户的需求是不断变化的。企业如果不能了解客户需求的变化,及时更新产品和服务,让客户有更多的选择余地,而是故步自封,满足于现状,就会造成客户的流失。

(二) 被动客户流失的原因

被动流失产生的原因主要有以下几个方面。

1. 非恶意性被动流失

非恶意性被动流失比较容易避免,而且出现这种情况的可能性本身就不大。一个有效的避免方法就是为客户提供业务提醒服务。电信部门可以在交纳电话费的限定日期前对客户进行语音提醒,以防止客户忘记交费的情况发生。此外,还应当给客户提供多种方便缴纳电话费的途径,例如可以通过电话支付、银行支付和网络支付等。

2. 报复性被动流失

报复性被动流失指客户因对企业的产品和服务不满而实施的报复行为。从根源上来讲,报复性被动流失的责任不全在客户。要防止和减少这类流失,企业必须及时、妥善地处理客户的抱怨和投诉,整顿企业的管理机制,不断改善产品性能和功能。

3. 恶意被动流失

恶意被动流失一般是由于客户的信用度低或客户故意诈骗等原因导致的。对此类客户没有保留的必要。

可以采取以下措施预防和避免客户的恶意被动流失行为。

(1) 建立完善的客户资料库。在与客户合作初期就要让客户填写详细的有关信息并验证其有效性,以便能够在客户"失踪"之后找到他们。同时,在日常的合作中,也要与客户保持紧密的联系。

(2) 对客户信誉度进行评估。详细记录客户交易活动的历史数据,建立客户信誉度评估机制,对客户可能的欺诈行为进行预测。

(3) 采用预付费方式。比如预付电话费可以有效防止客户欠费后的流失。

(4) 通过法律措施。随着各项法律、措施的完善,企业可以运用法律的手段来解决客户的恶意欺诈行为。电信企业可以加强对用户的认证监管,并与公安、司法部门联合打击用户的违法行为。

四、客户流失管理

客户流失管理就是在明确客户流失的根本原因基础上,有针对性地制定各种层面的应对措施,通过企业的销售、营销、服务等部门及其渠道分销商,运用商务的、技术的手段从全方位进行客户挽留的管理。客户流失管理的目标,从浅层而言,是降低客户的流失率,提高企业的收益;从深层而言,则是使其成为企业发展的核心战略之一,进而发展为企业的文化。

进行客户流失的管理,可以遵循一套可行的流程。首先进行客户的流失分析,找出引发流失的根本原因,然后构建客户流失模型,找出可能流失的客户,接着通过各种营销活动和有针对性的服务来提升客户满意度,挽留客户。最终引入各种度量体系来评估客户流失管理的有效性。

客户流失管理将通过流程标准、有效地度量、及时地改进和控制,从而真正地帮助企业达到挽留客户、提高收益的目标。

(一)客户流失管理的原则和要素

1. 客户流失管理的原则

在进行客户流失分析管理流程时,需要遵循多个原则。这里归纳了八个最主要的原则。

(1)企业级的战略执行。明确客户流失管理的普遍实施是企业战略优先级的,是最高等级的。

(2)数据驱动的研究。管理者必须以现实的数据为基准,不应该出现凭空的、没有依据的假设。

(3)有全局的视角。任何行动或者举措都应该且必须包括可能影响客户流失的所有的客户接触点,及所有在整个企业价值链中面向客户的部分。

(4)多种诊断评估方法。多种评估手段具有对比性、参考性。可以用深度调查、呼叫中心监控、客户问卷等方法。

(5)资源的有效使用。基于所拥有的时间、资源和相应的影响程度来有效地调配相关的资源。

(6)坚定而又明确的目标。目标必须明确且合理、可实现,确保全体人员执行的一致性。

(7)自由地沟通。提供开放式的沟通机制,提高信息的自由度。

(8)有效地度量和改进。有明确的衡量实施效果的标准,能够及时有效地帮助进行调整和改进。

2. 客户流失管理的要素

在遵循以上八个基本原则的基础上,此处还归纳了九个要素作为关键的控制和行为对象。

(1)工具。提供企业员工有效的工具(例如计算机系统)和手段来辅助其更好地服务客户。

(2)培训。给予员工更好地培训(如培训销售代表对不同的客户需求及时提供各种合适的解决方案)。

(3)政策。制定或者调整企业政策及规则,使员工能够更快、更有效地对客户的需求进行响应,而不需经过内部的、冗杂的流程。

(4)流程。对于具体的目标,需要设置和调整各种管理流程,从而能够达到更好的效果(如通过流程来更好地监控和管理风险客户)。

(5)系统。需要建立信息技术系统从而使各种管理模式和管理流程的运作更加有效、快捷。

（6）结构。调整企业的组织结构从而更好地满足客户的特殊需求,比如调整部门使其成为客户导向的运营管理部门。

（7）共享。企业会从各个客户接触点获取各种客户的相关信息,有效管理的基本要求就是需要使所有的信息在企业内部各个职能部门共享,使大家都从同样的视角来认知客户、了解客户。

（8）激励。为了达到预期的目标,企业需要引入各种激励机制,促使所有的员工能够充满激情地、行动一致地达成共有的目标。

（9）衡量。建立各种性能评估机制和指标来有效衡量目标完成的程度,从而辅助企业制定各种改进措施。

（二）对不同级别客户流失的态度

因为不是每一位流失客户都是企业的重要客户,所以如果企业花费了大量时间、精力和费用,留住的是使企业无法盈利的客户,那就不值得了。因此,在资源有限的情况下,企业应该根据客户的重要性来分配投入挽回客户的资源,挽回的重点应该是那些最能盈利的流失客户,这样才能实现挽回效益的最大化。

针对下列不同级别的流失客户,企业应当采取的基本态度如下。

1. 对"关键客户"的流失要极力挽回

一般来说,流失前能够给企业带来较大价值的客户,被挽回后也将给企业带来较大的价值。因此,给企业带来价值大的关键客户应是挽回工作的重中之重,他们是企业的基石,失去他们,轻则会给企业造成一定的损失,重则让企业名声扫地。

所以企业要在第一时间不遗余力地将"关键客户"挽回,而不能任其流向竞争对手,这也是企业必须做和不得不做的事情。

2. 对"普通客户"的流失要尽力挽回

普通客户的重要性仅次于关键客户,而且普通客户还有升级的可能,因此,对"普通客户"的流失要尽力挽回,使其继续为企业创造价值。

3. 对"小客户"的流失可见机行事

由于"小客户"的价值低,对企业又很苛刻,数量多且很零散,因此,企业对这类客户可采取冷处理,顺其自然。如果不用很吃力,则可以试着将其挽回。

4. 彻底放弃根本不值得挽留的流失客户

例如,以下情形的流失客户就根本不值得挽回:不可能再带来利润的客户;无法履行合同规定的客户;无理取闹、损害了员工士气的客户;需要超过了合理的限度,妨碍企业对其他客户服务的客户;声望太差,与之建立业务关系会损害企业形象和声誉的客户。

（三）制定好客户流失解决方案

1. 做好质量营销

通用电气公司董事长杰克·韦尔奇说过:"质量是通用保持顾客忠诚度最好的筹码,是

通用对付竞争者最有力的武器,是通用维持发展和盈利的唯一途径。"可见,企业只有在产品质量上下功夫,保证产品的耐用性、可靠性等价值属性,才能在市场上取得优势,为产品的销售及品牌的推广创造一个良好的运作基础,也才能真正吸引客户、留住客户。

2. 提高服务质量

树立"客户至上"意识,帮助员工认识客户满意的重要性。客户是企业生存的根本,员工一定要认识到客户满意的重要性,只有认识到其重要性,才能真正为客户着想,处处使客户满意。客户首先面对的是企业的一线员工,员工服务态度、服务质量的好坏将直接影响客户对企业的印象。这就需要企业加强员工服务意识方面的培养,建立"无客户流失"文化,并将其渗透到员工的观念上,贯彻到行动中。

很多企业为了发现自身存在的问题,经常雇一些人装扮成潜在顾客,报告潜在购买者在购买本公司及其竞争者产品的过程中发现的优缺点,并不断改进。例如,肯德基快餐店就经常采用这种方法。美国肯德基国际公司的子公司遍布全球60多个国家和地区,达9900多个,如何保证他的下属能按部就班工作呢?一次,上海肯德店有限公司收到了3份总公司寄来的鉴定书,对他们外滩快餐厅的工作质量分3次鉴定了评分,分别为83分、85分、88分。分公司中外方经理都为之感到惊讶,这三个分究竟是怎么定的呢?原来,肯德基国际公司雇用、培训了一批人,让他们佯装顾客进入店内进行检查评分,来监督企业完善服务。

这些"购物者"甚至可以故意提出一些问题,以测试企业的销售人员能否适当处理。例如,一个"购物者"可以对餐馆的食品表示不满意,以试验餐馆如何处理这些抱怨。企业不仅应该雇用这些假扮的"购物者",经理们还应经常走出办公室,进入他们不熟悉的企业以及竞争者的实际销售环境,亲身体验作为"客户"所受到的待遇。经理们也可以打电话到自己的企业,提出各种不同的问题和抱怨,看企业的员工如何处理这样的电话,从而判断客户的流失是不是员工态度的问题,及时发现公司的制度及服务中存在哪些不足,以便改进。

3. 降低客户的消费成本

企业在竞争中为防止竞争对手挖走自己的客户,同时为了战胜对手、吸引更多的客户,就必须向客户提供比竞争对手更多具有"客户让渡价值"的产品,这样,才能提高客户的满意度,并试探双方深入合作的可能性。为此,企业可以从两个方面改进自己的工作:一是通过改进产品、服务提高产品的总价值;二是通过改善服务和网络促销系统,减少客户购买产品的时间、体力和精力的消耗,从而降低其货币和非货币成本。

4. 对流失的客户进行成本分析

部分企业员工会认为,客户流失就流失了,旧的不去新的不来。但其实他们根本就不知道流失一个客户企业要损失多少。一个企业如果每年降低5%的客户流失率,利润每年可增加25%~85%,因此对客户进行成本分析是必要的。据资料记载,美国一家大型运输公司对其流失的客户进行了成本分析,该公司有64 000个客户,由于服务质量问题,一年中流失了5%的客户,也就是有3200个(64 000×5%)客户流失。平均每流失一个客户,企业就损失40 000美元,相当于公司一共损失了128 000 000美元(3200×40 000)。假如公司的盈利率为10%,那这一年公司就损失了12 800 000美元(1 280 000 000×10%)的利润,而且随着时间的推移,公司的损失会更大。面对单个客户的流失,或许很多企业会不以为然,看到这个惊人的数字,不由得会在心里重视起来。客户给企业带来的利润是不可估量的,有效地防止客户流失,让员工真正从心底认识到这个问题的严重性十分重要,对流失的客户进行成本分析也是很必要的。另外,获取一个新客户的成本是保留一个老客户成本的5倍,而且一个不满意的客户平均要影响5个人,以此类推,企业每失去一个客户,其实意味着失去了很多个客户,因为口碑效应的影响是巨大的。

5. 加强市场监控力度

企业应建立督办系统,迅速解决市场问题,从而保证客户的利益,如窜货问题导致客户无利可图,企业应迅速解决。企业应定期派出业务人员到市场上进行巡查,一旦发现窜货迹象,要及时向企业反映,以争取充足的时间采取措施防止窜货的发生,有效降低经营风险,保住客户。

6. 建立投诉和建议制度

95%的不满意客户是不会投诉的,仅仅是停止购买,最好的方法是要方便客户投诉,一个以客户为中心的企业应为投诉和提建议提供方便。许多饭店和旅馆都备有不同的表格,请客人诉说他们的喜忧。宝洁、通用电气、惠而浦等著名企业,都开设了免费热线电话。很多企业还增加了网站和电子信箱,以方便双向沟通。这些信息流为企业带来了大量新点子,使他们能更快地采取行动、解决问题。3M公司声称他们的产品改进方案有2/3以上是来自客户的意见。

7. 与客户建立关联

企业与客户合作的过程中会发生很多短期行为,通过分析发现,短期行为不仅给企业带来很多的不利,而且给客户本身带来了资源和成本的浪费。企业应该向客户充分阐述自己的美好愿景,使客户认识到自己只有跟随企业才能够获得长期的利益,这样才能使客户与企业同甘苦、共患难,不会被短期的高额利润所迷惑,从而投奔竞争对手。

同时,企业应该与客户进行深入沟通,防止出现误解。企业应及时将自己经营战略与策略的变化信息传递给客户,便于客户工作的顺利开展,还应及时把客户对企业产品、服务及其他方面的意见、建议收集上来,将其融入企业各项工作的改进之中。这样,一方面可以使客户知晓企业的经营意图,另一方面可以有效调整企业的营销策略以适应顾客需求的变化。

在优化客户关系方面,感情是维系客户关系的重要方式,日常的拜访、节日的真诚问候以及婚庆喜事、过生日时的一句真诚祝福、一束鲜花,都会使客户深为感动。交易的结束并不意味着客户关系的结束,在售后还要与客户保持联系,以确保他们的满足持续下去,以此获得客户信赖,防止客户流失。

总之,对有价值的流失客户,企业应当竭力、再三挽回,最大限度地争取与他们"破镜重圆""重归于好"的机会;对其中不再回头的客户也要安抚好,使其无可抱怨、无闲话可说,有效地阻止他们散布负面评价并造成不良影响;而对没有价值甚至是负价值的流失客户便可抱放弃的态度。

任务三　客户保持

客户关系管理的一个基本要素是保持客户,另一个要素是理解客户的价值。对客户关系进行管理的真正目标是实现客户的长期满意,而不是着眼一次性的交易。对于想获得客户长期价值的企业而言,首先就要弄清楚是什么原因促使客户重复选择它的产品,又或者是什么原因使得客户离开,以及企业能够通过哪些手段来提高客户的满意度,从而达到保持客户的目的。人们所说的客户保持,并不仅仅指延长客户关系的维持时间,而是指以提高客户的忠诚度为目的,同时提高顾客保持度和顾客占有率的管理手段。

一、客户保持管理的内容

(一)建立、管理并充分利用客户数据库

公司必须重视客户数据库的建立和管理,注意利用数据库来开展客户关系管理工作,应用数据库来分析现有客户的简要情况,并找出人口数据及人口特征与购买模式之间的联系,同时为客户提供符合他们特定需要的定制产品和相应的服务。通过各种现代通信手段与客户保持自然密切的联系,从而建立起持久的合作伙伴关系。

信息技术的发展使得数据库营销成为可能,它使公司能够利用有关客户的偏好、购买行为等信息组成的多元数据库进行综合分析,以便更好地留住老客户并争取新客户。例如,对多个客户档案和多组相关数据进行综合分析,对特定客户的多次购买行为进行分析,识别出各个客户的功能模式;也可以按照不同标准对客户源进行各种分割归类,有的放矢的对准目标进行联系交流;同时,还应跟踪监测他们的反应,并加以推敲。先进的数据仓库与数据挖掘技术为这一系列工作的开展提供了便利,使市场开拓人员可以基于数据和事实行事,而不是传统上基于直觉采取行动。

(二)通过客户关怀提高客户满意度与忠诚度

客户关怀活动应该包含客户购买前、购买中到购买后的全部客户体验过程。购买前的客户关怀活动主要是在提供有关信息的过程中沟通和交流,这些活动能为公司建立与客户之间的关系打下基础,就好比向客户开启了一扇大门,为鼓励和促进客户购买产品和服务做准备。购买期间的客户关怀与公司提供的产品和服务紧密地联系在一起,包括订单的处理以及各个相关的细节都要与客户的期望相吻合,满足客户的需求。购买后的客户关怀活动主要集中在高效地跟进和圆满地完成产品的维护和修理的相关步骤。售后的跟进和提供有效的关怀,其目的是让客户能够重复购买公司的产品和服务,并向周围的人多做对产品和服务有益的宣传,形成口碑效应。

(三)利用客户投诉或抱怨,分析客户流失原因

为了留住客户、提高客户保持率,就必须寻根究底地分析客户流失的原因,主要方法是

分析客户的投诉和抱怨。客户对某种产品或服务不满意时,他可以说出来,也可以一走了之。如果客户拂袖而去,企业连消除他们不满的机会都没有。

在 Oracle 的 CRM 产品之中就有专门针对纠纷、次货和订单跟踪、现场服务管理、记录发生过的问题及其解决方案、维修行为日程安排及调度、服务协议及合同,以及服务请求管理等功能。

又如,从 1999 年 10 月起,T 牌汽车采用最新工作流程计算机化技术,引进客户抱怨跟踪系统,以实现"客户第一"的理念。借助于这个系统,公司可以轻易地查询客户历史资料、疑难处理经验库,并以电子化流程获取客户投诉案件的处理进度、客户投诉问题的交叉分析等,如此确保每一位客户的声音被听到,不断增强企业的竞争优势。

大多数客户是很容易满足的,只要公司兑现了曾对他们许下的承诺。当然,公司失去客户的原因有很多,如客户搬迁、自然流失、因他人建议而改变主意等,其中最重要的原因是:厂商置他们的要求于不顾。客户的流失比废品的出现糟糕得多。扔掉一件废品,损失的只是那件产品的成本;但当一位不满意的客户离开公司时,所造成的损失就是一个客户为企业带来的几年的利润。更糟糕的是,公司可以对所有有缺陷的产品和零部件进行彻底检查,从而发现问题的根源,但是,火冒三丈的客户甚至不愿意提及离去的原因,除非公司花费精力去寻找,否则永远无法了解其中的真相。

投诉的客户仍会给予企业弥补的机会,他们极有可能再次光临。因此,企业应该充分利用客户的投诉和抱怨这一宝贵的资源。不仅要及时解决客户的不满,而且应鼓励客户提出不满意的地方,以改进企业产品质量或重新修订服务计划。

二、影响客户保持的因素

影响企业客户保持能力的因素有以下几个方面。

(1) 客户购买行为会受到文化、社会环境、个人特性、心理等方面的影响。这部分因素是企业无法控制的,但是对于了解客户的个体特征有着重要的意义。由于来自同一社会阶层或具有同一种心理、个性的客户往往具有相似的消费行为,企业可以通过这些因素对客户进行分类,对不同种类的客户实施不同的营销策略。同时,企业可以将不同客户的销售结果与客户特性做对比,从而了解它们之间的关联。

(2) 客户满意与客户保持有着非线性的正相关关系。企业可以从建立顺畅的沟通渠道、及时准确地为客户提供服务、提升产品的核心价值和附加价值等方面来提高客户的满意度。

(3) 客户在考虑是否转向其他供应商时必然要考虑转移的成本。转移成本的大小直接影响客户保持。转移成本的大小会受到市场竞争环境和客户建立新的客户关系的成本影响。

(4) 客户关系具有明显的生命周期的特征,在不同的生命周期阶段中,客户保持具有不同的任务,一般来说,在考察期,客户的转移成本较低,客户容易流失。而随着交易时间的延长,客户从稳定的交易关系中能够获得越来越多的便利,节省了转移成本,客户也就越来越趋于稳定,容易与企业保持原有的交易关系,这时企业需要一如既往地提供令客户满意的服务和产品。

三、客户保持效果的评价指标

企业在对客户保持的管理中,应当设计一系列定量指标来考核工作目标。企业的个体经营情况有很多不同,因此,不同企业在设计客户忠诚度的量化考核标准时可以从自身各个方面加以考虑,然后根据实际情况选择合适的因素,并给予不同的权值来得出一个综合评价得分。一些企业通用的也是相对重要的考核标准有以下几个。

(1) 客户重复购买率。考核期间内,客户对某一种商品重复购买的次数越多,说明对此产品或服务的忠诚度越高,客户保持效果越好;反之则越低。此项指标还适用于同一品牌的多种产品,即如果客户重复购买企业同一品牌的不同产品,也表明保持度较高。由于产品的用途、性能、结构等因素也会影响客户对产品的重复购买次数,因此在确定这一指标的合理界限时,需根据不同产品的性能区别对待,不可一概而论。

(2) 客户需求满足率。客户需求满足率是指一定时间内客户购买某商品的数量占其对该类产品或服务全部需求的比例,这个比例越高,表明客户的保持效果越好。

(3) 客户对本企业商品或品牌的关注程度。客户通过购买或非购买的形式,对企业的商品和品牌予以关注的次数、渠道和信息越多,表明忠诚度和保持度越高。

(4) 客户对竞争产品或品牌的关注程度。如果客户对竞争商品或品牌的关注程度提高,多数是由于客户对竞争产品的偏好有所增加的缘故,表明忠诚度有可能下降。

(5) 客户挑选和购买的时间。消费心理研究者认为客户购买商品都要经过挑选这一过程,但由于依赖程度的差异,客户购买不同产品时的挑选时间也不相同。因此,从挑选和购买时间的长短上也可以鉴别其对某一品牌的忠诚度。一般来说,客户挑选的时间越短说明他对这一品牌的忠诚度越高,反之则说明他对这一品牌的忠诚度较低。

(6) 客户对价格的敏感程度。客户对企业产品价格都非常关注,但这并不意味着客户对每种产品价格的敏感程度相同。事实表明,对于客户喜爱和信赖的产品,客户对其价格变动的承受能力强,即敏感度低;而对于他所不喜爱和不信赖的产品,客户对其价格变动的承受能力弱,即敏感度高。所以,可以根据这一标准来衡量客户对某一品牌的忠诚度。

(7) 客户对产品质量问题的承受能力。任何产品都难免会出现质量问题,当客户对于某品牌产品的忠诚度高时,对出现的质量问题会以宽容和同情的态度对待,会与厂商合作解决问题,并且不会因此而拒绝再次购买这一产品。反之,若客户忠诚度不高,则会对出现的质量问题非常反感,有可能会从此不再购买该产品。

以上指标可以单独衡量也可以综合评估,每一项指标的改善都会对客户保持产生积极的影响。客户保持是一个循序渐进的持续过程,应当贯穿于企业的整个经营活动中,只有做好了客户保持,才能吸引更多的新客户,创造更大的利润。

四、客户保持率

客户保持率是指企业继续保持与老客户交易关系的比例,也可理解为顾客忠诚度,企业留住老顾客的能力是企业保持市场份额的关键。实际上,留住老顾客比开发新顾客要容易得多,成本也低得多。

客户保持率是客户保持的定量表述,也是判断客户流失的重要指标,用公式表示如下:

$$客户保持率 = \frac{客户保持数}{消费人数} \times 100\% = 1 - 客户流失率$$

它反映了客户忠诚的程度,也是企业经营与管理业绩的一个重要体现。

该指标还可用现有顾客交易增长率来描述,用公式表示如下:

$$现有顾客交易增长率 = \frac{本期顾客交易额 - 上期顾客交易额}{上期顾客交易额}$$

五、客户保持的方法

(一) 注重质量

长期稳定的产品质量是保持客户的根本。高质量的产品本身就是推销员和客户的强力凝固剂,这里的质量不仅是指产品符合标准的程度,更应该强调的是企业要不断地根据客户的意见和建议,开发出真正满足客户喜好的产品。因为随着社会的发展和市场竞争的加剧,用户的需求正向个性化方向发展,追求与众不同已成为一部分客户的"时尚"。一些企业为抓住市场,已经开始了针对不同客户提供不同产品和服务的尝试,并取得了令人瞩目的成绩。在这方面,企业必须紧跟现代科技的发展步伐,不断提高产品和服务的技术含量,一方面要更好地满足客户的需要,另一方面要与客户构筑起竞争对手的禁入壁垒,降低客户的流失率。

微课:客户保持的方法

(二) 优质服务

在激烈的市场竞争中,服务与产品质量、价格、交货期等共同构成企业的竞争优势。由于科技发展,同类产品在质量和价格方面的差距越来越小,而在服务方面的差距却越来越大,客户对服务的要求也越来越高。虽然再好的服务也不能使劣质产品成为优等品,但优质的产品却会因劣质的服务而跌价。

大多数客户的不满并不是因为产品质量本身,而是因为服务问题,客户能够用双眼观察到的质量往往比产品和服务的质量重要得多。客户往往会把若干因素掺杂在一起:产品/服务的可信度、一致性、运货的速度与及时性、书面材料的准确度、电话咨询时对方是否彬彬有礼、传递信息的价值(如产品和服务的使用说明)、员工的精神面貌……所有这些因素都很重要,而其中一些甚至非常关键。有人提出,在竞争焦点上,服务因素甚至已逐步取代产品质量和价格,世界经济已进入服务经济时代。

(三) 品牌形象

面对日益繁荣的商品市场,客户的需求层次有了很大的提升,他们开始倾向于选择商品的品牌,偏好差异性增强,习惯于指名购买。客户品牌忠诚的建立,取决于企业的产品在客户心目中的形象,只有让客户对企业有深刻的印象和强烈的好感,他们才会成为企业品牌的忠诚追随者。

(四) 价格优惠

价格优惠不仅仅体现在低价格上,更重要的是能向客户提供他们所认同的价值,如增加产品的知识含量、改善品质、增加功能、提供灵活的付款方式和资金的融通方式等。如果客户是中间商,生产企业通过为其承担经营风险而确保其利润也不失为一种颇具吸引力的留住老客户的方式。如在产品涨价时,对已开过票但还没有提走的产品要提价;在产品降价时,对中间商已提走但没有售出的商品按新价格冲红字。这样中间商就吃了定心丸,敢于在淡季充当蓄水池,为生产商创造淡季不淡、旺季更旺的局面。

信息速递 6-2　如何做好积分营销,有效留住客户

今天的市场上,已经很难找到没有竞争的商品或者服务。更重要的是,它们还越来越相似、同质,甚至价格也接近。消费者的选择实在太多了。

而对于卖家来说,保持一个消费者的营销费用仅仅是吸引一个新消费者的营销费用的五分之一。对于一种消费品或者服务来说,向现有客户销售的成功概率大于50%,而向一个新客户销售产品的概率平均不会超过5%。客户忠诚度下降5%,则企业利润下降25%,如果将每年的客户关系保持率增加5个百分点,便可能使利润增长85%,而更多的新客户来自现有忠诚客户的推荐。

对于卖家来说,永远要思考的问题是这样的:在完全相同的消费条件和选择条件下,如何让自己的老客户在心中的选择天平上,自觉或不自觉地在倾向自己产品的一端放上一个决定性的筹码?

在现实生活中,商场、超市等商家广泛采用为顾客积分的销售手段来留住老客户,吸引顾客持续长久消费,同时商家也通过积分给顾客一定的优惠,达到双赢的效果。为顾客积分,帮顾客省钱,让顾客将实惠带回家,已经成为流行的销售手段。

积分是指商家在顾客购物后根据顾客购物金额赠送给顾客一定数量的积分,顾客积分累积一定数值之后可以兑换礼品或在下次消费时抵算部分购物金额。积分营销已经渗透到各个领域,从商场、超市到电信、银行,从 SPA、汽车配件到航空机票、服装专卖店,从大商品到小商品再到虚拟商品,都在搞积分营销。因为积分营销是比单纯打折和会员制更科学先进的营销手段,是商家不可多得的经营策略。

专家的研究结果表明,如果积分策略执行得当,将大力提升已有客户的忠诚度,同时,增加对新客户的吸引力。我们通过长期研究和实践,总结出以下行之有效的积分策略。

1. 用积分吸引购买(吸引新客户)

店铺掌柜花了大量的金钱和精力,推广店铺、提升流量,将顾客吸引到自己的店里。人来了之后怎么办?得有吸引人的东西啊,得把人留住啊,留住人的花样很多,但本质上也不外乎两种手段:一种是产品真的很好并且很便宜,属于那种会让人抢购型的,如1毛钱1斤的优质大米,不用担心留不住人的,顾客会来抢购;另一种就是比自己的竞争对手多做一点点。

怎么比自己的竞争对手多做一点点?很多店铺一打开,全是密密麻麻的宝贝描述,看得脑袋都大了,这不会有很好的吸引顾客的效果。顾客到你的店里肯定是你的店里有他需要

的宝贝,在这种条件下,顾客是选择购买你的宝贝还是竞争对手的宝贝呢?我们认为,第一吸引顾客的是你店铺的促销和优惠制度,如果顾客第一眼看到的是店铺促销和优惠制度,他觉得有吸引力,他就会选择与你成交,因为对于顾客来说在哪里买都是买。在商品质量、价格都同质的今天,你店里的宝贝与竞争对手的宝贝价格、质量肯定都是相差无几的,那么怎么能够再多做一点点,让顾客在你这里购买呢?

积分营销作为最先进的营销手段,在这里大有用处。你可以在店铺最明显的位置写上进店送积分、购物送积分、秀帖送积分、推荐送积分、积分抵现金、积分换宝贝等信息。进店送积分可以让犹豫的顾客立即成为你的会员,并用赠送积分购物;购物送积分可以促进他再次消费;秀帖送积分可以激励顾客为你宣传产品;推荐送积分就是把你的老顾客变成你的推销员,帮你推荐新顾客。这些是不是很有吸引力?

2. 用积分促进二次购买(留住老客户)

顾客消费后店铺赠送顾客积分,相当于顾客在你店里还有一部分资产,顾客会惦记着再来使用积分消费。积分是联系商家与顾客的一个纽带,是顾客消费后留在你这里的东西,顾客会惦记,你也可以在做活动、上新或促销时有个理由去提醒。我们在日常消费中也被商家送过积分,是不是觉得不用挺可惜,用呢又没有机会。积分就是要给顾客这种感觉,总想花还花不上,从而形成消费潜意识,让他惦记,这样才能加深他的印象,在顾客有消费机会的时候他会想到:哦,我在××商家还有积分,去他那里看看。如此,会让顾客第一个去找他上次留有积分的商家,让潜意识变成主动消费,同时还能保证他会第一个想到你、找到你,而不是到竞争对手那里。积分就这样永远将商家与自己的顾客联系在了一起。

积分计划是一种回馈的手段,是培养客户忠诚度的重要环节。顾客在你的店铺有积分,就是在你这里有剩余资产,他会惦记着怎么能把这些积分给用上,仿佛用不上就像自己浪费了钱一样。而直接打折的促销手段会让顾客买完之后对你没有什么留恋,几天之后把你忘记得一干二净的。

所以积分能够促进顾客再次购买,客户使用积分省钱了,但也为你带来了新利润,实现了双赢。

(五)感情投资

一旦与客户建立了业务关系,就要积极寻找有关商品之外的关系,用这种关系来强化商品交易关系。例如,记住了个人客户的结婚纪念日、生日;产品客户的厂庆纪念日等重要日子,采取适当的方式表示祝贺。对于重要的客户,其负责人要亲自接待和走访,并邀请他们参加本公司的重要活动,使其感受到公司所取得的成就离不开他们的全力支持。对于一般的客户可以通过建立俱乐部、联谊会等固定沟通渠道,保持并加深双方的关系。

案例链接 6-2 明珠俱乐部——南方航空客户俱乐部

成立南航明珠俱乐部是中国南方航空股份有限公司的常旅里程奖励计划。南航五星钻石销售服务热线95539,以及遍及全国各大机场的明珠俱乐部现场服务中心和常客服务分中心为明珠俱乐部会员提供了完善、便捷的服务。目前人数超过560万的明珠俱乐部会员不仅可以在南航的航班上累积、兑换里程,还可以在四川航空、中华航空等航空合作伙伴的航

班上累积、兑换里程。

随着南航加入天合联盟，南航明珠俱乐部会员不仅可以通过乘坐南航航班在国内累积里程，还可以通过搭乘其他联盟成员航空公司（包括俄罗斯航空、墨西哥航空、法国航空、意大利航空、美国大陆航空、捷克航空、美国达美航空、荷兰皇家航空、大韩航空、美国西北航空）的班机在天合联盟全球航线网络内轻松地获取南航明珠里程，所累积里程更可计入明珠精英会员升级里程/航段中，更快地获取精英级会员资格。同时，众多跨行业合作也为明珠会员提供了更为广阔的里程累积渠道。

其中，香格里拉酒店集团、万豪酒店集团、最佳西方酒店集团、洲际酒店集团、法国雅高酒店集团、文华东方酒店集团、朗廷酒店集团、金陵酒店集团、花园酒店、7天连锁酒店、中国移动通信、中国联通、广东发展银行、中银集团、中国银行、交通银行、招商银行、兴业银行、浦东发展银行、携程旅行网、赫兹租车、安飞士汽车租赁、至尊租车等多行业合作伙伴都为明珠会员提供了增值服务和里程奖励。

对于以上五种保持客户的方法，企业要认识到这五个方面的重要性，因为忽视任何一个方面都会造成不利的影响，同时也应该考虑这五个方面不同的侧重点。保持客户的低层次要求是注重质量，品牌形象和优质服务是第二层次，在此基础上进行价格优惠活动和感情投资是第三层次。

资料来源：中国南方航空.什么是南航明珠俱乐部？[EB/OL].[2013-12-28]. http://www.csair.com/cn/faq/sky-pearl-club.shtml.

互联网巨头的战略计划

2019年，阿里巴巴集团董事局主席张勇提出了"阿里操作系统"新战略，百度、腾讯、京东、小米等互联网巨头开始将战略重点转向AIoT、5G、云智能、新零售供给侧改革。AIoT是由AI和IoT合并而来的新词，即人工智能＋物联网平台。京东推出"京鱼座"品牌，将原有IoT业务全面整合升级为小京鱼AIoT生态，主打的就是"AI+IoT"的概念。京东与华为消费者业务部实施战略合作，京东旗下AIoT生态中的所有智能硬件产品可与华为终端产品实现互联。

继宣布"AI＋IoT是小米未来10年核心战略"之后，雷军又在2019年1月10日的年会上透露了未来5年100亿元押宝AIoT的战略计划。雷军认为，5G时代的到来，将会带动智能手机行业新一波的换机潮。其战略规划是：在5G到来之前，小米手机会打持久战，手机业务站稳全球第一阵营就是胜利。小米发布独立品牌红米Redmi及首款产品Redmi Note 7，以和竞争对手"死磕"性价比为卖点。这也意味着，"小米＋红米Redmi"双品牌实施差异营销，即小米专注中高端和新零售，Redmi主打性价比和电商市场。

阿里巴巴的"新零售"、腾讯的"智慧零售"以及京东的"无界零售"都标志着新零售改革开始向供给侧挺进。阿里巴巴和京东也致力于从渠道、物流、支付、云等多层面推进供给侧改革。阿里巴巴灵活组合品牌、商品、销售、营销、渠道、制造、服务、金融、物流供应链、组织、信息管理系统11大商业要素，通过操作系统实现在线化、数字化。

无独有偶，将零售科技像"积木"一样植入供给侧，也在成为京东"无界零售"战略的实施重点。为了让新技术落地，百度与腾讯的智能驾驶商用已分别采取了各自的战略举措。腾讯与广汽研究院、伟世通宣布战略合作,三方共同开发的智能一体化驾驶座舱将于2020年实现商业化量产。百度发布智能驾驶商业化解决方案Apollo Enterprise并吸引威马汽车加入,双方的L3高速自动驾驶解决方案将在2021年实现量产。百度Apollo车路协同方案已经与长沙展开合作,2019年将有无人出租车队跑上长沙街头,实现试运营。

无论是面向AIoT,还是新技术落地、新零售供给侧变革,BATJ(百度、阿里巴巴、腾讯、京东)组织架构的战略调整都已经先行。百度将智能云事业部(ACU)升级为智能云事业群组(ACG),同时承载AItoB和云业务的发展。京东则打破事业群模式,变为以客户为中心的前、中、后台模式,与阿里巴巴"大中台、小前台"的组织机制颇具共性。阿里巴巴则将原云事业群升级为阿里云智能事业群。腾讯新成立了云智慧产业事业群(CSIG),整合腾讯云、互联网＋、智慧零售,推动教育、医疗、安全等产业数字化升级。

资料来源:温婷.组织架构调整释放出改革信号互联网五大巨头2019要这么干[N].上海证券报,2019-01-15.

思考:
(1) 互联网巨头的战略计划适应了哪些市场需求发展变化?
(2) 互联网巨头为实现其战略计划采取了哪些具体行动?效果如何?

实训一　设计一份客户满意度调查问卷

问卷设计通常包括以下三部分。

第一部分是有关顾客的基本情况,如性别、年龄、教育水平、职业、家庭月收入等有关社会人口特征的问题,以了解消费者特征。

第二部分是有关顾客购买行为特征的问题,如何时购买、何地购买、购买何物、如何购买等问题。

第三部分是主体问题,以指标评价体系为基础设计态度测量问题,使被访者在表上表明他们的赞同程度,从"非常满意"到"非常不满意"。

要求:
设计一份调查问卷,问卷中使用开放题和封闭题。

实训二　双赢的客户服务游戏

下面我们一起来玩一个游戏。老师对所有的学生说:"请你们就近找到另外一位伙伴作为你的搭档,面对面地站着,用你的右手和你的搭档握手,等一下我说'预备,开始!'你就把他的手拉过来,靠在你的腰上,这样你就得1分;万一你被搭档拉过去,靠在他的腰上,那么他就得到1分。时间是30秒,谁得分最多即为获胜者(老师可以请一个学生上台来和自己示范1次)。"

接下来老师说:"你们看清楚我做的示范了吗?现在你们握紧你们搭档的手,30秒计时开始(可以放一点节奏比较轻快的音乐)。"

时间到,老师宣布游戏结束,统计一下,在这个拉扯的过程中,得分 20 分以上和得分在 5 分以下的学生举手,然后将他们分成两组,请他们分别上台表演(第一次按照自己最开始想的做,告诉他们学习是成长突破的开始;第二次再按照得 20 分以上的一组表演的再做一次),同时组织学生进行相关讨论。

思考:
在这个游戏当中得到了哪些启示?

项目七

客户让渡价值管理

项目概要

本项目从客户让渡价值的概念谈起,介绍了客户总价值、客户总成本、客户让渡价值方案设计等;阐述了在测度和维护客户关系时,要重点关注客户满意、客户忠诚两个指标;进一步探讨了客户满意和客户忠诚的影响因素、测量指标及相关策略等。

学习目标

- 了解客户让渡价值;
- 理解如何设计客户让渡价值方案;
- 掌握客户满意、客户忠诚测量指标。

重点与难点

重点:设计客户让渡价值方案。
难点:客户关系测评方法的具体应用。

关键术语

客户让渡价值　关系测评　客户满意　客户忠诚

案例导入

小米的直供渠道

2019年1月,小米集团年会现场,小米董事长兼CEO雷军宣布,小米手机提前两个月实现年出货量突破1亿部的目标;家电方面,小米电视用5年时间登顶中国第一,小米还推出了空调、洗衣机等产品。国际化方面,小米已进入全球80多个国家与地区,在其中30个国家和地区的手机市场进入了前5名。特别是在印度,手机连续5个季度保持出货量第一。

从营销宏观环境来说,中美贸易战增加了经济形势的不确定性,全球智能手机行业整体需求不振已是事实。面对困难和挑战,小米致力于提升品质,拓展渠道,强化战略指引和组织建设,布局新零售线上线下全渠道。国内市场层面,将继续深耕渠道能力,建设全渠道、全品类、全场景的新零售体系。

小米的手机产品主要通过两条渠道分销。一是线上电商渠道,它具有成本低、传播迅速的特点。另一条渠道则是黄牛线上拿货,线下加价。

既然线上渠道已经没有特别大的优势,那么小米就一定要走到线下。然而,传统渠道并

不完全适合小米：一是渠道建设周期太长；二是小米产品本身利润空间小，传统线下渠道销售热情不高。而小米直供相比传统渠道最主要的不同就是省去了中间的各级经销商，尽量让售卖小米产品的商家获利最大。在主要的一二线城市直供的形式可以让小米省去架设渠道的时间和财力，直接向三四线城市渗透。

小米直供由小米官方直接发货并提供服务支持，利用顺丰送达。只要小米直供这一新建的自有渠道对售卖小米产品的分销商有足够的吸引力，渠道拓展起来就会非常迅速。但小米直供也存在一定的难度。一是要看公司的扶持力度有多大。一般来讲，小米产品在其生命周期的导入期往往产能不会很高，市场需求迫切的产品如果不能迅速供货到线下，个人卖家只能售卖一些过气的产品，这将极大地影响直供渠道的销售热情。二是售后服务系统需要持续不断的完善和优化。三是线下渠道最明显的优势就是购买体验，消费者到店的体验会直接影响用户购买决策。

资料来源：吕倩,雷军.2019年小米即将面临最严峻挑战［EB/OL］.(2019-01-11)［2023-06-21］.http://www.yicai.com/news/100097627.html.

思考：
(1)小米的直供渠道能否长久？
(2)你如何看待当代企业的渠道创新？

任务一 客户让渡价值认知

一、客户让渡价值的概念

认识客户让渡价值

著名营销专家菲利浦•科特勒的客户让渡价值(customer delivered value)概念，是把客户购买过程高度程序化，并使之成为营销学的基础理论。他指出，客户让渡价值是客户获得的总价值与客户获得这些总价值支付的总成本的差额。简言之，客户让渡价值是指客户总价值与客户总成本的差额。

客户总价值变大或客户总成本变低，都会使客户让渡价值变大。当客户让渡价值为正时，购买行为就很有可能实现；客户让渡价值为负时，购买行为便很难发生。如果一个企业给客户的让渡价值大于其竞争对手企业给的让渡价值，那么客户肯定会选择购买本企业的产品。比如，顾客(您)到超市购买手机，您的总价值就是手机+售货员的热情服务(介绍、调试)+售货员的业务能力(能否在最短的时间内讲得让您很明白)+售货员的形象(他的外表、举止言谈是否让您舒服满意)；您的总成本就是买手机付的钱+您买手机过程用的时间+挑手机费的精力+您为此消耗的体力等。

案例链接7-1 客户让渡价值的实际体现

当一个住在城乡接合部的主妇准备购买一台抽油烟机时，她会面临这样的情况：一款她所喜欢的抽油烟机，在其附近的商店有售，同时她知道这种抽油烟机在市中心的价格比较便宜，而且款式也比较多，但是市中心的商店不负责送货安装，附近的商店不仅负责安装，还能常年维修。主妇考虑再三,最后还是决定在附近购买。主妇选择在附近购买的理由可以用客户价值理论去加以判断。即如果市中心同类产品的价格比在附近购买便宜不了多少(如仅便宜5%),那么,主妇会认为她得到的客户总价值(仅为产品效用)差异不大;而客户总成本则因省去了运货、安装等时间、精力和体力成本,大大低于在市中心购买的总成本,从而使客户让渡价值增大,于是她会决定在附近购买,当然如果价格相差得比较大(如相差20%以上),主妇则会由于总成本差异大于总价值差异而仍然选择去市中心购买,因为那样客户让渡价值不会增加而会减少。

资料来源:袁航,等.客户关系管理[M].北京:中国原子能出版社,2019.

二、客户总价值、客户总成本与客户让渡价值

(一)客户总价值

客户总价值是指客户从购买的特定产品和服务中所期望得到的所有利益。客户总价值一般由以下几部分构成。

(1)产品价值。产品价值即客户购买产品或服务时,可得到的产品所具有的功能可靠性、实用性等。

(2)服务价值。客户可能得到的产品使用的培训、安装、维修等。

(3)人员价值。客户通过与公司中训练有素的营销人员建立的相互帮助的伙伴关系或者能及时得到的企业营销人员的帮助。

(4)形象价值。客户通过购买产品与服务,使自己成为一个特定企业的客户,如果企业具有良好的形象与声誉的话,客户可能受到他人赞誉。或者说与这样的企业发生联系体现出一定的受人尊重的社会地位。

(二)客户总成本

客户在获得上述这一系列价值的时候都不会是无偿的,这体现的是客户总成本。客户总成本是指客户为购买某一产品所耗费的时间、精力、体力以及所支付的货币资金。

客户总成本一般包括以下四种成本。

(1)货币成本。客户购买一个产品或服务,首先就要支付货币成本,或者因不能得到免费维修调试而支出的服务价格。

(2)时间成本。客户在选择产品的时候,学习使用、等待需要的服务等所需付出的成本或损失。

(3)精力成本。客户为了解和评估产品、学会使用保养产品,为了联络企业营销的人员,或者为放心购买和安全使用产品所付出的担心等。

(4)体力成本。客户为了解产品、使用产品,保养维修产品等方面付出的体力。

 案例链接 7-2

某客户要购买一件报喜鸟名牌西服,在毗邻的两店调查(可举例客户选择在时尚地下商场与新世界购买的行为区别),甲店名牌大店,乙店一般商店,同样服装,甲店比乙店贵200

元。客户选择在甲店购买,别人问为什么愿意多付200元?

客户回答说:"虽多付了200元,但在甲店购买放心,且服务态度好。"就是说,从货币价值看,客户在甲店购买吃亏了,但客户认为服务、人员、形象价值远远超过200元。因此,在甲店购买的客户让渡价值大于乙店。

资料来源:袁航,等.客户关系管理[M].北京:中国原子能出版社,2019.

三、研究客户让渡价值的意义

对于客户而言,在一定的搜寻成本、有限的知识、灵活性和收入等因素的限定下,他们是价值最大化的追求者,他们形成一种价值期望并根据它做出行动反应,然后了解产品是否符合期望价值,这将影响其满意程度和再次购买的可能性。客户将从那些他们认为提供了最高客户让渡价值的公司购买商品。研究客户让渡价值可以提高企业品牌在市场中的核心竞争力;可以降低企业、经销商以及客户的价值成本;可以弥补企业创新能力方面的不足;可以创建客户服务的竞争优势以巩固企业与战略伙伴间的长期合作关系,从而提高客户的忠诚度对于企业而言,客户让渡价值概念的提出为企业经营提供了一种全新思路。企业在生产经营中创造良好的整体客户价值只是企业取得竞争优势、成功经营的前提,然而,一个企业不仅要着力创造价值,还必须关注消费者在购买商品和服务中所倾注的全部成本。企业采用任何一个营销组合策略时,包括产品策略、渠道策略、促销策略和价格策略等,如果不能起到直接或间接增加客户让渡价值的作用,都是不成功的。简而言之,企业内部各项活动的开展,都应围绕增加客户让渡价值、形成价值优势这一中心展开。

四、设计客户让渡价值方案

设计与传递客户的让渡价值是增加客户满意程度、吸引购买、扩大销售、提高经济效益、增强企业竞争力的重要途径。企业开展营销,需要在以客户为中心的理念指导下进行营销战略的实施,而且必须进行各方案的计划设计。

提高客户让渡价值,有三种组合:或者尽力提高客户价值,或者尽力减少客户成本,或者在提高客户价值和减少客户成本两个方向上都做出营销努力。

(一)客户让渡价值设计的核心

客户让渡价值设计的核心是了解客户的购买动机。客户让渡价值的设计一定要体现经济上的需求,即企业要考虑客户的需求并有针对性地设计客户的让渡价值方案,这就需要了解客户的需求与动机,从而以较小的代价获得较高的客户满意回报。客户的购买动机分为理智型动机和情感型动机两大类。

提高客户让渡价值的途径

(1)在不改变整体客户成本的条件下,通过改进产品、改善服务、提高人员素质、提升企业形象来提高整体客户价值。

(2)在不改变整体客户价值的条件下,通过降低价格或减少客户购买公司产品所花费的时间、精力、体力来降低整体客户成本。

（3）在提高整体客户价值的同时，也提高了整体客户成本，所以要使两者的差值增大，从而使客户让渡价值增加。

案例链接 7-3　海尔洗衣机"无所不洗"

创立于 1984 年的海尔集团，经过 19 年的持续发展，现已成为享誉海内外的大型国际化企业集团。1984 年海尔只生产单一的电冰箱，而目前它拥有包括白色家电、黑色家电、米色家电在内的 96 大门类、15 100 多个规格的产品群。海尔的产品出口到世界 160 多个国家和地区。2003 年，海尔全球营业额实现 806 亿元，同年，海尔蝉联中国最有价值品牌第一名。2004 年 1 月 31 日，世界五大品牌价值评估机构之一———世界品牌实验室编制的《世界最具影响力的 100 个品牌》报道揭晓，海尔排在第 95 位，是唯一入选的中国企业。冰箱、空调、洗衣机等产品属于白色家电，作为在白色家电领域最具核心竞争力的企业之一，海尔有许多令人感慨和感动的营销故事。

1996 年，四川成都的一位农民投诉海尔洗衣机排水管老是被堵，服务人员上门维修时，发现这位农民用洗衣机洗地瓜（南方又称红薯），泥土多，当然容易堵塞。服务人员并没有推卸自己的责任，而是帮顾客加粗了排水管，顾客感激之余，埋怨自己给海尔人添了麻烦，还说如果能有洗红薯的洗衣机就不用烦劳海尔人了。农民兄弟的一句话，被海尔人记在了心上。海尔营销人员调查四川农民使用洗衣机的状况时发现，在盛产红薯的成都平原，每当红薯大丰收的时节，许多农民除了卖掉一部分新鲜红薯外，还要将大量的红薯洗净后加工成薯条，但红薯上沾带的泥土洗起来费时费力，于是农民就动用了洗衣机。更深一步的调查发现，在四川农村有不少洗衣机用过一段时间后，电机转速减弱、电机壳体发烫，向农民一打听，才知道他们冬天用洗衣机洗红薯，夏天用它来洗衣服。这令张瑞敏萌生一个大胆的想法：发明一种洗红薯的洗衣机。1997 年海尔为该洗衣机立项，成立以工程师李崇正为组长的 4 人课题组，1998 年 4 月投入批量生产。洗衣机型号为 XPB40-DS，不仅具有一般双桶洗衣机的全部功能，还可以洗地瓜、水果，价格仅为 848 元。首次生产了 1 万台投放农村，立刻被一抢而空。

一般来讲，每年的 6—8 月是洗衣机销售的淡季。每到这段时间，很多厂家就把促销员从商场里撤回去了。张瑞敏纳闷儿：难道天气越热、出汗越多，老百姓越不洗衣服？调查发现，不是老百姓不洗衣服，而是夏天里 5 公斤的洗衣机不实用，既浪费水又浪费电。于是，海尔的科研人员很快设计出一种洗衣量只有 1.5 公斤的洗衣机———小小神童。小小神童投产后先在上海试销，因为张瑞敏认为上海人消费水平高又爱挑剔，结果上海人马上认可了这种世界上最小的洗衣机。该产品在上海热销之后，很快又风靡全国。在不到两年的时间里，海尔的小小神童在全国卖了 100 多万台，并出口到日本和韩国。张瑞敏告诉员工说："只有淡季的思想，没有淡季的市场。"在西藏，海尔洗衣机甚至可以打酥油。2000 年 7 月，海尔集团研制开发的一种既可以洗衣又可以打酥油的高原型"小小神童"洗衣机在西藏市场一上市，便受到了消费者的欢迎，海尔因此开辟出了自己独有的市场。这种洗衣机打制 3 个小时的酥油，相当于一名藏族妇女三天的工作量。藏族同胞购买这种洗衣机后，从此便可以告别手工打酥油这种繁重的家务劳动了。

在 2002 年举办的第一届合肥"龙虾节"上，海尔推出的一款"洗虾机"引发了难得一见的抢购热潮，上百台"洗虾机"不到一天就被当地消费者抢购一空。

海尔集团公司将客户的需要当成了企业追求客户满意的重要工具,客户需要的就是企业应该提供的,这样,客户得到让渡价值,包括物质的和精神的,才会认可并购买你的产品,才会为你的市场扩展、销量增加、利润提升做出他们的贡献。

总之,顾客让渡价值是指顾客总价值与顾客总成本之间的差额。顾客总价值是指顾客购买某一产品与服务所期望获得的一组利益,包括产品价值、服务价值、人员价值和形象价值等。顾客总成本是指顾客为购买某一产品所耗费的时间、精神、体力以及所支付的货币资金等。因此,顾客总成本包括货币成本、时间成本、精神成本和体力成本等。力求顾客让渡价值最大化应该是企业提高竞争力的重要举措。20世纪70年代以来,产品质量和技术特性是影响顾客价值的核心因素。20世纪90年代,价格成了最关键的因素。在当今日趋激烈的竞争环境下,仅仅靠质量与价格已经难以取得差异化,而服务价值、产品价值、人员价值、形象价值等则构成了顾客感知价值的核心。顾客在购买产品时,总希望把货币、时间、精神、体力等成本降到最低限度,而同时又希望从中获得更多的实际价值以使自己的需要得到最大限度的满足。研究表明,顾客很少以市场平均的价格去购买质量与功能都很一般的产品。顾客只有获得了功能和价值高于平均价格的产品,这样的购买才能给顾客带来心理满足;而如果顾客获得的功能和价值低于平均价格,这样的购买会被顾客认为是一种错误的或失败的购买,会感觉很差。顾客如果很不满意,企业的信誉度也必然会降低。

企业为了战胜竞争对手,吸引更多的顾客,就必须向顾客提供比竞争对手更多具有顾客让渡价值的产品。给顾客创造价值就是为企业创造价值,要站在顾客的立场上考虑和解决问题,把顾客的需要和满足放在首位,这样才能真正将顾客的需求纳入新产品的开发和服务中,一种新兴的企业与顾客的关系才能建立起来,企业才能获取核心竞争地位,吸引更多的潜在顾客,留住老顾客,赢得市场,在竞争中战胜对手。

资料来源:袁航,等.客户关系管理[M].北京:中国原子能出版社,2019.

(二)提高顾客让渡价值的方法

首先,最大限度地提高顾客总价值是企业应该努力追求的方向。在顾客价值中,产品价值是最容易被模仿的,在产品上追加顾客价值的空间是很有限的,而服务价值、人员价值、形象价值是较高层次的价值,是一般竞争对手不易模仿的,所以寻求产品之外的附加价值——服务,是提高顾客让渡价值的主要途径。现在有许多企业侧重于用广告造势,轻视了需要持之以恒的售后服务,虽然有些企业有心,但是仍没能坚持到底,要么中途放弃,要么操作上流于形式,要么低价促销实现顾客购买。本质上体现了企业以产品为中心、以自我为主导的、落后的营销理念,这难免让顾客失望,造成市场丢失,企业效益下滑。

全球最大的零售商沃尔玛有限公司的创始人——山姆·沃尔顿的经营理念是:卓越的顾客服务是我们区别于其他所有公司的特色所在。向顾客提供他们需要的东西,并且再多一点服务,让他们知道你重视他们。如此"顾客至上"的经营理念成为沃尔玛在市场竞争中取胜的法宝。沃尔玛有两条家喻户晓的规定,第一条规定:顾客永远是对的。第二条规定:如果顾客恰好错了,请参照第一条!沃尔玛的经营理念和全球第一的业绩很值得其他企业学习。美国哈佛商业评论发表的一项研究报道指出,公司利润的25%~85%来自再次光临的顾客,而吸引他们再来的因素,首先是服务质量的好坏,其次是产品本身,最后才是价格。

其次,要使顾客让渡价值最大化还应尽量减少顾客总成本。要把顾客当作资产进行管理,预测顾客价值对企业资金流的影响。虽然不同行业、不同企业的顾客维持率对资金流的影响可能各有差异,但若每年能维持 5%~10% 的顾客增长,企业利润将会成倍增长。由此可见,降低顾客总成本,增加顾客数量,扩大市场份额也是提高顾客让渡价值的有效途径。另外,推广邯钢经验,实行精细管理,降低产品的货币成本,建立以信息网络和配送中心为主要内容的技术支持系统,借助电子数据交换、电子订货系统、电子收款机和销售点系统等现代信息技术,利用代理制、连锁经营、特许经营、物流配送等现代分销方式促进产品销售,努力提高市场占有率,降低经营成本,也能增大顾客让渡价值。

最后,力求在企业与顾客之间建立一种长期、良好、双赢的合作关系。在物质丰富、技术先进的网络时代,企业更要按照顾客的需求生产各种产品。如今的产品品种、规格繁多且更新换代快,市场物质极大地丰富,顾客在选择商品时具有很大的选择空间,整个市场处于买方市场。企业要获取最大利润,顾客要获取最大的让渡价值,为解决这一矛盾,企业不仅要树立"质量第一,顾客至上"的基本理念,还要在企业和顾客之间建立并保持一种长期良好的合作关系。企业用产品、服务和信誉牢牢吸引住顾客,使顾客对企业的信任度、满意度始终处于 100%,才能加快企业发展。

正如可口可乐公司 CEO 杜达富所讲:"我们从事的是关系业务,关系对于赢得人们和合作伙伴的信任至关重要,关系是生活的意义和成功的基础。"顾客与企业只有相互依存,相互信任,共同获利,才能建立和保持一种长期、良好的合作关系。摩托罗拉公司高层提出"用爱心发展中国业务"的战略,摩托罗拉(中国)电子有限公司总裁解释:所谓爱心,就是分担和分享,不只分享市场和成功,还要分担困难,多为合作伙伴着想,秉持双赢原则。正是基于这种双赢的原则,摩托罗拉公司在中国获得了丰厚的利润,也为中国的电子通信业做出了巨大的贡献,不失为顾客和企业之间双赢合作的典范。

(三)设计客户让渡价值的策略

客户让渡价值策略事实上就是企业总体战略指导下的市场营销策划方案。为了让渡给客户更多的价值,让客户满意,从而增加客户购买。每一个市场营销的方案设计事实上都是着眼于客户让渡价值的提供,为让客户满意、提高忠诚度而进行的增加客户利益的工作。

因此,客户让渡价值方案的设计主要是在企业的产品能够满足客户需要的功能、外形以及服务上,即产品的核心、形式和外延层次上下功夫,结合客户的需要进行设计与生产;然后辅之以服务的设计与提供,让客户接收到超出其意料的价值,尤其能够节约其购买成本,从而在减少购买成本的基础上增加其得到的客户让渡价值,吸引其购买企业的产品或服务,实现销售。

在设计客户让渡价值方案时,要坚持深入了解客户的信息,把握客户真正的物质和心理需求,从而满足这些需求。以上述着力点为基础,来开展客户让渡价值方案的设计,一定要坚持"客户的需求是企业努力的方向"的理念来设计产品和提供服务,从而真正实现让客户让渡价值增加的目的。如何评判客户让渡价值方案的有效性,需要我们把握客户对我们实施方案的满意度,那么就得学习和掌握什么是客户满意度,如何提升客户的满意度,这是下个任务要解决的问题。

任务二　客户关系测评

在测度和维护客户关系时,应主要关注如下两个方面:客户满意和客户忠诚。客户满意与客户忠诚代表了客户对企业的积极情感。对于企业而言,提高客户满意度和忠诚度可以牢牢抓住现有客户,降低客户流失率,挽回部分客户。上述两个方面都能够有效提高客户关系质量。

一、客户满意度测评

(一) 客户满意的概念和内容

客户满意是 20 世纪 80 年代中后期出现的一种经营思想,其基本内容是:企业的整个经营活动都要以顾客满意度为指针,要从顾客的角度、用顾客的观点,而不是以企业自身的利益和观点来分析、考虑顾客的需求,尽可能尊重和维护顾客的利益。通常奉行这一方针的企业,应从广义的产品概念,也就是核心产品(由基本功能等因素组成)和附加产品(由提供信贷、交货及时、安装使用方便及售后服务等组成)两个层次出发,全面满足客户的需求。客户满意是客户通过一个产品或服务可感知的效果,与他的期望值相比较后形成的愉悦或失望的感觉状态。客户满意度是可感知效果和期望值之间的变异函数。顾客行为意义的满意度,是指顾客在多次购买中积累起来的一种感情诉求;顾客经济意义上的满意度是产品质量、性能、价格、服务等的综合。

客户满意战略的内容包括以下几个方面。

(1) 站在顾客的立场上研究和设计产品。企业要尽可能地把顾客的"不满意"从产品本身中(包括设计、制造和供应过程)去除,并顺应顾客的需求趋势,预先在产品本身创造顾客的"满意"。

(2) 不断地完善服务系统,包括提高服务速度、质量等方面。

(3) 重视顾客的意见。根据美国的一项调查,成功的技术革新和民用新产品中有 60%~80% 来自用户的建议。

(4) 千方百计留住老顾客,他们是最好的"推销员"。

(5) 建立以顾客为中心的相应的企业组织。要求企业负责人员对顾客的需求和意见具有快速的反应能力,形成鼓励创新的内部氛围,保持上下沟通的顺畅。

(6) 分级授权,是及时完成令顾客满意的服务的重要一环。如果执行工作的人员没有充分的处理决定权,什么问题都需等待上级命令,则顾客满意是无法保证的。

客户满意度有三个层次:不满意、满意与高度满意,也可以用百分比度量满意度,从 0~100% 依次为不满意、满意与高度满意。如果可感知效果低于期望值,客户就会不满意;如果可感知效果与期望值相匹配的话,客户就满意;如果可感知效果超过期望值,客户就会高度满意。

企业不断追求客户的高度满意,原因就在于一般满意的客户一旦发现更好或者更便宜的产品后,会很快地更换产品供应商,只有那些高度满意的客户才不会轻易更换供应商。客户的高度满意创造了一种对产品品牌情绪上的共鸣,而不仅仅是一种理性偏好。正是这种由于满意而产生的共鸣造就了客户对产品品牌的高度忠诚。

在传统的营销理论中,会强调应不断提供更优质的产品、更好的服务满足消费者需求,但是实际上,即使把不同质量、不同价格的产品摆在一个柜台上,消费者未必就购买功能最多、质量最好的。现代营销理论认为,创造顾客价值和顾客满意是营销的核心。营销学泰斗菲利普·科特勒甚至认为"市场营销是指在可盈利的情况下创造顾客满意。"顾客在购买商品以前,往往通过媒体广告、行业推荐、宣传资料、讲解等获得厂商承诺(功能、价格、服务等方面),再通过朋友推荐、个人评价(判断厂商承诺的真实性),最终形成期望值,并做出购买决策。购买以后,消费者会将厂商实际提供的产品、服务和原先的承诺进行比较,得出满意、高度满意或不满意的结论,形成客户满意度,然后再向他的朋友正面或反面宣传这种产品。

信息速递 7-1 客户满意度的影响

研究表明,如果客户不满意,他会将其不满意告诉 22 个人,除非该产品独家经营,否则该客户不会重复购买;如果客户满意,他会将满意告诉 8 个人,但该客户未必会重复购买,因为竞争者可能提供性能更好、更便宜的产品;如果客户高度满意,他会将高度满意告诉 10 个人以上,该客户会重复购买,即使与竞争者相比产品没有什么优势。由此,随着满意度的提高和时间的推移,尽管企业基本利润没有什么变化,但是企业由于客户推荐而导致的销售额的增加是巨大的。同时由于宣传、销售等方面的费用降低,企业经营成本下降,也带来了大量的利润。因此,高度满意才能带来客户忠诚,客户忠诚才能带来企业利润。企业应将客户高度满意作为追求的最高目标。

(二)客户满意的构成要素

目前,国内外大多数的专家、学者认为客户满意主要由理念满意、行为满意和视听满意三大要素构成。

1. 理念满意

理念满意(mind satisfaction)是客户对提供产品或服务的企业在理念上的要求被满足程度的感受。企业的理念是其企业精神、经营宗旨、质量方针、企业文化、管理哲学、价值取向、道德规范、发展战略等方面的综合反映。企业的理念是企业对其自身的存在意义和发展目标的认识,它产生于企业的价值观,影响着企业的经营战略、管理原则和行为取向,集中反映了企业利益与客户利益乃至社会利益的关系。

理念满意是客户满意的基本条件,不仅要体现企业的核心价值观,而且要使企业的价值观得到内部与外部所有客户的认同及满意。

2. 行为满意

企业的行为满意(behavior satisfaction)是指客户对提供产品或服务的企业在经营的行为机制、行为规则和行为模式上的要求被满足程度的感受。行为是理念的具体体现,再好的理念如果不能通过行为去实现,也仅仅是一句空泛的口号而已。虽然对企业的理念满意是客户满意的基本条件,但这并不意味着是主要条件,因为客户满意主要是来自对企业具体行为的要求被满足程度的感受和体验。企业的理念再诱人、动人,如果同行为相去甚远,客户非但没有满意的感觉,还会深深感到被欺骗和愚弄,从而产生失望和不满。所以,企业在努力实现理念满意的同时,要更多地去关注自己在理念支持下的行为该如何满足客户的要求,只有言行一致,才能获得客户的满意和信任。

行为满意是客户满意战略的核心,是企业实现理念满意的操作中心。企业要使自己的行为满意,首先必须树立以客户为关注焦点的价值观念,建立以客户需求为导向的行为准则和运行系统。这个价值观念、行为准则和运行系统,必须要求企业全体员工认同和遵守,并在每一位员工的行为上得到体现。

3. 视听满意

视听满意(visual satisfaction)是指客户对企业的各种形象要求在视觉、听觉上被满足程度的感受。视听满意可以使企业的理念满意和行为满意的各种信息传达给客户,让客户通过视觉和听觉直接去感受。可见,企业的视听满意是实现理念满意和行为满意不可缺少的一种形象载体。

企业的视听满意是客户快速认识、认知和认同企业的一种重要途径,在市场竞争中能起到重要作用。视听满意有以下四个主要特征。

(1) 强烈的个性。每个企业策划视听满意时首先必须具有自己个性化的特点,能够让客户迅速、容易地识别和区分,这也是客户对企业视听满意能够接受的首要条件。

(2) 丰富的美感。企业的视听满意要给人一种美感,应符合大多数人的审美观。从静态的图案、颜色、标志到动态的画面、话语、配曲都需要给人以美的感受。

(3) 鲜明的主题。主题鲜明、简洁明了,是客户对企业视听满意的另一个重要条件。在现实生活中,企业一句主题突出、简洁明了的广告语可以广为流传,对赢得客户的视听满意有着事半功倍的效果。

(4) 时代的特征。企业的视听满意要符合经济与社会发展的要求,要着眼于新时代客户的价值观念。同时,还要考虑不同民族、不同语言、不同信仰、不同风俗的习惯,避免产生各种误解。

企业视听满意的要素由基本要素和应用要素两部分组成。基本要素包括企业名称、品牌标志以及他们的专用字体、图案和颜色,也包括企业广告、宣传口号及其专用的特邀代言人等。应用要素是指企业厂房建筑、工作环境、产品陈列和展示、员工制服、产品包装,以及所适用的各种器具、设备、交通工具等。

(三) 影响客户满意度的主要因素

根据客户满意度的定义,客户满意度是客户建立在期望与现实基础上的、对产品与服务的主观评价,一切影响期望与服务的因素都有可能影响客户满意度。

从企业工作的各个方面分析,影响客户满意度的因素归结为以下五个方面。

(1) 企业因素。企业是产品与服务的提供者,其规模、效益、形象、品牌、公众舆论等在内或外部表现的东西都将影响消费者的判断。如果企业给消费者一个很负面的形象,很难想象消费者会考虑选择其产品。

(2) 产品因素。产品因素包含四个层次的内容:首先,产品与竞争者同类产品在功能、质量、价格方面的比较。如果有明显优势或个性化较强,则容易获得客户满意。其次,产品的消费属性。顾客对高价值、耐用的消费品要求比较苛刻,因此这类产品难于取得顾客满意,如果满意,客户忠诚度将会很高。顾客对价格低廉、一次性使用的产品要求较低。最后,产品包含服务的多少。如果产品包含服务较多,便难以取得顾客满意,而不含服务的产品只要主要指标基本合格,客户就比较容易满意。但其产品如果与其他厂家差不多,顾客很容易转向他处。另外,还有产品的外观因素,像包装、运输、品位配件等,如果产品设计得细致,有助于客户使用并体现其品位,会带来客户满意。

(3) 营销与服务体系。企业的营销与服务体系是否有效、简洁,是否能为客户带来方便,售后服务时间长短,服务人员的态度、响应时间,投诉与咨询的便捷性等都会影响客户满意度。同时,经销商作为中间客户,有其自身的特殊利益与处境。企业通过分销政策、良好的服务赢得经销商的信赖,提高其满意度,能使经销商主动向消费者推荐产品,解决消费者一般性的问题。

(4) 沟通因素。厂商与顾客的良好沟通是提高客户满意度的重要因素。很多情况下,客户对产品性能不了解,造成使用不当,需要厂家提供咨询服务。或者客户因为质量、服务中存在的问题要向厂家投诉,如果与厂家联系缺乏必要的渠道或渠道不畅,就容易使客户不满意。

(5) 客户关怀。客户关怀是指不论客户是否咨询、投诉,企业都要主动与客户联系,对产品、服务方面可能存在的问题主动向客户征求意见,帮助客户解决以前并未提出的问题,倾听客户的抱怨、建议。通常客户关怀能大幅度提高客户满意度,增加客户非常满意度。但客户关怀不能太频繁,否则会造成客户反感,适得其反。

信息速递 7-2　提高客户满意度要注意细节管理

一家企业至少应该有两本书——红皮书和蓝皮书。其中,红皮书称为战略,也就是行销策略;蓝皮书就是标准作业程序(standard operation procedure,SOP)。战略是作战的指导纲领,它的执行靠战术。战术作为工具和方法一定要不断地细节量化,才能明确地表达战略,充分体现其作用。战术如果发挥不出来,战略就不可能达到目的。在实现战略时,战术的每一个流程、动作、支持都是一个细节,都需要量化。

优秀企业的标准作业程序都应遵循一些共同的原则。

(1) 保持安静。保持安静就是要求服务人员不能随便讲话,要为客户营造一个安静、舒适的环境。

(2) 动作标准。优秀的企业应注重直接与客户接触的员工的形象和行为,应要求每一位员工都做到动作标准,争取在每一个细节上做到最好。

(3) 制定规则。企业都应为其作业程序制定相应的规则。例如,麦当劳的作业手册有560页,其中关于如何烤一个牛肉饼就写了20多页:一个牛肉饼烤出20分钟内没有卖掉,就会被丢到垃圾桶里;麦当劳的油用了一定时间就必须倒掉,为了防止被别人拿去或买去再用,还规定要倒上蓝色的试剂,以防这种油再流到市场上去。

越是强大的企业往往越注重细节问题,员工的每一个动作、姿势,企业的每一个流程、制作过程统统都要量化,小到一个螺丝钉,大到一个物流工程,都要精益求精。

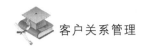

(四)客户满意度的衡量

客户满意度是指客户满意程度的高低,客户满意度一般可以从下面几个指标来判断。

1. 美誉度

美誉度是客户对企业或者品牌的褒扬程度,借助美誉度,可以知道客户对企业或品牌所提供的产品或服务的满意状况。

一般来说,持褒扬态度、愿意向他人推荐企业及其产品或者服务的客户,肯定对企业提供的产品或服务是非常满意或者满意的。

2. 知名度

知名度是客户指名消费或者购买某企业或某品牌的产品或服务的程度。如果客户在消费或者购买过程中放弃其他选择而指名购买、非此不买,表明客户对这种品牌的产品或服务是非常满意的。

3. 回头率

回头率是客户消费了某企业或某品牌的产品或服务之后再次消费的频率。客户是否继续购买某企业或某品牌的产品或者服务,是衡量客户满意度的主要指标。如果客户不再购买该企业或该品牌的产品或服务而改购其他品牌的产品或服务,表明客户对该企业或该品牌的产品或服务很可能是不满意的。调查表明,如果一个网站不能够吸引人,那么75%的客户不会访问第二次。在一定时期内,客户对产品或服务的重复购买次数越多,说明客户的满意度越高,反之则越低。

4. 投诉率

客户的投诉是不满意的具体表现,投诉率是指客户在购买或者消费了某企业或某品牌的产品或服务之后所产生投诉的比例。客户投诉率越高,表明客户越不满意。

但是,这里的投诉率不仅指客户直接表现出来的显性投诉,还包括存在于客户心底未予倾诉的隐性投诉。研究表明,客户每四次购买中会有一次不满意,而只有5%的不满意客户会投诉,另外95%的不投诉客户只会默默地转向其他企业。

所以,不能单纯以显性投诉来衡量客户的满意度,企业为了全面了解投诉率还必须主动、直接征询客户的意见,这样才能发现可能存在的隐性投诉。客户对某企业或某品牌的产品或服务的事故承受能力,也可以反映客户对某企业或某品牌的满意度。当产品或者服务出现事故时,客户如果能表现出容忍的态度(既不投诉,也不流失),那么表明这个客户对该企业或该品牌肯定不是一般的满意。

5. 购买额

购买额是指客户购买某企业或某品牌的产品或者服务的金额多少。一般而言,客户对某企业或某品牌的购买额越大,表明客户对该企业或该品牌的满意度越高,反之,则表明客户的满意度越低。

6. 对价格的敏感度

客户对某企业或某品牌的产品或服务的价格敏感度或承受能力,也可以反映客户对某企业或某品牌的满意度。

当某企业或某品牌的产品或服务的价格上调时,客户如果表现出很强的承受能力,那么表明客户对该企业或该品牌肯定不是一般的满意;相反,如果出现客户的转移与叛离,那么说明客户对该企业或该品牌的满意度是不够高的。

总之,客户满意是一种暂时的、不稳定的心理状态,为此,企业应该经常性地测试,如可经常性地在现有的客户中随机抽取样本,向其发送问卷或打电话,向客户询问:对企业的产品或服务是否满意?如果满意,达到了什么程度?哪些方面满意?哪些方面不满意?对改进产品或者服务有什么建议?如果客户的满意度普遍较高,那么说明企业与客户的关系是处于良性发展状态的,企业为客户提供的产品或者服务是受欢迎的,企业就应再接再厉;反之,企业则需多下功夫、下大力气改进产品或者服务。

(五)客户满意度的调查

客户满意度测试操作步骤

顾客满意度的调查、客户投诉和建议处理系统、神秘顾客调查、流失客户分析是当前企业收集客户意见的四种主要方法。其中,顾客满意可以运用几种方法衡量。第一种方法可以通过询问直接衡量,如"请按下面的提示说出你对某服务的满意程度:很不满意、不太满意、一般、比较满意、很满意"(直接报告满意程度)。第二种方法可以要求受访者说出他们期望获得一个什么样的产品属性,以及他们实际得到的是什么(引申出来的不满意)。第三种方法是要求受访者说出他们在产品上发现的任何问题及提出的任何改进措施(问题分析)。第四种方法是公司可以要求受访者按产品各要素的重要性进行不同排列,并对公司在每个要素上的表现做出评价(重要性/绩效等级排列)。最后这种方法可以帮助公司了解它是否在一些重要的要素方面表现良好,或在一些相对不重要的要素方面过于投入。研究显示,在收集有关顾客满意的信息时,询问顾客有关再次购买和再次推荐的问题,也是十分有价值的,它们共同构成了顾客满意度调查指标。

1. 客户满意度调查的方法

(1)定性调查。在具体操作中,如果采用定性方法进行调查,可以用"非常不满意""不满意""一般""比较满意""非常满意"来表示,也可以用百分制区间表示,如0~20%表示非常不满意,21%~40%代表不满意,41%~60%代表一般,61%~80%代表比较满意,81%~100%代表非常满意。

(2)定量调查。如果要获得客户满意度数据,需要进行定量调查。企业首先要具备客户档案数据库,能快速、准确地找到客户,这是企业的基础管理工作。定量调查通常包括以下一些必要步骤。

① 确定调查目标、对象与范围。
② 确定调查方法。
③ 问卷的设计和预调查。
④ 调查人员的挑选和培训。
⑤ 实际执行调查。
⑥ 调查问卷的回收和复核。
⑦ 问卷的编码录入和统计分析。

2. 客户满意度调查表的设计

客户满意度调查表要请专业人员或专业公司设计,精心挑选调查项目。问题可以采取直接提问式、间接提问式、排序式、引出式等。提出问题应注意策略,不能涉及客户隐私、让客户不舒服或有取宠之嫌。同时项目不能太多,应根据近一段时间发生的问题有侧重点地提出。表格结构与问题应尽量简洁、明了,让客户容易回答。

客户满意度调查的具体栏目如表 7-1 所示。

表 7-1 客户满意度调查栏目

调 查 栏 目	解 释
基本项目	如客户基本情况、购买的产品或服务、产品取得方式及时间等
总体满意度	即客户对企业总体的满意度评价
产品指标	产品的性能、价格、质量包装等
服务指标	包括服务承诺、服务内容、响应时间、服务人员态度等
沟通与客户关怀指标	如沟通渠道、主动服务等
与竞争对手比较	产品、服务等方面的比较
顾客再次购买和向其他人推荐问题	从中可分析客户忠诚度
问题与建议	让客户没有限制地提出问题,并对企业提出宝贵建议

3. 客户满意度的调查方式

(1) 电话调查。电话调查适用于客户群比较固定、重复购买率高的产品,其好处是企业可以直接倾听顾客的问题,速度快,能体现客户关怀,效果较好;不利之处在于可能干扰顾客工作或生活,引起反感。因此调查项目应尽可能简洁,以免延长调查时间。如果顾客数量较少,可以由企业营销人员直接联系顾客;如果客户数量多,可以采取抽样方式,委托专业调查公司,或双方合作进行。

(2) 邮寄问卷调查。企业通常会在庆典或重大节日来临之际,向客户邮寄问卷,配合慰问信、感谢信或小礼品。邮寄问卷调查数据比较准确,但费用较高、周期长,一般一年最多进行 1~2 次。

(3) 现场发放问卷调查。在客户(或公众)比较集中的场合(展览会、新闻发布会、客户座谈会等),向客户发放问卷,现场回收。这种方式很快速,如果辅之以小礼品,问卷回收比例更高,同时具有宣传效果。但要注意甄别客户和潜在客户,以免调查信息的准确性不高。

(4) 网上问卷调查。这是目前因特网快速普及的情况下最快的调查方式,具有节省费用、快速的特点,特别是在门户网站上开展的调查很容易引起公众对企业的关注。问题是网上调查只对网民顾客有效,结论可能有失偏颇,所提问题不能太多,真实性值得怀疑。

不论哪种方式,调查以后均应进行数据统计、分析处理,写出调查报告。重点分析主要问题并提出相应的改进建议,让调查活动发挥检验客户满意度、促进企业提高客户满意度的作用。

案例链接 7-4 麦德龙提高客户满意度的策略

1964 年,麦德龙在德国诞生。麦德龙于 1995 年与我国的锦江国际集团合作,建立了上海锦江麦德龙购物中心有限公司。麦德龙是仓储式配销中心,其特点在于批量大、成本低、价格低、货真价实。其主要业务是为专业客户(如中小型零售商、酒店、餐饮企业、工厂、企事业单位、政府和团体等)提供一系列丰富的商品。麦德龙提高客户满意度的一些策略值得我国的物流企业学习和借鉴。

(1) 限定客户。麦德龙更愿意服务为集团采购的客户群。如果麦德龙不限定客户,那么运营成本就会增加,管理难度也将增大;而限定了客户可以使麦德龙更容易地分析客户的特定需求,增加其喜欢的商品,撤掉他们不需要的商品。

(2) 主动接近客户。麦德龙认为,无论做什么都不要忘了供应链的另一端是客户。麦德龙一贯坚持"主动接近客户"的做法,因为整个供应链的运作都是由客户来推动的。

(3) 为客户提供良好的购物环境。麦德龙的服务只限于事业单位等专业客户,一直致力于成为专业客户的超级仓库。麦德龙所有的生鲜食品均来自可靠、有关机构认可的单位,且品种齐全,其商场的商品超过 20 000 种,大部分由国内名牌企业和合资企业直接邮投,营业时间长,拥有专业的大型手推车等方便购物的工具。

(4) 为经营人员提供详尽的客户信息。麦德龙的物流信息详尽地反映了销售的情况,为经营人员提供了销售数量和品种信息。物流信息记录了各类客户的采购频率和购物结构,准确反映了客户的动态需求和发展趋势。

(5) 设立专门的客户咨询员。设在中国的麦德龙零售店有 15 个客户咨询员,他们每天都去拜访客户,了解客户需要和满意度,然后麦德龙会按照客户离商店的路程远近、满意度的高低将客户进行分类,并对他们进行重点分析和研究。

资料来源:陈小刚,等.客户关系管理[M].北京:北京邮电大学出版社,2017.

(六) 客户满意度指数

客户满意度指数(customer satisfaction index,CSI)是站在用户的角度来评定产品或服务质量,并运用计量经济模型计算出测评结果的一种科学的质量评定方法。客户满意度指数测评指标体系由四个层次构成:客户满意度指数是总的测评目标,为一级指标,即第一层次;客户满意度指数模型中的客户期望、客户对质量的感知、客户对价值的感知、客户满意度、客户抱怨和客户忠诚六大要素是二级指标;根据不同产品、服务、企业或者行业特点,可将六大要素展开为具体的三级指标;三级指标可以展开为调查问卷上的问题,即形成四级指标(见表 7-2)。

表 7-2 客户满意度指数测评指标体系的二、三级指标

二级指标	三级指标
客户期望	客户对产品或服务的总体期望 客户对产品或服务满足需求程度的期望 客户对产品或服务可靠性的期望
客户对质量的感知	客户对产品或服务质量的总体评价 客户对产品或服务质量满足需求程度的评价 客户对产品或服务质量可靠性的评价
客户对价值的感知	给定价格条件下客户对质量级别的评价 给定质量条件下客户对价格级别的评价 客户对总价值的感知

续表

二级指标	三级指标
客户满意度	总体满意度 感知与期望的比较
客户抱怨	客户抱怨 客户投诉情况
客户忠诚	重复购买的可能性 推荐给他人的可能性 能承受的涨价幅度 能抵制竞争对手的降价幅度

（七）产品满意度管理

1．了解客户需求的构成

要了解客户需求的构成,首先要认真了解客户的总体需求。所有取得成功的企业,其共同点都是极其重视客户的意见,并认真研究了客户需求的实际内容,采取相应措施认真加以解决。客户在购买某种产品时,实际希望得到的并不只是其物质本体,还有这种产品所带来的服务,即产品的使用价值。另外,客户使用产品时所希望得到的并不仅仅是一种服务,而是一个服务的群体,构成这种群体的每个要素都会引起客户对产品的需求。而且,需求群体的构成要素之间,客户的不同层次之间,存在着相互作用的可能。如果企业能够制造并充分利用这种互动,那么适应客户需求就容易实现。例如,1990年瑞典沃尔沃公司生产的850型豪华轿车在美国市场备受冷落。后来,该公司了解到美国人开车时喜欢喝咖啡或饮料,便在车上加装了水杯座。就是这个不起眼的变动,改变了850型豪华轿车的命运,很快使它由滞销变为畅销,并跻身美国汽车市场十佳行列。

2．适应客户需求

适应客户需求有以下三个标准。

（1）战略如何吸引客户

战略与客户需求群体的适应"需求群体"可分为产品的性能、辅助服务、价格三大类,而且可以进一步细分。在众多的要素中,企业要解决的中心问题是如何打动和吸引客户。例如,海尔冰箱为北京客户提供了最具技术含量的高档冰箱,为上海客户生产了瘦长体小、外观漂亮的"小小王子",为广西客户开发了能单独装水果的"果蔬王"。企业吸引客户的手段多种多样,但应该有核心内容。产品的性能、辅助服务、价格,如果都成为企业吸引客户的要点,那么企业提供的产品或服务就没有特色,同时经营资源也不能集中使用,导致适应客户战略最终难以实现。企业如果把产品的性能、质量作为吸引客户的重点,那么就应该在产品开发设计和质量管理等方面重点分配资源,同时也需要培养技术开发为导向的企业精神。如果把辅助服务作为吸引客户的重点,那么市场销售的强度、服务和流通体制的配备、资金保证及有关的技能知识等,都应是企业重点关注的内容。对于想以价格因素作为核心内容来吸引客户的企业,成本则至关重要。

(2) 战略如何适应客户需求的变化

在需求变化中,存在着不确定性和可预知性。当变化在一定程度上可以预知时,企业预测这种变化并制定战略实施方案就很有必要。最好的办法是企业主动去促使其发生变化,这样可以在相当程度上预知客户的什么需求在变化。

(3) 用客户影响客户

在客户之间的相互影响中,最明显的是"客户吸引客户"的现象。某个企业购入一种设备后,其他企业若好看,也会想购入相同设备。这些购买设备的企业便成了活广告,招来了其他客户,使企业的客户越来越多,这就是"客户吸引客户"的现象。利用这种效果的战略要点,就是集中精力和资源赢得更多可成为市场上"活广告"的客户,并且研究如何有效地利用这种由客户创造出来的联动效果。

在客户之间的相互影响中,另一种比较明显的现象是"需求吸引需求",彼此吸引的现象不仅发生在客户之间,即使是同一客户,也有需求吸引需求的情况。例如,购买了新的住宅,自然有装修的需求;本来打算到市场买双鞋子,结果看到流行时装的总体式样后,连上衣带裙子一起买了回来。总之,在满足客户的任何一种需求时,会派生出一些其他需求。需求吸引需求的原因在于,若干需求在客观上是连锁式地联系在一起的,一个需求表现出来,就可带动其他需求的产生,如果能够抓住连锁式的需求总体,就能以较小的投入取得较大的收益。

3. 提供令客户满意的产品

了解客户需求与适应客户需求的最终目的,是为客户提供满意的产品,从而实现客户满意。产品满意的内容包括以下两个方面。

(1) 产品功能满意

产品功能,也就是产品的使用价值,这是客户花钱购买的核心。客户对产品的功能需求有两种形式:一是显性功能需求,客户可以明显意识到,并能够通过调查报告反映出来;二是潜在功能需求,客户没有明显意识到,同时不能通过调查完全反映出来,但如果企业能向客户提供,他们一定会满意。因此,研究产品的功能需求,既可以通过消费者调查实现,也可以借助创新理论让客户确认。

客户对产品功能的需求包括以下几个方面。

① 物理功能需求。物理功能是产品最核心的功能,也是最原始的功能,是产品存在的基础。失去了物理功能,产品也就失去了存在的价值。物理功能需求是客户对产品的主要需求。客户之所以愿意购买,首先是因为它的物理功能,但由于消费需求的层次不同,即使是同一物理功能,不同客户的需求也不一致。

② 生理功能需求。生理功能需求是客户希望产品能尽量多地节省自己的体力付出,方便使用。生理功能需求与物理功能需求相比,处于次要位置,只有物理功能需求得到满足后,人们才会更多地考虑生理功能需求。

③ 心理功能需求。心理功能需求是客户为满足其精神需求而提出的。在产品同质化、需求多样化、文化差异突出的消费时代,心理功能需求及其满足是企业营销的重点。客户的心理功能需求主要包括审美心理功能需求、优越心理功能需求、偏好心理功能需求、习俗心理功能需求和求异心理功能需求。

(2) 产品品位满意

产品品位满意是产品在表现个人价值上的满意状态。产品除了使用功能外,还有表现个人价值的功能,产品在多大程度上能满足客户的个人价值需求,不仅决定该产品的市场卖点,还决定着客户在产品消费过程中的满意程度,并进一步决定其消费忠诚。因此,根据客户对产品品位的要求来设计产品是实现产品品位满意的前提。

① 价格品位。价格品位是材料、设计、品质的结合体,通过价格门槛表现出来。理论上讲,消费者购买产品时会寻求功能与价格间的平衡,但事实上,不同客户对功能的要求与判断是不同的,因而对价格的反映也不同。有人追求低价格,有人追求高价格,同一客户在不同产品上的价格品位也会不同。

② 艺术品位。艺术品位是产品及其包装的艺术含量。艺术含量高,则产品的艺术品位高,反之,艺术品位就低。一般而言,客户都欣赏艺术品位高的商品,一方面,艺术品位高的商品给人以感官享受;另一方面,消费艺术品位高的商品可向他人展示自身的艺术涵养与艺术修养。产品体现着个人艺术品位。

③ 文化品位。文化品位是产品及其包装的文化含量,是产品的文化附加值。一个看似平凡的产品,一旦包含了丰富的文化,那么它就有可能身价百倍。产品的文化品位是其艺术品位的延伸,不同消费者有不同的文化,消费的文化特征也正在越来越突出地体现出来。有时,你无法从功能或价格的角度解释某一层面的消费现象或某一具体消费行为,说到底,这就是产品消费的文化内涵。

二、客户忠诚度管理

(一) 客户忠诚的意义

客户忠诚的意义

忠诚客户通常是指那些会拒绝竞争者提供的折扣、经常性地购买本公司的产品或服务,甚至会向其家人或朋友推荐的顾客。尽管满意度和忠诚度之间有着不可忽视的正向关系,但即使是满意度很高的顾客,如果不是忠诚客户,面对更便利的服务或更便宜的产品,也会毫不犹豫地转换品牌。

忠诚客户所带来的收益是长期且具有累积效果的。一个顾客保持忠诚越久,企业从他那儿得到的利益就越多。忠诚客户带来的好处和优势如下。

(1) 销售量上升。忠诚顾客都是良性消费者,不会刻意追求价格上的折扣。

(2) 提高竞争地位。如果顾客向我们而非我们的竞争者购买服务,我们在市场上的地位会变得更加稳固。

(3) 减少营销费用。忠诚度高的用户,不需要花钱去吸引他们再度上门,所以营销费用会降低。此外,这些忠诚的顾客还会向他们的朋友宣传,更减少了广告宣传的费用。

(4) 不必进行价格战。忠诚的顾客不会被竞争者的小利所诱惑,所以不必与竞争者进行价格战。

(5) 有利于新产品推广。一个忠诚的顾客会很乐意尝试我们的新业务并向周围的人们介绍,有利于我们拓展新业务。

(6) 当我们节省了以上种种费用之后,就可以在改进网络和服务方面投入更多的费用,进而在顾客身上获得更多回报。

所以,今天的企业不仅要使顾客满意,更要紧紧地维系住与顾客的关系,使他们忠诚。

(二)客户忠诚的分类

客户忠诚可以划分为以下几种不同类型。

1. 垄断忠诚

忠诚客户的分类

垄断忠诚是指客户别无选择下的顺从态度。比如,政府规定只能有一个供应商,所以客户就只能有一种选择。这种客户通常是低依恋、高重复的购买者,因为他们没有其他的选择。公用事业公司就是客户垄断忠诚一个最好的实例,微软公司的客户也具有垄断忠诚的性质。有一个客户形容自己是"每月消费100美元的比尔·盖茨俱乐部"的会员,因为他几乎每个月都要为他的各种微软产品进行一次升级,以保证不会落伍。

2. 惰性忠诚

惰性忠诚是指客户由于惰性而不愿意去寻找其他供应商。这些客户也是低依恋、高重复的购买者,他们对企业并不十分满意。如果其他企业能够让他们得到更多的实惠,这些客户便很容易被人挖走。拥有惰性忠诚客户的企业应该通过产品和服务的差异化来改变客户对企业的印象。

3. 潜在忠诚

潜在忠诚是低依恋、低重复购买的客户。客户其实希望不断地购买产品和服务,但是企业一些内部规定或其他的环境因素限制了他们。例如,客户原本希望再来购买,但是卖主只对消费额超过2000元的客户提供免费送货,由于商品运输方面的问题,该客户可能就会放弃购买。

4. 方便忠诚

方便忠诚的客户是低依恋、高重复购买的客户。这种忠诚类似于惰性忠诚。同样,方便忠诚的客户很容易被竞争对手挖走。例如,某个客户重复购买是由于地理位置比较方便,这就是方便忠诚。

5. 价格忠诚

对于价格敏感的客户会忠诚于最低价格的零售商。这些低依恋、低重复购买的客户是不能发展成为忠诚客户的。现在市场有很多的1元店、2元店、10元店,就是从低价格出发做自己的生意,但是重复光临的人却不是很多。

6. 激励忠诚

企业通常会为经常光临的客户提供一些忠诚奖励。激励忠诚与惰性忠诚相似,客户也是低依恋、高重复购买的那种类型。当公司有奖励活动的时候,客户们会来此购买;当活动结束时,客户们就会转向其他有奖励或奖励更多的公司。

7. 超值忠诚

超值忠诚即典型的感情或品牌忠诚。超值忠诚的客户是高依恋、高重复购买的客户,这种忠诚对很多行业来说都是最有价值的。客户对于那些使其从中受益的产品和服务情有独钟,不仅乐此不疲地宣传它们的好处,而且会热心地向他人推荐该产品。

案例链接 7-5　热情服务赢得顾客

英国裤袜国际连锁公司的主人米尔曼在开始只经营男士领带,且营业额不大。后来她发现不仅是男士,妇女也有购物方便、快捷的需求,她们往往不愿为购买一双长筒袜而挤进百货商场,而只想花几分钟在一家小店购得。米尔曼把顾客的这种心理摸得很清楚,十分重视经营速度、是否方便顾客和服务是否周到。尽管其价格略高于百货商场,但周到的服务足以弥补价格较高的不利因素。米尔曼1983年4月在伦敦一个地铁车站创建第一家袜子商店时,资金不足10万美元,经过几年的经营,现已成为世界上最大的妇女裤袜零售专业连锁公司,它在英国已有上百家分店,在其他欧美国家也有30多家分店,销售额已近亿元。米尔曼的发迹和公司的发展,靠的就是向顾客提供快捷、方便和周到的服务。

在美国得克萨斯州利昂时装店有一名叫塞西尔·萨特怀特的女销售员,她已经67岁了,但她一年销售的鞋子价值60万美元,她自己的年收入也达到了10万美元。她因出色的服务而被当作传奇人物,顾客总是慕名而来,满意离去。走进这家商店,经常可以看到不少妇女在等她,在她的顾客中,有政府女公务员,有在公司工作的女职员,还有女律师、女医生,也有政府官员和企业界巨头的夫人。她们每隔一定时间就到塞西尔那里去买鞋,而且在准备出差或旅行时也去她那里,为的就是选一双舒适、美观的鞋。妇女们喜欢去她那里买鞋,并非是因为那里的鞋特别时髦,也不是店里的设施特别讲究,而是塞西尔给予她们的那种特殊的、真情实感的关注和服务,当她接待顾客时,会使顾客感到好像她的生活中除她之外再没有任何人似的。如果这双鞋你穿着不合适,她是不会让你买的;如果另一双鞋穿在你脚上不好看,她也绝不会卖给你。她进库房为你拿出来供挑选的鞋,有时可多达300双。每次你试穿一双,她都陪你照镜子,而且,她有时会跪在你脚下,帮你穿上、脱下。塞西尔这样做,自有她的服务理念,"人们都希望生活中有些令人高兴的事,而大部分妇女,她们到我这里来,所需要的正是热情周到的服务"。这种服务观念像一块吸力强大的磁石,吸引了众多忠实的顾客。

资料来源:徐巧珍.客户关系管理[M].杭州:浙江大学出版社,2014.(有删改)

(三) 客户忠诚的决定因素

微课:提高客户忠诚度的关键因素

现有研究识别出的客户忠诚的主要决定因素为客户认知价值、客户满意度、转移成本和客户信任。

客户认知价值是指客户对供应商提供的相对价值的主观评价。客户认知价值取决于产品价值、服务价值、信息价值、人员价值、企业形象价值、客户成本和客户价值比较标准等因素,前面五个因素又合称为客户总价值。客户认知价值还可分成基本客户价值、期望客户价值、超期望客户价值三个层次。

客户满意度指客户对供应商的总的售后评价。期望差异理论揭示了客户到底是如何评价供应商的:客户将对当前产品或服务的绩效的主观评价与购买前期望的绩效相比较,形成一个现实绩效与期望绩效的差异,这个差异的大小决定了客户满意程度。如果是正差异(现实绩效大于期望绩效,包括相等),则客户满意,差异越大客户满意度越高;如果是负差异(现实绩效小于期望绩效),则客户不满意,差异越大客户越不满意。客户满意划分为客户不满意、客户中性、客户满意、客户高度满意和客户完全满意五个层次。

转移成本指客户对结束与现供应商的关系并建立新的替代关系所涉及的相关成本的主观认知。转移成本的种类较多,如B2B背景下的转移成本主要有专有投资、风险成本、契约成本、学习与被学习成本、搜索成本等,广义的转移成本还包括可替代的供应商的吸引力和人际关系。

客户信任指客户对可信的交易伙伴的一种依赖,包括可信性和友善性两个维度。客户信任的主要决定因素有客户满意、公平、供应商声望、供应商专有投资、沟通。

以上四个因素中,客户的认知价值、客户满意度和客户信任是全面影响客户忠诚的三个度量指标,转移成本只影响重复购买意向和价格忍耐力,而不影响交叉购买意向和客户推荐意向。

(四)客户忠诚的测量指标

忠诚客户的行为表现有三种:重复购买、交叉购买和新客户推荐。可用重复购买意向、交叉购买意向、客户推荐意向三个心理指标分别度量忠诚客户的这三种行为表现。其中,重复购买意向(repurchase intention)是指客户向现供应商继续购买以前购买过类型产品的意愿;交叉购买意愿(cross-buying intention)是指客户向现供应商购买以前从未买过类型产品或拓展业务范围的意愿;客户推荐意向(customer recommendation intention)是指客户把一些潜在客户推荐给现供应商的意愿,包括为供应商做正面宣传。

另外,经研究表明,忠诚的客户往往愿意支付更高的价格。客户忠诚度越高,支付意愿越高,价格忍耐力反映了忠诚客户支付意愿的极限,是客户忠诚的另一个心理指标。

重复购买意向是客户忠诚的基本行为意向;交叉购买意向和客户推荐意向是客户对供应商高度满意和信任时才会产生的一种行为意图,能很好地反映客户对供应商的态度。价格忍耐力可以帮助进一步判断客户对供应商的态度是积极还是消极的:当重复购买意向、交叉购买意向和推荐购买意向都高时,价格忍耐力强说明客户对供应商的态度是积极的;当交叉购买意向、客户推荐意向低而客户重复购买意向高时,价格忍耐力强说明客户对供应商的态度是消极的,重复购买是迫于高转移成本。

关于客户忠诚还可以从认知忠诚、情感忠诚、意向忠诚和行为忠诚四个维度来分析和测量。

(五)培养忠诚客户策略

1. 从思想上认识客户的重要性

如今,几乎每个企业的领导者和员工都会说"尊重客户,以客户为中心"。但是,要真正做到"尊重客户,以客户为中心",就必须先从思想上认识到客户的重要性。不仅要让企业的每一个人知道、懂得,更重要的是让他们从思想上意识到客户是企业生存的根本,并将"客户为中心"的思想贯彻到自己的行动中去。

微课:培养忠诚客户策略

为了达到思想上的统一,可采用如下做法。

(1)以获取高额利润为出发点和最终目的。

(2)确保企业的所有员工都意识到建立顾客忠诚的重要性。

(3)召集所有员工,说明建立顾客忠诚是每个员工的职责,而不是能够推给其他部门、其他员工的事情。

（4）牢记自己的一举一动都会影响顾客对企业的印象，开发、销售、客户培训、售后服务等部门员工都要处处为客户着想。

（5）为企业的员工提供信息，建立高品质的服务标准。

2．赢得高级管理人员的支持

建立客户忠诚计划是一个从上到下的过程，如果没有企业高层领导的带头和支持，恐怕很难进行下去。企业的高级管理人员在建立客户忠诚计划的过程中所起到的作用不仅仅是发号施令和协调统一，他们应当成为这一过程中非常重要的一个组成部分和决定因素。

当然，企业的高层管理人员距离客户比较远，但是他们仍然可以采取以下方式接近客户，为普通的员工做出表率。

（1）与具体接触客户的员工交流。

（2）出席为赢得客户忠诚而举行的会议，并明确表达自己的观点。

（3）参加有关与客户交流的活动。

（4）从更高的层次制定赢得客户忠诚的各种企业标准。

3．赢得企业员工的忠诚

为了赢得客户的忠诚，首先必须赢得员工的忠诚，这包括两个方面：首先，要赢得员工在工作中的忠诚；其次，要保证员工不"跳槽"。很多企业为了赢得客户，都制定了严格标准，但是如果员工不遵守这些规章标准，企业的努力就等于零。为了解决这一问题，一方面，企业要选用高素质的员工；另一方面，还要制定严格的监督政策并对员工进行定期的培训，让每个员工都拥有良好的职业道德和"客户第一位"的意识。

实现双赢

当前，企业面临的一个很普遍的现象就是员工跳槽。据统计，美国每家企业中平均有半数的员工在不到半年的时间内就会离职，我国虽没有这么严重，但在一些企业中，员工的跳槽也相当频繁。员工的这种高流动性对于建立客户忠诚是一个很大的障碍，尤其是那些与客户近距离接触的市场人员的流动带给企业的影响更加严重。频繁的员工流动不仅增加了企业的员工培训难度，还使客户不得不重新认识和熟悉新的接触对象，更重要的是，那些已经与客户长期接触并建立起深厚感情的市场人员的流失同时也意味着对他"保持忠诚"的客户的流失。所以，企业应当从员工的需求（物质的、心理的）出发去关怀他们，赢得企业员工的忠诚是赢得客户忠诚的基础。

4．赢得客户的满意和信赖

客户的满意、愉悦和信赖是形成客户忠诚的最主要因素，所以如何在这些方面取得成功也正是企业要考虑的问题和努力的方向。例如，企业可采取以下行动。

（1）提高客户的兴趣

提高客户兴趣的方法有很多，企业可以推出有奖销售，也可以主打有明星助阵的广告牌，甚至可以通过改变产品的颜色、形状来吸引顾客。但是，这些都是短暂的、低效的，最为有效的措施还是通过优质的产品和服务来吸引客户。要无微不至地关注客户的需求，并竭尽全力满足他们，这样做的结果不仅仅让客户感到一种满足，还有对你的感激，而且他们很愿意将这种感受告诉自己所熟悉的人。

（2）与客户有意接触并发现他们的需求

通过接触客户可以让客户更好地了解企业，企业也能够更好地了解客户，通过相互交流建立起一种朋友式的"双赢"关系。通过这种接触还可以了解客户当前的需求,以便制定更有针对性的措施,更好地为客户服务,也许仅仅是客户不经意说出的一些建议和需求,就会刺激企业发现新的商机。与客户的主动接触方式有很多,一般的措施有以下五个。

① 发给客户信息,询问客户的需求和意见。
② 定期派专人访问客户。
③ 时常召开客户见面会或联谊会。
④ 将企业新开发的产品和发展计划及时告知客户。
⑤ 把握每一次与客户接触的机会,在细节上赢得客户的欢心。

(3) 建立反馈机制,倾听客户的需求和意见

建立有效的反馈机制非常重要,企业面临的不是客户一次性的交易,而是长期的合作。一次交易的结束正是下一次新的合作的开始。事实上,客户非常希望能够把自己的感受告诉企业,友善而有耐心地倾听能够拉近企业和客户之间的距离。反馈机制就是建立在企业和客户之间的一座桥梁,通过这一座桥梁,客户和企业双方能够更好地沟通感情,建立起朋友关系。一些企业成功的秘诀就是善于倾听客户的意见,并善于发现这些意见中有用的市场信息和用户需求,将其转化为新的商机。美国的明尼苏达采矿制造公司是最早生产透明胶带的公司,胶带最初的发明创意就来源于公司的一位客户。

(4) 妥善处理客户的抱怨

客户抱怨产品或服务中存在的不足时,正是企业进一步完善自己、增强产品竞争力的好机会。妥善地解决客户的抱怨,将客户的不满转变为满意,将赢得客户的信任。因为客户不仅得到了问题的处理方案,而且得到了尊重和关怀,这些最能够打动客户的心。美国M&S公司就鼓励客户退还他们不满意的产品,正是因为这一点,这个公司在品质和服务方面建立了良好的信誉,使许多客户不知不觉间成了公司的"回头客"和公司的忠诚客户。

为妥善处理客户的抱怨,企业可注意以下六个问题。
① 企业是否鼓励客户发表意见并说出自己的不满?
② 企业是否有特别的部门处理这些问题?
③ 客户是否能够得到机会说出自己的不满?
④ 企业的高层领导是否注意到客户的抱怨对企业的价值?
⑤ 企业是否制订了较好的计划去解决那些从根本上引起客户不满的问题?
⑥ 客户是否知道企业对这些不满的处理结果?

案例分析

带客户认识下蛋的鸡,建立产品信用

"互联网提供了这样一个机会,让良币能够驱逐劣币。"为了直接接触消费者,周新平提出了产品从茶山到餐桌的会员制方式。他们邀请消费者会员参观茶山和工厂,直接和茶农交流,用最好的产品招待、回馈会员。钱钟书先生曾开玩笑地讲,只要鸡蛋好吃,又何必认识下蛋的母鸡呢?但是现在的消费者一定要知道是哪只鸡下的蛋,他才放心。在周新平看来,让消费者和生产者直接连接,就是互联网思维。以下是一个关于大三湘的例子。

消费者亲自感受了大三湘所提供的油的生产环境以后,且有很好的体验,回去就会传

播:"这个油我放心,我去那里看过,我知道他们是怎么做出来的。"如此产生的直接结果就是大三湘的用户越来越多,用户满意度越来越高,用户对企业的信任度也越来越高,农户种植油茶的热情度就越来越高。

2017年,大三湘还扩大了业务范围,它帮助农民开始养殖一种当地的土鸡,这种鸡在大三湘的油茶林里自然放养,甚至可以飞,画面很壮观,鸡肉的肉质也特别鲜嫩美味。大三湘帮助当地农民给这种土鸡取了一个很有创意的名字——"茶山飞鸡"。这种鸡得养足8个月,论只卖,不论斤卖,大三湘的会员可以直接在大三湘微信公众号上向农户订购,跳过了中间的分销环节,因此消费者买得放心且便宜,农户也赚到了钱,客户对茶山飞鸡都很放心,农户也很满意。

未来周新平计划给作为生产者的农户建立信任评价体系,进一步扩大消费者和农户之间互动的空间。"当消费者和农户之间产生了充分的信任之后,消费者不仅可以买农户种的茶油,还可以买农户养的鸡、种的蔬菜,甚至可能会请农户养一头猪。"周新平说,这种定制模式甚至还可以解决另一个困扰农民很久的问题:帮助他们获得新农产品培育所需的资金。因为农民贷款很困难,而对于用户来说,先付定金订购放心菜是他们乐意的,因此这样就会帮助农民获得启动资金,培育新产品。大三湘在这个过程中扮演了平台的角色,提供信用评价体系和中间的保证,从而帮助消费者和生产者形成一个闭环,我们把这种模式叫心联网。

资料来源:商业评论网.[EB/OL].[2023-06-21].https://mp.weixin.qq.com/s?_biz=MjM5ODI3NDM4MA%3D%3D&chksm=bd3261c08a45e8d64242a720aff348a050507cb17cb4967b4bd0e89964e6c683417424be0ad9&idx=2&mid=2651583971&sn=6b460cb4704a2e49d3018c1f2bf751ca.

思考:
试分析大三湘采取哪些措施实现客户忠诚?

实训一　优质客户服务和劣质客户服务经历列举工作表

(1)分小组讨论:身为客户时所经历的优质客户服务和劣质客户服务,每项至少需列举3个例子。

(2)详细、具体地分析每个例子,找到每个例子中最感人或最伤人的地方。

实训二　服务质量满意度调查表

尊敬的顾客:

您好!这是专门为您设计的一份简单的调查问卷,目的是了解××服务企业的服务质量和管理水平,以便改进工作。在此,我们提出一些问题,请您根据亲身感受,在每一个问题的五个答案中选择一个答案打"√",实事求是地给出您的答案。

填写此表是不记名的,我们将负责为您保密,请不要有任何顾虑。

本调查问卷由调查人员通过访谈执笔填写,其他人员不得代填、代答。

问卷内容(可根据被调查对象的实际情况选择项目,也可以增加其他项目)如下。

1. 您在接受服务期间对服务企业总的印象如何?
  A. 很好   B. 较好   C. 一般   D. 较差   E. 很差
2. 您认为服务企业环境是否整洁、卫生?
  A. 卫生   B. 较卫生   C. 一般   D. 较差   E. 很差
3. 您对接待工作是否满意?
  A. 满意   B. 较满意   C. 一般   D. 不太满意   E. 不满意
4. 您进入服务企业时,服务人员接待的态度如何?
  A. 热情   B. 较热情   C. 一般   D. 较冷淡   E. 冷淡
5. 服务人员是否详细地向您介绍过或提醒过您享有的权益和注意事项?
  A. 详细   B. 较详细   C. 一般   D. 不详细   E. 没有
6. 您对服务企业提供的各项服务的标准化流程是否了解?
  A. 很清楚   B. 清楚   C. 一般   D. 不太清楚   E. 不清楚
7. 您认为服务企业的服务活动是否符合标准?
  A. 符合   B. 较符合   C. 一般   D. 较差   E. 不符合
8. 您认为服务企业在安全防护方面做得如何?
  A. 很好   B. 较好   C. 一般   D. 较差   E. 很差
9. 您的合理需求是否能在服务企业得到满足?
  A. 能   B. 基本能   C. 一般   D. 不太能   E. 不能
10. 您认为服务企业提供的服务是否方便、快捷?
  A. 很方便   B. 较方便   C. 一般   D. 不太方便   E. 不方便
11. 您对服务企业的设施设备、环境是否满意?
  A. 满意   B. 较满意   C. 一般   D. 不太满意   E. 不满意
12. 如果您对服务企业提供的服务有意见,您了解怎样解决吗?
  A. 很清楚   B. 清楚   C. 一般   D. 不太清楚   E. 不清楚
13. 您对服务企业提供的各项服务的完成质量、及时性满意吗?
  A. 满意   B. 较满意   C. 一般   D. 不太满意   E. 不满意

根据以上调查内容,进行相应的调查,分析调查结论。

项目八

客户关系管理系统

项目概要

本项目从客户关系管理系统的主要功能讲起,介绍了 CRM 分类、功能等;阐述了企业如何成功实施客户关系项目管理,包括客户关系项目管理的组成部分、实施方法;探讨了客户关系项目管理的实施方法以及客户关系项目管理实施失败的因素。

学习目标

- 了解客户关系项目管理;
- 熟悉客户关系管理系统模型,客户关系项目管理的特点;
- 掌握客户关系项目管理的实施方法。

重点与难点

重点:客户关系管理系统功能和客户关系项目管理。
难点:客户关系项目的实施步骤。

关键术语

销售自动化　　营销自动化　　商业智能　　客户服务自动化　　项目管理

案例导入

碧欧泉:带着贝克汉姆去游韩,化妆品从"推销"到"大数据营销"

化妆品,从 20 世纪 90 年代的上门推销,到后来的商场推销,再到互联网时代的大数据营销,这一变化在颠覆传统媒体商业模式的同时,也颠覆了传统的营销逻辑。

大数据平台通过将不同来源方的数据在京纬数据 DMP 内建立连接,实现对碧欧泉目标受众的精准刻画和建模后,将营销的主要阵地选在了机场。碧欧泉在将贝克汉姆作为代言人开展一系列代言推广活动的同时,在素材上也配合了贝克汉姆代言宣传设计,针对潜在客户的个性化标签动态展示不同创意素材,刺激消费者的消费欲望,提升转化率。

在具体的执行环节中,大数据的应用更是重中之重。

1. 搜集人群标签

首先,大数据平台对接了腾讯广点通、百度 BES、阿里巴巴 TANX 以及谷歌,可以监测过去两个月中曾出现在目标机场附近 3 千米以内的移动设备号,团队将这些设备号打上标签,定义这些人群为潜在的差旅客户。采用机器学习算法,能自动找出已转化用户的共同特征,并建立用户模型,从而得到目标用户群的精准画像。

2. 测试投放

根据实际需求,碧欧泉团队过滤掉了可能居住在附近的住户以及一次性旅游人群,挑选出了一批经常旅行和出差的男士,进行了为期一周的测试投放。

3. 正式投放

在正式投放过程中,碧欧泉团队利用 LBS 技术对这 3 个目标机场中 3 千米以内的范围进行了精准定向投放,并选择了新闻类、社区类、阅读类 APP 为主要投放渠道。

4. 重定向及优化

在正式投放过程中,大数据平台根据实时投放反馈数据,按照广告停留时长、广告跳转率等情况,对曾经表达过意向的用户进行全网重定向投放(不限定区域)。为了有效控制整体预算分配及节奏,在投放中控制曝光频次,避免对同一受众过度的冲击造成其对品牌的反感。同时,借助 LBS 获取用户实时的行为轨迹,当用户访问广告主项目的竞品项目时,对用户进行基于场景的定向投放,抢夺优质客户。

资料来源:https://www.sohu.com/a/191822051_648778。

思考:

请结合案例说明客户关系管理大数据系统对企业有什么意义。

任务一 CRM 系统的功能介绍

一、CRM 系统的定义

客户关系管理系统是以实现企业以客户为中心的理念为目的,运用先进的管理思想和各种技术对客户数据信息进行管理的一种信息系统。客户关系管理系统对企业营销时与客户发生的交互行为中所产生的信息进行记录、分析和管理。客户关系管理系统的建立是为了使企业更进一步了解客户、满足客户的需求,与客户建立长期稳定的关系。客户关系管理系统本质上是一套计算机化的网络系统软件,是企业成功实施客户关系管理的技术保障。

CRM 客户管理系统实例

二、CRM 系统的分类

目前市场上流行的是功能分类方法,根据一家调研机构,相关调研机构把 CRM 分为运营型、分析型和协作型三类,这一分类方法已得到业界的认可。

(一)运营型 CRM

运营型系统也叫做操作型客户关系管理系统,有时也称为"前台"客户关系管理系统,它的设计理念是基于企业的组织结构形成的。典型的直接面对客户的企业部门大致包括销售部、客户服务部、市场营销部、呼叫中心等部门。运营型 CRM 系统的作用就是让这些部门人员在日常的工作中能够共享客户资源,减少信息流动滞留点,从而使客户在与企业打交道时感觉是"一个人",而不会因为和公司不同的人打交道而带来交流上的不同感受,从而大大减少业务人员在与客户接触中可能产生的种种麻烦和挫折。它通过客户服务的自动化来改善与客户接触的流程，进而提高工作效率，使客户满意。

运营型CRM应用系统的产生，主要是由于在互联网时代，人们的联系方式越来越方便，客户的忍耐度大幅下降。在与客户打交道时，迟缓、拖拉的办事方式会使公司发生客户流失。而进入移动互联网时代，由于信息的高度畅通，客户可以从多种渠道获得多个产品的信息，企业的选择余地很大。对企业来说，保留老客户就变得越来越难。

由于运营型客户关系管理系统面向的是营销、销售、客户服务等一线人员，它主要是运用现代技术手段解决"以客户为中心"而带来的一系列问题。可以看出，运营型CRM系统与ERP相似，主要是一种为了提高企业员工工作效率的应用工具。其具体功能包括销售信息管理、销售信息分析、销售过程定制、销售过程监控、销售功能预测、营销活动的环境分析、信息管理、计划预算、项目追踪、成本核算、回报预测、营销效果评估、客户服务请求及投诉反应机制的建立、分配、解决、跟踪反馈、回访等功能。但运营性CRM不侧重于数据统计分析，同时也不包含呼叫中心等员工与客户进行交互活动的应用。

（二）分析型CRM

分析型CRM系统不需要直接与客户打交道，这点区别于运营型CRM。它从运营型CRM系统应用所产生的大量交易数据中提取各种有价值的信息，通过一系列的分析方法或挖掘工具对将来的趋势做出必要的预测或寻找某种商业规律，进而为企业的经营、决策提供可靠的、量化的数据。这种分析需要用到许多先进的数据管理和数据分析工具，如数据仓库、联机分析处理(on-line transaction processing, OLAP)分析和数据挖掘等。分析型客户关系管理把大容量的销售、服务、市场及业务数据进行整合，使用数据仓库、数据挖掘、OLAP和决策支持技术将完整的、可靠的数据转化为有用的信息，再将信息转化为知识，进一步为整个企业提供策略上和技术上的商业决策，为客户服务和新产品的研发提供准确的依据，从而提高企业的竞争力，使公司能够把有限的资源集中到所选择的有效的客户群体，同这些客户保持长期和有效的关系。目前在银行业、保险业以及零售业中使用较广，它用于客户关系的深度分析，通过运用数据挖掘、OLAP、交互查询和报表等手段，了解客户的终身价值、信用风险和购买趋势等，达到成功决策的目的。

（三）协作型CRM

协作型CRM主要由呼叫中心、客户多渠道联络中心以及自助服务帮助导航等功能模块组成。协作型客户关系管理系统作为一种综合的解决方案，基于多媒体联系中心，将多渠道的交流方式融为一体，建立了统一的接入平台——交互中心，为客户和企业之间的互动提供了多种渠道和联系方式。提高企业与客户沟通能力的协作型客户关系管理系统呼叫中心服务、传真与信件服务、电子邮件服务Web站点服务和现场接触服务等几部分组成。协作型客户关系管理系统的参与对象也是两种不同类型的人，即企业客户服务人员和客户共同参与。比如客户投诉，由于企业员工和客户要同时完成这项工作，都希望快一点解决问题，这就要求CRM的应用必须能够帮助企业员工快速准确地记录客户的请求，并快速找到解决方案。如果问题无法在线解决，协作型客户关系管理还会提供智能升级处理，这时员工必须及时做出任务转发的决定。换句话说，该系统必须具有知识储备丰富和智能查询的特点，同时，员工本身也必须经验丰富。随着移动互联网的快速发展，具有多渠道整合能力的客户联络中心是今后协作型CRM的主要发展重点。

三、各种客户关系管理系统之间的关系

运营型和协作型客户关系管理系统主要解决内部工作效率和交易数据的采集问题,并不具备信息分析的能力,只有分析型客户关系管理系统最具价值。此外,这三种类型的客户关系管理系统都是侧重解决某一个方面的问题。要实现企业与客户之间的联动,就需要将三种类型的客户关系管理系统结合在一起。在客户关系管理系统实际项目中,三种类型的客户关系管理系统往往是相互补充的关系。

从客户关系管理解决方案的整体思路出发,运营型客户关系管理系统是从客户的各种"接触点"将客户的各种背景数据和运营数据收集并整合在一起的,这些运营数据和外来的市场数据经过整合和变换,装载进数据仓库。之后运用 OLAP 和数据挖掘等技术从数据中分析并提取相关规律、模式、趋势。最后,利用精美的动态报表系统和企业信息系统等,使有关的客户信息和知识在整个企业内得到有效的流转和共享。这些信息和知识将转化为企业的战略和战术行动,用于提高在所有渠道上同客户交互的有效性和针对性,把合适的产品和服务通过合适的渠道,在适当的时候,提供给适当的客户。

客户与企业的互动需要把分析型客户关系管理与接触点客户关系管理结合在一起。如网站的客户先通过运营型系统了解信息,运营型系统就把客户的要求传递给数据仓库,通过数据仓库提取这些信息,然后返回客户界面,再到客户。运营型客户关系管理系统管理接触点适应于通过 Web 与客户联系,而数据仓库不管理接触点,适应于分析和决策。

一个完整的、典型的客户关系管理系统在实际应用中其实并没有严格意义上的运营型、协作型和分析型的界限。一个完善的客户关系管理解决方案应该把接触点的运营型客户关系管理和分析型的后台的数据仓库结合起来,这也就产生了所谓协作型客户关系管理。而后端和前端走向融合的关键点在于系统是开放的,只有开放的系统才能把各自的优点结合起来。目前,运营型的客户关系管理系统占据了客户关系管理系统市场的大部分份额,运营型客户关系管理系统解决方案虽然能够基本保证企业业务流程的自动化处理、企业与客户间沟通以及相互协作等问题,但是随着客户信息的日趋复杂,已难以进一步满足企业的需要,在现有客户关系管理系统解决方案的基础上提高强大的业务智能和分析能力就显得尤为重要。

四、CRM 系统的主要功能

(一)销售管理功能

销售管理是 CRM 系统的主要功能。每个厂商的 CRM 系统功能可能都不一样,但销售管理功能是每个 CRM 系统的核心部分。因为 CRM 系统其他几个功能可以用其他工具代替,比如客户管理,小公司完全可以用 Excel 做客户管理和报表,还有专门的工具。只有销售管理功能是 CRM 要解决的关键客户的痛点问题。

销售管理功能模块可以将客户完整归类,并将客户、渠道商、供应商有机集成,通过单位联系模块提供的功能和信息与客户进行全方位交流,并能支持多渠道销售模式、邮件群发、

短信群发和销售机会、销售订单、销售业绩的分析等。而且在这当中,发展最快的就是销售自动化(sales force automation,SFA),可以说CRM就是在它与其他应用系统的基础上发展而来的,其主要应用对象是销售人员和销售管理人员。SFA常被拓展为销售预测、客户名单和报价管理、建议产生以及赢输分析。营销人员掌握的信息是企业信息的基本来源,必须要有获得最新现场信息和将信息提供给他人的工具。

目前,销售自动化功能主要有两种应用方式:一种是完全基于Web应用的SFA模式,另一种是客户端—服务器(C/S)模式。不过,从系统功能上来讲,无论是基于Web的SFA,还是C/S结构,所具有的功能都是相同的,只是实现和应用手段不同而已。

销售自动化功能主要包括对客户和联系人的信息管理、销售机会(或项目)管理、销售活动管理,它还可以帮助销售部门和人员高质量地完成日程表安排,进行联系人和客户管理,销售机会和潜在客户管理,销售预测、建议书制作,产品、定价与折扣,销售地域分配和管理,以及报销报告制作等工作,帮助企业的销售部门建立以客户中心的工作流程,并平衡和优化每一个销售环节。通过使用CRM系统的销售自动化功能,销售人员将有更多的时间与客户进行面对面的销售活动。这个功能模块可以确保企业的每一个销售代表及时获得企业当前的最新信息,包括企业的最新动态、客户信息、账号信息、产品和价格信息以及同行业竞争对手的情况等,帮助销售代表更有效地与客户进行面对面的交流,成功率也会更高。

(二) 营销管理功能

营销管理功能模块可以对客户群进行市场细分,并进行客户分布分析、市场分析、销售漏斗分析、产品销售分析、服务销售分析,帮助企业发现市场趋势,发现有价值的产品,实施正确的营销策略。目前这一切主要通过营销自动化(marketing automation,MA)功能模块实现。

营销自动化通过帮助企业营销人员对客户和市场信息进行全面的分析,对市场进行细分,开展高质量的市场策划活动,指导销售队伍更有效地工作。企业可以通过营销自动化功能模块,利用多个渠道开展有针对性、统一协调的营销活动,使投资回报最大化,同时有助于保持客户源。营销自动化模块包括以下功能。

1. 线下营销活动管理

增强市场营销部门执行和管理通过多种渠道进行的多个市场营销活动的能力;对线下传统的市场营销进行宣传、策划和执行;对活动的有效性进行实时跟踪并对活动结果做出分析和评估;帮助市场营销机构管理、调度其市场营销材料库存的宣传品及其他物资;实现对有需求客户的跟踪、分配和管理。

2. 线上营销活动管理

可以实现网络用户个性化设置和一对一营销,通过分析客户的喜好确定向客户展示的内容,并对网页实施个性化设置;同时可以将客户的购物情况加以整合,企业可以给客户提供关联销售的产品;利用网上营销管理,用户可以对不同的客户群采用不同的定价;还可以针对不同的客户进行个性化的促销活动。

  案例链接 8-1

S是一家为沙龙和水疗中心服务的营销机构。该公司的创始人H于2009年创办了这家公司。她厌倦了每天工作16个小时的工作,决定要改变这种状态。

问题:在经营业务的头几年,S公司在寻找销售线索方面有很大的麻烦。不仅如此,找到的线索大多数质量都比较差。此外,由于他们的购物软件、电子邮件营销系统和其他营销解决方案都在不同的平台上,所以管理是一个巨大的麻烦。

解决方案:S公司使用了某款带有营销自动化功能的软件产品,以使所有部门的行为一致。首先将所有重要的营销系统组织成一个单一的平台,从而带来即时的效率提升。该公司还利用了细分工具,为每一个通过该系统的潜在客户量身定制营销活动,从而更好地开展线索培育,提高了每一个线索的质量,使每个线索都能坚持到销售周期的结束。

S公司还使用了线索评分来让营销和销售人员集中精力在最有价值的线索上。

结果:把多样化的内容和分销渠道相结合的个性化营销活动,为S公司带来了显著的收益。几个月后他们看到。

(1) 费用减少30%。

(2) 内容订阅增长150%。

(3) 收入增长300%,从2013年的200万美元增长到2014年的600万美元。

(4) 广告支出下降40%。

企业负责人H也收获了更高效的管理的好处,因为她现在每天工作很少超过8个小时。

资料来源:网舟科技.营销自动化应用的六个案例研究[Z/OL].(2018-08-29)[2020-5-8]. https://www.sohu.com/a/250683982_99965308.

3. 客户服务自动化管理功能

CRM系统中的客户服务自动化管理可以收集并分析市场、销售、服务和整个企业的各类信息,对客户进行全方位的了解,从而理顺企业资源与客户需求之间的关系,增强客户的满意度和忠诚度,实现获取新客户、增加交叉销售、保持和挽留老客户、发现重点客户、面向特定客户提供个性化服务等目标,提高赢利能力。

客户服务自动化一般包括客户自助式服务、客户服务流程自动化、客户关怀管理、客户反馈管理、建立知识库几个功能模块。

(1) 客户自助式服务

当客户使用产品遇到困难或产品发生使用问题和质量问题时,可通过Web自助服务,如FAQ、BBS等方式帮助客户自主解决问题。

(2) 客户服务流程自动化

主要功能包括:若客户不能自行解决产品问题,可通过各种渠道联系售后服务部门;从收到客户的服务请求开始,可以全程跟踪服务任务的执行过程,保证服务的及时性和服务质量;可以自动派遣服务人员,分配服务任务;引入"一对一个性化服务"理念,将自动把客户信息、客户所买产品的交易信息等资料及时传递给相关服务人员;实现维修和服务报告的辅助生成等。

(3) 客户关怀管理

实现客户维修、服务等过程中的客户关怀,同时支持节日关怀,会定期提醒客户进行预防性维修和保养,提升客户对服务的满意度。

(4)客户反馈管理

及时对服务反馈信息进行收集、整理和分析,及时响应客户反馈。

(5)建立知识库

建立标准的维修和售后服务知识库,帮助所有的服务人员及时共享服务经验;帮助维修人员进行故障诊断、技术支持,迅速提升新员工的服务水准;实现相关服务案例分析;实现服务问题的自动分析诊断;实现用于巨大的维修和售后服务知识库中的检索功能。

4. 客户智能管理功能

商业智能是指利用数据挖掘、知识发现等技术,分析并挖掘结构化、面向特定领域的存储与数据仓库内的信息,它可以帮助企业认清发展趋势、识别数据模式、获取智能决策支持并得出结论。在 CRM 系统中,商业智能主要是指客户智能。

从另一个角度来看,客户智能管理就是创新和使用客户知识,帮助企业优化客户关系的决策能力是一种和整体的运营能力的概念、方法、过程及软件的集合。客户智能管理利用信息技术,整合企业和客户在发生业务时各个环节的行为,利用各种数据工具进行客户知识发现、客户知识生成、客户知识分配和客户知识整合,并借助 CRM 系统,使客户知识达到需要的终端。具体包括以下功能。

(1)个性化客户服务

指通过不断调整客户档案的内容和服务,达到基于客户的喜好或行为来确定客户兴趣的目的,在基于客户的喜好或行为的基础上,组建经营规则、搜索相关信息内容,进而以一种整合的、相互联系的形式通过个人主页、E-mail 等渠道将这些内容展示给客户。

(2)客户获得和客户动态分析

主要功能包括:新客户数量统计;新客户选择本企业服务的原因分析;客户来源统计;客户与企业达成的交易量;客户与本企业达成的交易量占总量的比例分析;客户多参数、多角度查询(可通过时间、客户类别、交易量、地理位置等参数对客户进行统计分析等)。

(3)客户流失分析

主要功能包括:流失客户数量、比例统计(按月、季度、年或任意时间段等不同的时间单元,从区域、年龄、性别、消费层次、客户职业等角度对流失客户的数量、比例进行统计分析);流失客户类型分析(从行业、客户类型、客户性质等角度对流失客户进行分析,寻找流失客户历史消费记录的基本特征);流失损失分析(从业务种类、业务品牌及流失客户历史消费记录角度分析流失客户对企业收入带来的影响);客户流失原因分析;客户流失预测(建立客户流失模型,预测企业的客户流失趋势及可能带来的影响)。

(4)客户利润贡献度分析

通过本功能帮助企业了解哪些客户是使公司赚钱的主要客户("金牌"客户),哪些客户带来的利润平平,哪些客户甚至可能使公司亏本。这样可以帮助企业了解客户贡献的利润,将企业的有限资源更多地分配给那些为企业贡献利润较多的客户,减少在不为企业贡献利润的客户身上所花费的成本,避开那些风险极高的客户。

(5)客户满意度和忠诚度分析

通过订单数量、合同数量、支付方式、支付及时率、业务往来年限、业务历史记录、是否有欺诈记录等参数计算客户的满意度和忠诚度指数,帮助企业分辨哪些是公司的忠实客户,哪些暂时还不是忠实客户,并分别对其采取不同的策略。深入分析、了解客户,通过建立各类客户分析模型库,收集客户的全面信息,全方位、深层次、多角度地掌握客户资料,预测客户动向。

案例链接 8-2

在互联网金融迅速发展的背景下,差异化营销和个性化服务成为银行客户维系的重要方面。传统银行 CRM 主要关注内部数据,关注如何把银行内部各个业务环节中零散的客户信息搜集、汇聚起来。而在大数据时代,伴随多样化的社交,外部数据越来越丰富,这促使银行不仅要关注内部数据,这更要想办法把外部数据整合利用起来,通过多种渠道获取大量中、高价值潜在客户信息,获取更多的销售商机和线索;充分了解客户的个性需求并提供差异化的服务和解决方案;拓展传统销售渠道,利用新媒体、新渠道开展精准营销;提高营销环节的投入产出比。

基于上述背景,恒丰银行开始建设基于大数据的客户关系管理系统,为"大力发展企业金融业务,聚焦重点行业核心客户"服务,达到自上而下实现客户定位与营销指引的目标。

恒丰银行 CRM 系统采用 MVVM+微服务的技术架构,前端集成了 Bootstrap、AngluarJS、Echarts、Websocket 等技术,使用 Scala 语言的 Xitrum 框架搭建 RESTful API,解耦客户端和服务端接口,使系统易于扩展和维护。服务端使用 akka 框架处理系统复杂逻辑及异步通信,提高了系统的容错性和可扩展性,使系统能够支持大量用户高并发、高流量的服务请求。部署方式采用"两地三中心的"OpenStack 云环境,可以支持弹性部署与集群部署模式,提供实现弹性扩容和差异化的硬件资源配置,降低运维人力成本。

CRM 系统依托行内大数据平台尝试进行业务创新,致力于向业务人员提供准确、及时、智能的营销信息和营销机会,主要方面如下。

(1)恒丰银行 CRM 系统基于数据挖掘、文本处理、关系网络分析、实时流处理等大数据技术,通过对客户行内外数据的实时采集和智能分析,为业务人员提供客户行为类、到期类、预测类及生命周期类的营销响应信息。

(2)系统创建了智能获客与产品推荐模型,为客户经理正确评估客户价值、获取潜在价值客户、开发集团客户、实现精准营销提供信息支撑。

(3)CRM 系统借助于行内大数据平台,全面整合工商、企业舆情及互联网行为等外部公开信息,构建了更为清晰、全面的客户视图,使客户经理能够敏锐地掌握企业经营动态,及时发现客户在重大技改、兼并重组、IPO 等经济活动中潜在的客户需求和金融服务机会。

资料来源:数据猿.恒丰银行——基于大数据的客户关系管理系统[Z/OL].(2018-04-19)[2020-05-08].https://cloud.tencent.com/developer/article/1104072.

五、CRM 系统的其他功能

(一)时间管理

时间管理的主要功能有:日历;设计约会、活动计划,有冲突时,系统还会提示;进行事件安排,如约会、会议、电话、电子邮件、传真;备忘录进行团队事件安排;查看团队中其他人的安排,以免发生冲突;把事件的安排通知相关的人;任务表;预告/提示;记事本电子邮件;传真。

（二）潜在客户管理

潜在客户管理的主要功能包括：业务线索的记录、升级和分配；销售机会的升级和分配、潜在客户的追踪。

（三）电话营销和电话销售

电话营销和电话销售的主要功能包括：电话本；电话列表，并把它们与客户、联系人和业务建立关联；把电话号码分配到销售员；记录电话细节，并安排回电；电话营销内容草拟；电话录音，同时给出书写器，用户可做记录；电话统计和报告；自动拨号。

（四）呼叫中心

呼叫中心的主要功能包括：呼入呼出电话处理；互联网回呼；呼叫中心运行管理；电话转移；路由选择；报表统计分析；管理分析工具；通过传真、电话、电子邮件、打印机等自动进行资料发送；呼入呼出调度管理。

（五）合作伙伴关系管理

合作伙伴关系管理的主要功能包括：对公司数据库信息设置存取权限，合作伙伴通过标准的 Web 浏览器以密码登录的方式对客户信息、公司数据库、与渠道活动相关的文档进行存取和更新；合作伙伴可以方便地存取与销售渠道有关的销售机会信息；合作伙伴通过浏览器使用销售管理工具和销售机会管理工具，并使用预定义的或自定义的报告，及产品和价格配置器。

（六）电子商务

电子商务的主要功能包括：个性化界面、服务；网站内容管理；店面；订单和业务处理；销售空间拓展；客户自动服务；网站运行情况的分析和报告。

联想公司的 CRM 系统

当一个联想计算机的用户遇到机器故障，打电话到 Call Center 求助时，接待人员可以马上从 CRM 系统中清楚知道该客户的许多信息，如住址、电话、购买产品型号、购机日期、以前的服务记录等，而不用客户再烦琐地解释，这样可以很快地为他安排好解决问题的方案，此时客户的心里会是什么感觉？如果这时接待人员再提醒客户：您的互联网免费接入账号还有 10 天就要到期了，并向他介绍如何购买续费卡，客户又会是什么感觉？

当一个销售人员要联络一位重要客户前，他可以通过 CRM 系统了解这个客户的全部情况，包括他们单位以前的购买情况、服务情况、资信状况、应用需求、决策人、联想公司都有哪些部门的哪些人与他们联络过、发生过哪些问题、如何解决等诸多信息，其中的许多信息都是由联想公司的其他部门完善的，如果不借助这个系统是根本不可能了解到。这时，这个销售人员是否会更加胸有成竹了呢？如果此时你主动通知客户，他们急需的某种产品已经到货,同时,联想又有两款新产品可以更好地满足他们的应用需求时,客户的反应会怎么样呢?

资料来源:悟空 CRM.呼叫中心在客户关系管理 CRM 中的应用-悟空 CRM[Z/OL].(2019-06-26)[2020-05-08]. https://zhuanlan.zhihu.com/p/70814298.

思考:

说出你作为客户此时的感觉和对 CRM 的理解。

任务二 CRM 项目总结

一、项目管理

所谓项目管理,就是项目的管理者在资源有限的条件下,运用系统观点以及专门的知识、技能、工具和方法,对项目活动中的工作进行有效管理,即对项目的全过程进行计划、组织、指挥、协调、控制和评价,从而使项目实现或超过项目管理者的预期目标。

一般来说,项目管理主要包括以下九个方面的内容。

(1) 范围管理。为确保项目完成规定的全部工作的管理过程,包括项目确立、项目范围的计划和定义、范围变更控制和范围确认等。有效定义并控制项目范围,无论是对新技术或新产品的研发,还是对客户服务性项目的签订,都有非常关键的作用。

(2) 进度管理。为确保项目按时完成而对项目各阶段工作的安排,包括项目活动定义、顺序安排、时间估计、进度计划制订和控制等。进度管理可以在满足项目时间要求的情况下,使资源配置和费用支出达到最佳状态。

(3) 成本管理。为确保项目费用不超过预算范围的管理过程,包括项目费用构成、资源和成本规划、成本预算和控制等。由于项目管理的要素是相互关联的,因此项目的费用管理要与其他项目管理职能紧密结合,不能剥离费用与项目范围、进度和质量等之间的关系。

(4) 人力资源管理。为确保项目团队中各成员发挥最佳效能的管理过程,包括项目组织的规划设计、组织结构模式的选择、人员招聘、项目团队的组建以及项目经理的选择等。一份成功的项目组织规划要包含项目团队的成员以及他们各自的角色和责任,并应该清楚地将项目工作的所有责任与相关责任人达成一致。

(5) 质量管理。为确保项目满足客户需要的质量要求的管理过程,主要包括质量计划、质量控制和质量保证等。项目管理除了控制产品的质量外,还强调管理的质量。近年来,越来越多的企业努力通过了 ISO 9000 系列和 TS 16949 的标准认证。但是,他们获得认证并非产品质量的直接体现,而是为了提高业务程序的质量,即管理质量,从而保证产品质量。

(6) 沟通管理。为确保项目信息能及时、有效地得到处理的管理过程,包括信息沟通规划、信息传递、进度报告和评估报告等。在所有项目管理职能中,沟通管理最容易被忽视。有效沟通对于任何项目的成功都是关键的,它提供了保证项目成功所需的人员、各种思想和信息之间的必要联系。

(7) 采购管理。为确保项目所需的外界资源得到满足的管理过程,包括采购计划、采购与征购、资源选择、合同管理等。

(8) 风险管理。为确保项目能够成功实施,而对可能遇到的各种不确定因素进行风险识别、分析、排除和控制的管理过程,包括风险识别、分析预测、对策提出与管理实施等。

(9) 集成管理。为确保项目各要素的协调工作展开时的综合性和全局性的项目管理过程,包括项目计划的制订、实施、项目整体变动的控制等。

二、客户关系项目管理

(一) 客户关系管理战略

就像盖房子首先需要一个建筑计划一样,成功地实施 CRM 也必须依靠一个恰当的 CRM 战略(见图 8-1)。但是许多公司的管理人员认为 CRM 仅仅是一种技术,他们只是寻找、购买、安装 CRM 软件系统,并没有仔细考虑每一个 CRM 影响成功的因素。而这也正是许多企业实施 CRM 却失败的原因所在。一个企业的客户关系管理战略包含以下四个部分。

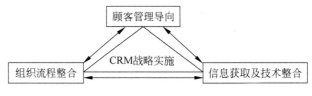

图 8-1 CRM 战略组成示意图

1. 顾客管理导向

顾客管理导向是指促使企业的顾客管理原则能够实施的组织的价值观、信念以及战略活动。顾客管理导向要求企业高层管理人员相信顾客是企业所有活动的中心,也就是说企业的焦点不是产品,也不是地理区域,而是顾客。客户关系管理战略的成功实施始于企业高层管理人员的认可及推动。

2. 组织流程整合

组织流程整合是指在客户关系管理战略中,为实施顾客管理原则而推行的全公司范围内的流程、系统、报酬体系的创建和整合。

3. 信息获取及技术整合

在客户关系管理战略中,信息获取及技术整合包括为实施顾客管理所必需的所有收集储存、处理相关顾客信息的技术和流程。企业应用信息技术能够提高组织流程的效率和效果,有助于组织流程的改革和服务的改善,同时也有助于企业创建全新的服务流程,特别是网上服务流程的创建和改革。

4. 客户关系管理战略的实施

客户关系管理战略的实施与成功实施客户关系管理战略所要求的组织流程和企业活动接相关。以上客户关系管理实施战略可帮助企业管理人员清晰地了解在顾客关系不同阶段企业应采取的各种活动。

以上四个成分共同组成完整的 CRM 战略,这四个组成成分相互影响、共同促进整个企业客户关系管理战略的实施。

(二) 客户关系管理的实施方法

客户关系项目管理的实施方法不仅与实施规模有关,还与企业所认可的开发生命周期、员工技能等有关。目前来看,不同行业、不同企业、不同提供商的实施方法都不同,下面主要介绍三阶段实施方法、五阶段实施方法和九阶段实施方法。

1. 三阶段实施法

美国吉尔·戴奇(Jill Dyche)在 *CRM HAN DBOOK* 中提出,成功的企业客户关系项目管理实施包括规划、构建、部署三个主要的项目开发阶段,这三个阶段又可进一步分为业务规划、结构设计、技术选择、开发、交付和评估六个步骤,每个步骤都对应相应任务。据此,可归纳出客户关系项目管理的三阶段实施方法。

(1) 业务规划

业务规划是实施客户关系项目管理的核心步骤。在这个步骤中,最关键的活动是定义客户关系项目管理的整体目标,并规划出每一种目标的具体要求。对于企业级的客户关系项目管理,业务规划可能会将企业的客户关系项目管理战略具体化、文档化,以确定战略框架下每一部分的项目与活动。对于部门级的客户关系项目管理,业务规划只是简单地建立一个新的客户关系项目管理应用软件的界面。

无论项目大小,业务规划环节的阶段性成果都应包括关于客户关系项目管理的战略规划和业务规划内容。CRM 的战略规划和业务规划对于在开发初期能否获取企业高层对该项目的认可和支持有重要影响。同时,这对于需求导向的开发非常有价值,并能在客户关系项目管理部署之后用于检验该项目的实施效果。

(2) 结构设计

对客户关系项目管理进行结构设计是满足客户关系项目管理需求的过程,而且结构与设计的难度和价值是成正比的。通过这个步骤,企业能确定客户关系项目管理将支持的流程,包括特定的"需要执行"和"怎样执行"的功能,最终为企业提供有关客户关系项目管理在组织和不同技术层面上发挥作用的新思路。这一步骤中,主要解决企业的技术和流程在哪里受客户关系项目管理的影响和需要补充哪些功能这两个问题,因此需要熟悉企业目前信息系统的使用状况,尤其类似呼叫中心这种与客户关系项目管理紧密相关的部门。只有细致了解呼叫中心系统现状,才能将呼叫中心与未来的客户关系项目管理系统无缝集成,从而确保企业实现完整的业务流程。

在这个步骤中,客户关系项目管理的结构图作为企业应用系统集成(EAI)的重要组成部分,能帮助企业准确描述与现有各系统的集成方式与过程。EAI 能在不同系统中自动转换数据格式,顺畅地共享和传输数据,因此,EAI 对客户关系项目管理来说很重要。因为不管营销活动多么成功,大规模促销的内容多么具有诱惑性,如果这些活动的背后没有信息共享,就可能导致一些无法挽回的低级错误发生。例如,当企业库存信息不能及时反馈给营销和销售部门时,会使已经下单后的客户被告知缺货,使客户的购物欲望在激起之后被无情扑灭,这样必然导致客户满意度和忠诚度下降,最终导致客户流失。另外,在这个步骤中,还要对每个业务产生的数据、进行收集,并保持不同部门之间数据的一致性。

(3) 技术选择

客户关系项目管理的技术选择工作有时简单,有时复杂,需要对不同系统集成商的 ASP

服务进行综合评价，因此这一步骤的复杂程度与前面各步骤的完成效果相关。如果在结构与设计期间已经取得统一意见，明确了客户关系项目管理对现有系统的影响以及对新功能的需求，那么就可以在良好的状态下，根据企业现有的 IT 环境，对各种备选的客户关系管理系统进行优先级排序。

（4）开发

开发包括根据特定的产品特征构建和定制客户关系管理系统。但是，客户关系项目管理的开发工作不仅是指程序员负责的中心任务，还包括运用所选择的客户关系项目管理产品来集成业务流程。

业务集成是指将选择好的客户关系项目管理技术集成到这些业务流程中。要想实现流程集成，就要确保认可的业务流程通过用户测试。相反，如果让业务流程来适应产品特性，使流程发生改变，就会削弱流程原有的功能，使其偏离最优方案。因此，企业不仅要实现业务流程的运作，还要通过技术特征来进一步"精炼"业务流程，即充分利用技术能力来改善"以客户为中心"的企业业务流程。

在开发期间，通常使用反复原型法来"精炼"业务流程。程序员不断与企业客户沟通，向他们说明过渡功能，使客户能够监管客户关系管理系统的开发与部署，并在客户关系管理系统实施期间测试其功能，最终使客户能够明确地提出对系统功能的反馈和期望的变化，并贯彻到最终的客户关系项目交付中，以确保最终的功能与需求保持一致，最大限度满足客户期望。

此外，这个步骤还包括一些技术工作，如数据库设计、数据清理与集成，以及同公司其他应用系统的集成。集成这一步很容易被低估，因为客户关系管理系统可能需要从其他系统，如电话路由系统、销售自动化（SFA）系统、呼叫中心系统等流进和流出数据。

（5）交付

交付这个环节经常被忽视。一般情况下，交付会对企业的 IT 基础设施产生影响，它是把所需求的客户关系管理系统交付给企业最终客户的过程。在客户关系管理系统交付时，企业首先要对客户进行深入培训，通过在线或基于 Web 的帮助手段，或使用客户向导、工作助手和其他文档，激励用户最大限度地使用新的客户关系管理功能。此外，企业应该对与客户接触的销售人员和尝试了解新功能的客服人员进行系统培训，使他们清楚如何使用新功能并接受新的工作方式，从而创造他们与客户之间更多的互动。只有经过培训，企业才能最大限度地利用系统带来的好处。

（6）评价

评价是客户关系项目管理实施的最后步骤，是根据客户关系项目管理所要实现的功能来评价客户关系项目管理的实施效果。许多公司忽视了对客户关系项目的持续评价，这样会使企业无法准确地知道该项目实施是否成功。评估客户关系项目解决现有企业问题的程度，如果在创建客户关系项目管理业务规划时设立了成功的标准，企业在评价时，就可以将这些标准与实际结果相对比，确定项目的成功度，并根据实际情况逐步补充和完善标准。

客户关系项目管理实施前，应准备好优化的流程，这样可以提前计划好项目各阶段的具体任务、资源占用情况以及完成时间，以消除项目部署中的盲目性、无序性和无标准性。

2. 五阶段实施方法

此实施方法适用于本身没有储备开发信息系统人才的企业，因此，在进行客户关系项目管理时,应选择适合自身情况而且功能强大的系统,并挑选一个合适的供应商或咨询公司帮助实施,或委托企业外部软件公司承包开发。客户关系项目管理的五阶段实施方法具体如下。

(1) 第一阶段:提供咨询服务,与客户进行规划、探索、定义目标等。

(2) 第二阶段:设计解决方案,实现客户业务流程重组。

(3) 第三阶段:客户化和交互开发的过程,包括软件配置与开发。

(4) 第四阶段:测试与培训。

(5) 第五阶段:运行。

3. 九阶段实施法

(1) 第一阶段:项目准备

这一阶段主要是为客户关系管理项目立项做准备,目标是取得高层领导的支持并使其勾画出整个项目的实施范围。这阶段的主要任务包括确定项目目标、界定项目范围、建立项目组织、制订阶段性的项目计划和培训计划(其中包括每个阶段的交付成果)。

(2) 第二阶段:项目启动

在取得了企业高层的支持并确定了项目实施范围之后,项目进入正式启动阶段。这个阶段的主要任务包括建立项目组织、制订阶段性的项目计划、制订培训计划和确定项目目标及评价方法。每个阶段的交付成果都要有相应的文档加以整理和记录。

(3) 第三阶段:业务流程图的初步确定

这一阶段是客户关系管理系统实施中必不可少的关键环节。这一阶段的主要任务是通过现有政策和业务流程的分析及诊断,结合 BPR 的思想和方法设计符合客户关系管理的管理思想和目标的新的业务流程。

(4) 第四阶段:选择合适的 CRM 系统

根据项目的范围、目标选择合适的客户关系管理软件系统,并进行系统的安装、技术培调和应用培调。客户关系管理的软件系统有不少,彼此存在着不同程度上的差异,很多企业在选型过程中经过一轮又一轮的产品演示与讲解后仍难以做出最后的抉择。

(5) 第五阶段:流程测试

这一阶段主要有三个任务,客户关系管理基础数据的准备、流程测试的准备和流程测试。

(6) 第六阶段:二次开发与确认

根据上一阶段流程测试的结果,分不同情况进行软件更改或其他更改,包括业务流程制度和组织结构的更改等。

(7) 第七阶段:会议室导航

这一阶段的主要任务是进行会议室导航和最终用户培训;客户关系管理系统测试。

(8) 第八阶段:切换到客户关系管理系统

充分细致地测试以后,在这一阶段要从原先的前台系统转换到客户关系管理系统。

(9) 第九阶段:新系统支持

在新系统转入正式运行之后,需要不断地调整,并且监测和评估信息系统的运行绩效,以确定它是否满足预定的目标。

（三）成功实施客户关系项目管理的条件

企业要成功实施客户关系项目管理，就必须创造条件。经过归纳和总结，可以得出国内外成功的客户关系项目管理实施案例的共同特点，具体如下。

1. 高层领导支持

如果没有高层领导支持，前期研究、规划或许会完成，一些小流程的重新设计或许会完成，购买技术和设备或许会完成，但客户关系项目管理的实施却很难完成。客户关系项目管理不仅仅是关于营销、销售和服务的自动化，更多的是关于营销、销售和服务的优化。当客户关系项目管理涉及跨部门业务时，高层领导的支持是必需的。一般来说，成功的客户关系项目管理都有行政上的项目支持者。

2. 专注于流程

企业要实施客户关系项目管理，注意力应该放在流程上，而不是放在技术上，技术只是促进因素，本身不是解决方案。因此，实施客户关系项目管理的第一件事是研究企业现有流程，并寻找改进方法。因此，好的项目实施小组开展工作后的第一件事，就是花时间去研究现有的营销、销售和服务策略，并找出改进方法。

3. 组织良好团队

客户关系项目管理的实施队伍必须在项目的客户化和集成化、对IT部门的要求以及改变工作方式三个方面具有较强能力。无论企业选择了哪种解决方案，一定程度的客户化工作是必需的，对打算支持移动用户的企业，项目的集成化因素也很重要。对IT部门的要求，体现在是否能够根据项目如需求合理设计网络大小、是否能够提供支持数据同步化的策略等。除此之外，项目实施小组应具有改变管理方式的技能，并提供桌面帮助。这两点对于帮助客户适应和接受新的业务流程很重要。

4. 分步实施

在进行客户关系项目管理规划时，具有3～5年的远景很重要，但那些成功的客户关系项目管理通常把这个远景划分成几个可操作的阶段。通过流程分析，可以识别业务流程重组的一些可以着手的领域，但要确定实施的优先等级，每次只能解决几个领域的问题。

5. 系统整合

系统各部分的集成对客户关系项目管理很重要。客户关系项目管理的效率和有效性获得包括以下过程：终端客户效率的提高、终端客户有效性的提高、团队有效性的提高、企业有效性的提高、企业与客户之间有效性的提高。

6. 重视咨询企业的参与

客户关系项目管理作为大型企业管理项目，实施难度大，国内企业缺乏相应经验及业务人才，导致该类项目实施具备相当的风险性。因此，成功的客户关系项目管理实施离不开专业咨询企业的参与。专业咨询企业拥有一支具备多方面综合能力且经验丰富的咨询顾问队伍，有实力的咨询企业一般还拥有较为完善的项目实施方法论，及经过多年建设的项目实施案例库与知识库，这些都是一般企业不具备的，是客户关系项目管理成功实施的有力保证。

案例链接 8-3　大品牌 CRM 案例研究

世界级的大品牌是如何有效地利用 CRM 系统的？CRM 对于公司来说是一项不小的投资，如果没有现实生活中的实例，我们很难看到 CRM 的巨大效用。接下来就为大家介绍几个成功使用 CRM 的典型案例，一起来看看 CRM 如何让公司发展"更上一层楼"。

1. 乐购客户关系管理系统

乐购（Tesco）在零售业的巨大成功有一部分是要归功于 CRM 系统的，CRM 系统分析深入洞察客户需求，对 Tesco 的发展起到了重要作用。

乐购俱乐部卡：

- 乐购创始于 1995 年，目前数据库中有超过一千两百万用户的信息数据。俱乐部卡就是乐购在客户关系管理系统方面的创新。
- 顾客在乐购消费可以享受打折优惠，尤其在乐购开始与汽油及汽车租赁行业合作之后，俱乐部卡的巨大作用才开始真正显现。
- 顾客可以获得酒店优惠券等各种各样的优惠和奖励。
- 每个家庭成员都可以在乐购找到适合自己的俱乐部卡（如乐购儿童俱乐部卡、世界红酒俱乐部卡等），这也提升了乐购俱乐部卡的价值。
- 俱乐部卡中的数据专注于产品供应、产品辅助分类、购物者个人资料分析、客户忠诚度培养。

2. 苹果公司客户关系管理系统

无论是 Mac、iPad 还是 iPhone，苹果公司商店设备的版本都是高度一致，商店内售卖的应用程序也是高度一致。"果粉"们可以一起分享使用苹果公司应用程序的感受，一起乐享游戏空间，他们会为苹果公司新上线的任何产品而疯狂。

苹果公司账户：

苹果公司产品用户都需要创建一个自己的苹果账户，苹果账户的用途是同步多个设备数据、记忆用户选择、基于用户上网足迹和行为推荐内容。苹果账户的数据库支持苹果设备的持续更新，此外数据库中还包括所有苹果用户的个人信息及喜好，这也为市场营销省下了不少力气。

3. 阿斯达客户关系管理系统

与很多超市类零售商一样，阿斯达使用 CRM 的首要目的就是了解客户需求、分析用户购买习惯。这也使阿斯达能够为自己的客户提供最优质的商品，招揽更多的"回头客"。

阿斯达反对其他超市的办卡体制。阿斯达的策略是提供每日特价产品，让消费者凭借消费小票获得更多的优惠。阿斯达的官网上提供了各类商品的价格信息，消费者也可以通过邮件注册账号，在手机上下载应用程序，随时随地查看商品价格。

阿斯达 CRM 的优势：

- 每位消费者的消费数据都为阿斯达提供了更为深刻的客户群洞察，让阿斯达得以挖掘竞争对手并不在意的数据。
- 通过灵活处理客户在忠诚和非忠诚客户之间的波动，阿斯达可以平衡短期利润与长期利润。
- 客户服务中心负责处理所有客户的询问，同时也负责电话销售、传真订购、协助线上客户对订单进行查询或修改、了解订货流程、处理退款及赊购等问题。
- 客户服务中心的 CRM 每周可以帮助公司处理超过 5000 名新增线上客户,客户服务中心的 CRM 在 12 个月内使阿斯达的销售增加了 20 倍,使其紧追行业领军企业——乐购。

4. 肯德基客户关系管理系统

肯德基与 The Cloud 签署了一项协议,并为英国 548 家分店的所有顾客提供免费 Wi-Fi,希望能通过免费上网吸引更多的顾客。Wi-Fi 登录页面需要用户注册,这样肯德基就可以存储顾客信息,以便联系顾客,推销自己的特价产品或进行产品宣传。

除了上述简单的信息收集之外,肯德基还推出了自己的应用程序,更好地发挥客户关系管理系统的作用。

肯德基俱乐部:
- 顾客可下载应用程序,注册登录、完善个人信息。
- 顾客在肯德基购买食物可获得印章,若干个印章可以兑换免费食物。
- 应用程序还可以追踪顾客的位置信息,帮助顾客搜索最近的商店,并提供相应的特价商品及优惠活动。
- 应用程序还能够记录客户消费习惯,因此肯德基可以根据这些信息,推送相应的特价商品和优惠活动。

5. 汉莎客户关系管理系统

德国汉莎航空公司目前在法兰克福、慕尼黑和苏黎世拥有 500 多个飞机枢纽,并为 250 个目的地提供服务。汉莎航空公司利用 CRM 使客户获取奖励里程(Miles&More),以此来跟踪旅客并提高回报率:
- 获取奖励里程计划使汉莎公司可以根据客户之前的出行信息为每位旅户制定营销手法和策略。
- 该计划通过忠诚奖励来提升客户服务,并根据每位旅客在汉莎航空的旅行次数为旅客划分会员级别,进行分层奖励。
- 会员级别使旅客感受到汉莎对自己的重视,同时也显示了汉莎航空公司处理每位旅客业务时的细心负责。

6. 亚马逊客户关系管理系统

亚马逊成功地把 CRM 作为自己商业模式的一部分,提高了客户满意度和保留率。
Amazon 使用 Oracle 公司提供的 CRM 服务:
- 给客户发送电子邮件推荐商品。
- 有针对性地向用户展示网页,推荐客户可能感兴趣的项目。
- 允许用户在不重新输入付款明细的条件下进行购买。
- 提供促销商品、构建奖励机制。
- 进行忠实客户忠诚度管理。
- 管理定价(不同客户在购买相同商品的时候价格不同)。
- 联系客户进行反馈和调查。

CRM 不仅适用于像这样的大型企业,小企业也可以获益于有效的 CRM 系统。案例研究中的公司都使用了满足其特定需求的 CRM 软件。最好的方法是比较多个 CRM 供应商,直到找到符合预算和需求的 CRM 供应商。

资料来源：桉云科技.大品牌 CRM 案例研究[Z/OL].(2017-04-10)[2020-05-08].https://www.sohu.com/a/133012490_381326.

思考：

根据案例分析企业实施 CRM 项目有什么收益？企业如何成功实施客户关系项目？

三、客户关系管理项目的实施

在目前市场竞争激烈、客户资源尤为重要的环境下，企业要想在较短时间内，靠自己的力量从头分析研究、自主开发并实施高效的客户关系管理系统，显然不是最佳方案。选择适合自身情况而且功能强大的系统，并挑选一个合适的系统供应商或咨询公司帮助实施会是一个不错的方案。客户关系管理系统本质上是面向企业前台应用的管理信息系统，其本身就蕴含了客户关系管理的思想和先进的信息技术。与 ERP 系统的实施类似，客户关系管理系统的实施过程遵循了项目管理的科学方法。所以，结合项目管理和管理信息系统实施的特点可以按照九阶段实施法开展客户关系管理。

（一）项目的准备阶段

企业实施客户关系管理系统其实是一种战略决策，不仅仅是安装一套软件，CRM 的实施意味着一场深刻的组织变革。虽然 CRM 系统的应用面向的只是企业的前台，范围没有 ERP 这类主要侧重于企业后台业务集成管理信息系统来得广，但就客户关系管理系统中蕴含的管理思想而言，却意味着企业从以产品为中心的管理模式向以客户为中心的管理模式的转变，意味着管理观念的转变、企业相关流程的转变、制度的转变和人的转变。管理者对项目的理解与支持对推动项目的进程是十分重要的。所以，只有拥有企业高层对客户关系管理的理解、指导和承诺，及各级管理人员的有力支持，项目才有可能取得成功。

项目的准备阶段的内容包括以下几点。

1. 是否确立合理可行的目标

在确立目标的过程中，企业必须明确建立客户关系管理系统的初衷是什么？是由于市场上的竞争对手采用了有效的客户关系管理系统吗？还是因为要面对网络经济的挑战，所以考虑引入客户关系管理中的网上销售的形式？抑或是为了增加客户服务的效率，所以考虑客户关系管理中的呼叫中心服务？这些问题都将是企业在建立客户关系管理项目前必须明确给出答案的问题。

2. 是否确定项目范围

任何一个系统都有其自身活动的范围，通过定义系统的活动范围而确定系统的边界。建立系统时，必须确定系统的边界。客户关系管理项目的应用范围是什么？是主要面对企业的前台业各部门，即市场营销管理、销售管理以及客户服务与支持。还是主要需要后台数据分析与协同。

3. 是否对相关人员进行了培训

企业的中高层管理人员对客户关系管理的实施的支持是客户关系管理实施成功的必要条件。但是如何让他们支持呢，首先必须让他们真正理解客户关系管理的概念和原理，要做到这一点就必须对他们进行必要的培训。

(二) 项目的启动阶段

项目的启动阶段的内容包括以下几点。

1. 项目组建立情况

客户关系管理系统的实施需要大量的人力来完成,所以这一阶段首先必须建立项目实施队伍,并明确人员权责。一般的项目组成员会由企业内部成员和外部的实施伙伴共同组成。所以项目组在建立时,企业内部人员的来源是否是由企业高层领导、相关实施部门熟悉企业流程的业务骨干和IT技术人员组成?

2. 阶段性的项目计划制订情况总结

项目计划制订阶段有没有制订贯穿于各阶段的项目计划和每个阶段必须交付的成果?

客户关系管理项目是一个非常复杂的系统工程。为了保证客户关系管理项目的顺利进行和成功完成,必须通过工作任务分解,把整个项目分为不同的阶段,每个阶段都要有自己的目标、任务和交付成果。对于中小型企业,实施客户关系管理系统要抓关键问题与关键应用。

举例来说,在CRM系统的基础信息——客户资源的积累和共享方面,由于中小企业客户资源私有化的问题相当突出,集中与共享客户资源在现实当中受到相当大的抵制。企业将分散在各部门、分公司的资料进行整合需要一定的时间。要解决这个问题,企业领导需要下大的决心,同时也要调整利益分配等相关部分,否则的话,客户关系管理的实施在这个阶段就会停滞不前。在企业的销售管理方面,传统的管理是以结果为主的管理,客户关系管理是以过程为主的管理。销售人员进行销售必须做出销售计划,与客户进行沟通必须要有跟踪计划,销售计划要与跟踪计划结合起来进行,因此,对企业的客户关系管理系统的实施应当是以业务过程来驱动的,而不是IT技术。所以,需要在此阶段判断实施一项完整的客户关系管理总计所需的时间是否合理。

3. 是否产生了效益

总结制定项目目标有几个原则。首先是必须产生效益。通过客户关系管理的实施,一方面,观察这是否提高了企业的销售收入并且降低了销售成本;另一方面,是否提高了客户的满意度和忠诚度,并增加了内部员工的满意度和工作热情?

总结客户关系管理实施结果时,可以拿实际效果与制定的目标做相应对比,寻找差距和不足,以便进一步改进。

(三) 项目流程的确定阶段

1. 对现有政策和业务流程进行分析和诊断

由于客户关系管理倡导的是以客户为中心的管理模式,原有的以产品为中心的政策和流程必然面临着改变。不仅与企业前台业务相关的流程需要改变,企业后台的流程也要做出相应的调整。通过确定流程中的需求和实现客户价值的程度,分析现有流程和政策中存在的问题,确定要改进的关键环节。我们可以采用流程图形建模技术和鱼骨图分析技术等来帮助分析。

是否描绘业务流程图。所谓业务流程图,即改进后的企业流程模型。新流程应该符合客户关系管理的管理思想和目标,着眼于提高客户满意度和忠诚度。

2. 企业是否围绕 CRM 系统的实施开展了新流程设计

(1) 挑选一些关键的流程再进行设计。挑选的原则可以根据流程的重要性、绩效的低下性和落实的可能性来衡量。如客户投诉服务流程,如果运行的绩效低下(响应速度慢、信息不共享、无规范的文档记录,也没有解决方案的数据库等),会直接影响客户对售后服务的满意程度,导致客户流失。同时,由于有信息技术的支持,重新设计后的流程也有落实的可能性问题,所以对此流程的改进就是非常必要的。

(2) 在设计新的业务流程时,综合考虑企业本身的实际情况和行业的特点。流程设计时可以运用业务流程重组(BPR)的一些优化流程的方法和技术,如创造性技术(头脑风暴法、黑箱思考法等)和数据建模技术。

(3) 在改进企业流程结构的同时,充分运作新流程相适应的人力资源和企业制度。

(4) 在设计流程时充分考虑信息技术的可支持程度。了解现有客户关系管理信息系统的技术特点和所蕴含的管理思想以及业务流程,在客户关系管理信息技术的支持下,重新设计的流程是否有落实的可能性,这一点对流程的改进是非常必要的。但是同时又必须考虑到客户关系管理系统是由活动、制度、人、信息技术和目标组成的,如果只是引入客户关系管理的信息技术,而企业的活动、制度、人不做改变,那么实现客户关系管理的目标只是空谈而已。业务流程图的设计是客户关系管理系统实施成功的关键所在。

(四) 选择合适的 CRM 系统

(1) 根据项目的范围、目标选择合适的客户关系管理软件系统。
(2) 进行系统的安装和技术培训和应用培训。

(五) 流程测试

(1) 客户关系管理基础数据的准备。数据准备是客户关系管理实施成功的关键环节。由于客户关系管理系统是面向企业前台应用的管理信息系统,所以其基础数据主要是一些市场、销售以及客户服务与支持的有关数据。

(2) 流程测试的准备。需要确定参与人员并定义将要测试的场景。即把新的业务流程图置于客户关系管理的信息系统中进行测试,尤其是一些经过改进后的关键的业务流程。

(3) 流程测试。通过流程测试深入了解客户关系管理软件系统,分析与业务流程图的差异;熟悉软件,了解报表的用途;厘清数据之间的关系。

(六) 二次开发与确认

二次开发通常会有以下两种情况。

(1) 软件更改。如果业务流程图中的某些新流程其流程设计本身是合理的,但标准化的软件功能不支持,这种情况下可以通过二次开发来增加软件的功能。这一活动的目的在于通过修改软件程序和客户化报表的开发来满足企业业务流程图的需求。其中软件程序的修改由软件供应商按照其特定软件质量标准进行,增强后的软件功能还要根据一定的标准进行测试,经审核后确认。对软件的更改要慎重,可以先尝试软件的现有功能,寻找非标准的方法来满足需求。

(2) 其他更改。其他更改包括对业务流程、制度和组织结构等的更改。这又分为两种情况：第一种情况由于信息技术条件的限制，无法通过加强软件功能的方式来支持合理的新业务流程，那只能重新定义流程，使之在现有条件下可以实现。但在这种情况下需注意，如果设计的流程从业务的角度确实能达到比较好的绩效，即使有些活动信息技术不能提供有力支持，这些活动的实现方式可由业务人员的知识和经验来取代。第二种情况由于对客户关系管理信息技术更加深入的认识，进一步改进了业务流程图或者开拓了完全崭新的业务流程。

由于客户关系管理信息系统的介入，业务流程图中的流程有了进一步的修订，又因为流程是活动的有序集合，所以随后的活动会发生变化，活动之间的联系规则也要发生变化，执行活动的人的角色或技能也会发生变化，相应的员工的报酬和激励制度也会发生变化，更进一步来说，流程的变化会导致组织结构的变化。需要强调的是，随着业务流程的变化，制度一定要做相应调整，因为制度是新的流程得以真正实现的保证。

(七) 议室导航

这一阶段的主要任务是进行会议室导航和最终用户培训。

(1) 进行会议室导航。会议室导航必须建立在流程测试与二次开发和确认的基础上，其主要目的是：验证或测试二次开发的可执行性；测试所有修订后的业务流程，以确认相关制度；调整和准备相关凭证和报表；保证客户关系管理系统真正运行起来。会议室导航仍然是客户关系管理整个系统的测试，涉及各相关部门，所以除了项目小组的人参加外，各职能组和前台部门的实际应用人员（最终用户）都要参加，因为这是企业前台业务顺利向客户关系管理系统转变的必要条件。只有实际应用人员真正理解、接受并且主动去使用客户关系管理系统时，实施才有可能会有效。测试结果要经项目指导委员会审批，判断系统转入实际应用的条件是否具备，如果条件还不成熟，则还须进一步完善过去各阶段的工作，而不要匆忙转入切换。

(2) 最终用户培训。根据确认了的系统及修正的业务流程、制度，编写用户手册，我们可以从关键用户中选择培训教师，对最终用户进行培训。最终用户不但包括具体操作人员，还包括中高层管理人员，因为他们需要相关的信息来做决策。

(八) 切换

在完成了会议室导航阶段充分、细致的测试以后，在这一阶段，要从原先的前台系统转换到客户关系管理系统。系统切换有许多方法，究竟采用什么方法要考虑系统切换有可能带来的风险、切换的时间、用户的接受程度等。有一次性切换、分阶段切换、新旧系统并行切换等方法。此阶段包括切换方法的确定、切换的准备和正式切换。

(九) 新系统支持

在新系统转入正式运行之后，需要不断调整、监测和评估新系统的运行绩效，以确定它是否满足预定的目标。

四、客户关系项目管理实施失败的因素

客户关系项目管理虽然能给企业带来许多好处,但从目前来看,我国企业项目实施的失败率也较高,影响我国企业客户关系项目管理实施成败的因素体现在以下四个方面。

(一)对客户关系管理理念缺乏系统性的认识

CRM 是一种全新的管理理念,随着互联网和电子商务进入中国市场,CRM 在中国并不是随着经济、技术、管理的发展而发展起来的,在很大程度上还没有归纳、整理、提炼成一种思想而被企业所接受,这导致了商业企业对客户关系管理的认识产生了误区。

(1) CRM 仅被认为是一套管理软件或管理技术。这种片面的理解导致在 CRM 的实施过程中,企业往往是购买一套 CRM 软件,培训几个专业的技术人员,就把现有的业务系统和 CRM 整合了起来。

(2) CRM 被认为是一种营销策略。企业普遍认为 CRM 是维持和改善企业同现有客户之间的关系、应对顾客的一种策略。这种对 CRM 概念的界定,割裂了 CRM 完整的体系结构。

(二)客户关系管理理念与传统企业文化的冲突

针对商业企业的企业文化现状,企业实施 CRM 的企业文化障碍主要表现在:一是制度文化薄弱,商业企业的组织制度文化是非常弱的,关系往往重于制度,企业中人际网络效应强,如果没有良好的人际关系,纵然有规章制度也难行于事。二是营销文化落后,众多的销售人员简单地认为营销就是销售,所以只是采用各种低级营销策略把产品推向客户,而不是真正地为客户着想,把营销当作一门艺术来拉动客户的需求。三是价值观念过分强调功利,这种功利主义的思想观念渗透到企业的每个方面,如购、销、运、存等环节中,处处以获取利润为目标,就会制约企业的各种经营行为,在企业的经营活动中难以有效实现"以客户为中心"的目标。

(三)客户关系管理与传统管理制度的冲突

(1) 企业的业务管理机制不健全,企业的客户,营销渠道,企业进、销、存货等数据由于管理体制的问题而集中在某些业务员的手中,成为业务员独有的资产。随着人力资源的流动,这些资产也随着流失。

(2) 企业的业绩评估机制不合理,商业企业的效益和业务员的业绩评估都是以销售额为基础的,由此导致业务部门和业务员不惜耗费巨额的营销费用来提高企业销售额,而企业的投资回报率却不断下滑,产生了可怕的企业利润黑洞。

(3) 约束激励机制不完善,由于缺少有效的约束机制,个别业务员因回扣等私利而加大进货量,导致大量的库存积压,或者是无视客户的信用级别,加大客户的贷款数,导致许多账面欠款变成呆账、坏账、死账,销货款难以回笼。

(四)商业企业的现状与 CRM 先进的技术要求的冲突

(1) 缺乏既精通信息技术又懂经营和管理的人才。商业企业实施 CRM,预示着企业管理走入了技术、人文、经济、管理相结合的新的管理阶段,这也对企业员工提出了新的要求。对于企业高层管理者来说,不仅要具有良好的管理才能、灵活的商业头脑,还必须掌握一定的信息技术,精通信息管理,才能适应在技术因素、人文因素、经济因素三者综合之下的基于数据基础的管理要求。目前这种复合型管理人才对商业企业来说是非常缺乏的。同时,CRM 的建立是基于信息技术的支持的,如数据挖掘技术、数据仓库、数据库等技术需要大量的数据,这些数据需要员工在不同的阶段进行实时业务跟踪,完成数据录入,这要求员工必须具备一定的计算机基础。

(2) 缺乏有效的信息支持。CRM 实施的一个基础是信息支持,但是由于商业企业的销售、市场、客户服务、技术等各部门的信息比较集中,在一个网络平台上实现信息资源共享仍然存在很多问题。一是信息孤岛,商业企业的很多部门都使用了计算机,但却是一个个的信息孤岛系统,仅局限于本部门使用,缺少为上下游提供业务数据的手段。二是信息的挖掘度不高,企业在信息的收集方面缺少强大的信息数据库存取信息,而在信息的分析和整理中,又缺少科学的指标参数,因而无法对数据进行筛选和分类,使企业的各个相关部门仍然无法剔除无用的信息,及时得到有用的信息。如何从这些多而乱的信息中提取对企业管理和决策有益的精华,是商业企业在信息化管理时面临的最大挑战。三是信息的利用度不高,商业企业重视信息,但缺少有效的途径充分挖掘和利用信息,把信息转变为知识,为企业所用。也就是说信息技术还只是商业企业管理的一种工具,而不是一种战略资源,信息技术也没有发挥其潜在商业价值。

(3) 缺乏可靠的信息安全技术。商业企业的内部都建立有一定规模的局域网,随着企业各项业务的展开,特别是连锁业的发展,企业的很多信息都通过互联网来交流。尤其是有些商业企业或连锁业租用大型的写字楼,企业通常和写字楼中的其他企业通过一个共同的出口访问互联网,这种状况使企业内部的信息交换面临巨大的挑战,在很大程度上限制了 CRM 中的信息交流。

案例链接 8-4

2013 年,淘宝网进行数据使用的开放,把淘宝会员关系管理工具(ECRM)免费提供给卖家,帮助卖家建立自己的会员体系。

传统企业对于信息管控非常严格,不轻易对外开放,即使是对同为企业内部的电商部门,也同样封闭。由于公司与电商业务间始终没有互联,只能被迫"刷"用户数据,且进展缓慢。对此,淘宝 ECRM 为商家客户管理方面带来的重大突破就是,打通了双线会员体系的边界,使其操作更加灵活。淘宝会员关系管理工具(ECRM)不仅通过客户营销提升了二次购买率,还添加了更深入的服务项目,不仅可以帮助卖家在不同的接触点设立良好的体验标准,还可以实施个性化的店铺策略,进行精细化客户分层。在进行客户精细化分层后,还可以提供与之相匹配的店铺个性化的互动,此外还可以帮助卖家评估客户的健康度和收益。以屈臣氏为例,从 2013 年 3 月中旬至 7 月底,通过使用淘宝会员管理工具,屈臣氏的绑定用户从 5000 增长至 8 万,上线一个月的时间里,每天新增首次购买的客户中有 13.4% 来自会员卡绑定用户。

淘宝的ECRM可以同时在后台利用统一的会员识别与会员积分,将线下门店与线上旗舰店的会员数据打通,从而享受相同的优惠、换购及服务。譬如某VIP用户首日在线下门店消费100元,可增加积分100个;同样,该用户次日在线上旗舰店消费满200元,同样可累计积分200个;而在第三天,该用户则可以花费双线共同累计的300个积分,通过加价换购商品的方式,提高购买频次、增加用户黏性。如此一来,即可顺理成章打破双线会员体系之间的疆域,让更多电商业务向传统企业提出开放用户数据时,免遭闭门羹。

资料来源:亿邦动力网.淘宝CRM新规划披露打通线上线下会员体系[Z/OL].(2013-08-16)[2020-05-08]. http://cio.idcquan.com/51067.shtml.

思考:

根据案例分析淘宝网的淘宝会员关系管理工具有什么特点?淘宝网为什么要把这个工具免费提供给淘宝卖家使用?

实训 客户眼中的企业CRM项目管理

一、实训目的

考查学生对客户关系管理系统结构、功能、特点和实施要点的掌握情况。

二、实训内容

选择一家企业,对企业的经营情况进行深入的调研。根据企业现阶段的经营、产品和消费者特点,为企业设计一个客户关系项目实施方案。

三、实训要求

(1) 全班分为若干小组,每组4~5人,采用组长负责制,组员合理分工、团结协作。
(2) 通过网络或实地考察进行相关资料和数据的收集,小组充分讨论,形成分析报告。
(3) 准备10分钟左右的PPT讲稿。

四、实训步骤

(1) 全面理解本项目内容。
(2) 完成项目报告。
(3) 准备PPT。
(4) 准备演讲提纲。

(5) 把电子文档提交老师。
(6) 老师随机抽查小组,并在课堂进行汇报,汇报结束其他小组可以提出问题。
(7) 教师对抽到小组的汇报情况和课堂讨论情况进行点评和总结。

五、成果评价

(1) 被抽到的小组,演讲成绩占 40%。
(2) 未被抽到的小组成绩以电子文档评定。

参 考 文 献

[1] 汤兵勇,雷轶.客户关系管理[M].北京:高等教育出版社,2014.
[2] 袁航,等.客户关系管理[M].北京:中国原子能出版社,2019.
[3] 朱勇,等.客户关系管理[M].武汉:武汉理工大学出版社,2019.
[4] 陈小刚,等.客户关系管理[M].北京:北京邮电大学出版社,2017.
[5] 苏朝辉.客户关系管理[M].北京:机械工业出版社,2015.
[6] 杜明汉.客户服务与管理[M].武汉:华中科技大学出版社,2016.
[7] 郭红丽,袁道唯.客户体验管理[M].北京:清华大学出版社,2010.
[8] 邓明新.体验营销技能案例训练手册[M].北京:北京工业大学出版社,2008.
[9] 杨莉惠.客户关系管理[M].南京:南京大学出版社,2012.
[10] 徐巧珍.客户关系管理[M].杭州:浙江大学出版社,2014.
[11] 王淑翠.客户服务案例[M].北京:中国经济出版社,2013.
[12] 黄漫宇.商务沟通[M].北京:机械工业出版社,2006.
[13] 周洁如.现代客户关系管理[M].上海:上海交通大学出版社,2014.
[14] 王栓军.客户关系管理[M].成都:西南财经大学出版社,2010.
[15] 肖建忠.会员制营销[M].北京:北京大学出版社,2006.
[16] 沈志渔.销售客户管理[M].北京:经济管理出版社,2010.
[17] 中国注册会计师协会.公司战略与风险管理[M].北京:经济科学出版社,2019.
[18] 郭国庆.市场营销通论[M].北京:中国人民大学出版社,2020.